职业教育·铁道运输类专业教材

TIELU XINGCHE GUIZHANG

铁路行车规章

| 第2版 |

申金国　主　编

兰云飞　刘海燕　郑学良　副主编

朱光宇　主　审

人民交通出版社

北　京

内 容 提 要

本书为职业教育铁道运输类专业教材。教材以《铁路技术管理规程》(普速铁路部分)、《中国国家铁路集团有限公司铁路运输调度规则》(普速铁路部分)、《铁路车站行车作业人身安全规定》为依据,将三项规章常用部分整合为九个项目,即行车组织工作的基本要求及编组列车的基本原则、调车工作的有关规定、行车闭塞法及列车运行的相关规定、信号显示的相关规定、铁路技术设备的运用和管理、调度日(班)计划与日常运输组织工作、调度基础分析和设备工作及图表绘制识别、调度安全管理工作和调度命令的编制与下达、铁路车站行车作业人身安全规定。

本书为职业院校铁道交通运营管理专业教材,可作为铁路行业从业人员的培训教材,也可作为铁路相关行业人员的参考用书。

本书配有课件等教学资源,任课教师可通过加入"职教铁路教学研讨群(QQ 群:211163250)"获取。

图书在版编目(CIP)数据

铁路行车规章/申金国主编. —2 版. —北京:

人民交通出版社股份有限公司,2025.5. —ISBN 978

-7-114-19887-8

Ⅰ. U292

中国国家版本馆 CIP 数据核字第 2024BK3075 号

职业教育·铁道运输类专业教材

书　　名:	**铁路行车规章**(第 2 版)
著 作 者:	申金国
责任编辑:	杨　思
责任校对:	赵媛媛　刘　璇
责任印制:	张　凯
出版发行:	人民交通出版社
地　　址:	(100011)北京市朝阳区安定门外外馆斜街 3 号
网　　址:	http://www.ccpcl.com.cn
销售电话:	(010)85285911
总 经 销:	人民交通出版社发行部
经　　销:	各地新华书店
印　　刷:	北京虎彩文化传播有限公司
开　　本:	787×1092　1/16
印　　张:	18.25
字　　数:	407 千
版　　次:	2015 年 3 月　第 1 版 2025 年 5 月　第 2 版
印　　次:	2025 年 5 月　第 2 版　第 1 次印刷　总计第 6 次印刷
书　　号:	ISBN 978-7-114-19887-8
定　　价:	56.00 元

(有印刷、装订质量问题的图书,由本社负责调换)

第 2 版前言

为适应铁路高质量发展的新趋势,编者根据铁道交通运营管理专业人才培养目标和全国铁道职业教育教学指导委员会对课程改革的基本要求,结合铁路运输一线的新技术,突出高等职业教育对人才职业能力的要求,改变以往以知识传授为特征的传统学科教学模式,对《铁路技术管理规程》(普速铁路部分)、《中国国家铁路集团有限公司铁路运输调度规则》(普速铁路部分)、《铁路车站行车作业人身安全规定》等铁路日常行车工作中的基本规章进行整合及项目化处理,编写了适用于教学与实践需要的《铁路行车规章》(第 2 版)教材。

党的二十大报告提出"统筹职业教育、高等教育、继续教育协同创新,推进职普融通、产教融合、科教融汇,优化职业教育类型定位",明确了职业教育的发展方向。党的二十届三中全会审议通过的《中共中央关于进一步全面深化改革、推进中国式现代化的决定》对深化教育综合改革做出系列部署,其中,针对职业教育,该决定提出"加快构建职普融通、产教融合的职业教育体系",再次明确了职业教育的发展方向。为了全面贯彻党的教育方针,黑龙江交通职业技术学院与中国铁路哈尔滨局集团有限公司展开校企合作,致力开发优质教材,联合对教材进行修订。

新版教材以引导铁路行车工作人员、学员正确合理执行铁路行车规章为出发点,以真实生产项目、典型工作任务、典型工作案例等为载体组织教材单元,按"模块→项目→任务"的结构形式设计,编排方式科学,框架清晰,层次分明,模块设置合理。校企双方共同开发微课、事故案例、任务工单等教材配套资源,与教材紧密结合,资源丰富,满足弹性教学、分层教学等需要。运用现代信息技术将微课、思政视频、电子规章等资源以二维码的形式嵌套于教材之中,形成了"融媒体"教材形态,突破了传统纸质教材的局限性,拓展了教材内涵与外延,增强了读者的体验感。

新版教材以课程思政为主线,采用"学、训、思"一体化设计,遵循"启智润心担使命,培根铸魂育新人"的主导思想,注重将思政元素有机融入教材之中,贯穿于教材始终。每一任务均以精选自人民网、新华网、中国国家铁路集团有限公司(简称国铁集团)官网等权威媒体的案例为开篇引导,每一项目均以案例收篇,寓素质教育于案例之中。旨在培养学生作为未来铁路行车工作人员认真、严谨、细致的职业素养,树立为人民服务的思想,树立安全生产观念,遵守职业道德,具备追求进步的责任感与使命感。

本教材由黑龙江交通职业技术学院申金国担任主编,黑龙江交通职业技术学院兰云飞、中国铁路哈尔滨局集团有限公司刘海燕、黑龙江交通职业技术学院郑学良担任副主编,中国铁路哈尔滨局集团有限公司朱光宇担任主审,全书由申金国统稿。本教材项目一至项目五由中国铁路哈尔滨局集团有限公司刘伟,黑龙江交通职业技术学院申金国、韩晶书、郑学良编写;项目六至项目八由中国铁路哈尔滨局集团有限公司杨秀峰、黑龙江交通职业技术学院兰云飞、朱莹、朱小娟编写;项目九由中国铁路哈尔滨局集团有限公司刘海燕、黑龙江交通职业技术学院申金国编写。黑龙江交通职业技术学院朱莹、朱小娟、王聪颖、兰云飞,中国铁路哈尔滨局集团有限公司杨秀峰负责微课制作。黑龙江交通职业技术学院李红卫负责照片摄影,申金国负责编写任务工单、全书案例的收集与整理、图片绘制、电子课件及其他配套资源的制作。杨秀峰负责案例收集与整理。

本教材在编写过程中参考了部分铁路运输的规章与文献,在制作资源过程中参考了"学习强国"平台部分微课,在此向这些资料的作者致以衷心的感谢! 鉴于规章的时效性,本书只作为教学和运输一线技术人员与职工学习参考使用,不能作为行车工作的依据。

由于编者水平有限,本教材难免有疏漏之处,敬请读者批评指正。

编 者
2024 年 10 月

数字资源列表

资源使用说明：

1. 扫描封面二维码，注意每个码只可激活一次。

2. 长按弹出界面的二维码，关注"交通教育出版"微信公众号并自动绑定资源。

3. 公众号弹出"购买成功"通知，点击"查看详情"，进入后即可查看资源。

4. 也可进入"交通教育出版"微信公众号，点击下方菜单"用户服务—图书增值"，选择已绑定的教材进行观看。

序号	资源名称
一、微课资源	
1	微课 编制编组列车调车作业计划
2	微课 64D 型单线半自动闭塞的办理
3	微课 铁路信号显示的基本要求
4	微课 固定信号的应用规定
5	微课 道床
6	微课 轨枕
7	微课 钢轨
8	微课 列车运行图
9	微课 CTCS-2 级列控系统
10	微课 新职人员安全法宝之如何正确使用安全带
二、案例分析	
1	案例 1-1 掌握行车组织工作的基本要求
2	案例 1-2 掌握编组列车的基本原则

序号	资源名称
	二、案例分析
3	案例2-1 掌握调车工作的一般规定(调车工作基本规定)
4	案例2-2 掌握调车工作的一般规定(调车作业"九固定"与调车安全)
5	案例2-3 掌握调车工作的其他规定(正线与跟踪出站调车规定)
6	案例2-4 掌握调车工作的其他规定(调车限制要求)
7	案例3-1 掌握行车凭证的使用条件
8	案例3-2 掌握列车运行工作的相关规定(列车运行的规定)
9	案例3-3 掌握列车运行工作的相关规定(接车与发车规定)
10	案例3-4 掌握列车运行工作的相关规定(列车被迫停车后的处理)
11	案例3-5 掌握列车运行工作的相关规定(列车分部运行及退行规定)
12	案例3-6 掌握列车运行工作的相关规定(施工及路用列车的开行规定)
13	案例3-7 掌握列车运行工作的相关规定(救援列车的开行规定)
14	案例4-1 掌握信号显示的基本要求
15	案例4-2 掌握固定信号的运用规定
16	案例4-3 掌握移动信号及手信号的运用规定
17	案例4-4 掌握信号表示器及标志的使用规范
18	案例4-5 掌握听觉信号的使用规范
19	案例5-1 认知铁路技术设备
20	案例5-2 认知铁路线路设备
21	案例5-3 掌握信号、通信设备的运用及管理要求
22	案例5-4 运用及管理车站站场、客运、货运设备
23	案例5-5 掌握机车车辆设备的运用及管理要求
24	案例6-1 熟悉铁路运输调度的组织机构和工作制度及内容
25	案例6-2 根据铁路运输实际情况进行车流调整
26	案例6-3 调度日常运输生产工作组织
27	案例6-4 车站作业计划与考核工作
28	案例7-1 调度人员的基本要求和调度工作分析
29	案例7-2 调度人员作业设备的运用和列车运行线的识别及绘制
30	案例7-3 列车运行及运行整理符号的识别与绘制
31	案例8-1 认知调度安全管理工作
32	案例8-2 调度命令的编制与下达
33	案例9-1 掌握行车作业人身安全通用规定与接发列车作业人身安全规定
34	案例9-2 掌握调车作业人身安全规定与扳道作业人身安全规定

序号	资源名称
	三、引用规章链接
1	引用规章链接1-1 《铁路技术管理规程》(普速铁路部分)第222条~第234条
2	引用规章链接1-2 《铁路技术管理规程》(普速铁路部分)第247条~第278条
3	引用规章链接2-1 《铁路技术管理规程》(普速铁路部分)第279条~第293条
4	引用规章链接2-2 《铁路技术管理规程》(普速铁路部分)第294条~第307条
5	引用规章链接3-1 《铁路技术管理规程》(普速铁路部分)第308条~第330条
6	引用规章链接3-2 《铁路技术管理规程》(普速铁路部分)第331条~第407条
7	引用规章链接4-1 《铁路技术管理规程》(普速铁路部分)第408条~第414条
8	引用规章链接4-2 《铁路技术管理规程》(普速铁路部分)第415条~第435条
9	引用规章链接4-3 《铁路技术管理规程》(普速铁路部分)第436条~第445条
10	引用规章链接4-4 《铁路技术管理规程》(普速铁路部分)第446条~第459条
11	引用规章链接4-5 《铁路技术管理规程》(普速铁路部分)第460条~第462条
12	引用规章链接5-1 《铁路技术管理规程》(普速铁路部分)第14条和第15条、附图1和附图2
13	引用规章链接5-2 《铁路技术管理规程》(普速铁路部分)第32条~第37条、第41条~第49条
14	引用规章链接5-3 《铁路技术管理规程》(普速铁路部分)第62条~第94条、第120条~第137条
15	引用规章链接5-4 《铁路技术管理规程》(普速铁路部分)第154条~第161条
16	引用规章链接5-5 《铁路技术管理规程》(普速铁路部分)第162条~第195条
17	引用规章链接6-1 《中国国家铁路集团有限公司铁路运输调度规则》(普速铁路部分)第1条~第18条
18	引用规章链接6-2 《中国国家铁路集团有限公司铁路运输调度规则》(普速铁路部分)第19条~第34条
19	引用规章链接6-3 《中国国家铁路集团有限公司铁路运输调度规则》(普速铁路部分)第35条~第70条
20	引用规章链接6-4 《中国国家铁路集团有限公司铁路运输调度规则》(普速铁路部分)第117条~第142条
21	引用规章链接7-1 《中国国家铁路集团有限公司铁路运输调度规则》(普速铁路部分)第91条~第100条
22	引用规章链接7-2 《中国国家铁路集团有限公司铁路运输调度规则》(普速铁路部分)第101条~第106条
23	引用规章链接7-3 《中国国家铁路集团有限公司铁路运输调度规则》(普速铁路部分)第106条
24	引用规章链接8-1 《中国国家铁路集团有限公司铁路运输调度规则》(普速铁路部分)第71条~第90条
25	引用规章链接8-2 《中国国家铁路集团有限公司铁路运输调度规则》(普速铁路部分)附件2
26	引用规章链接9-1 《铁路车站行车作业人身安全规定》(铁运〔2020〕135号)第4条~第13条
27	引用规章链接9-2 《铁路车站行车作业人身安全规定》(铁运〔2020〕135号)第14条~第32条
	四、思政案例
1	一个人的车站
2	铁路调车员高温下坚守为列车编程
3	烈日下的铁路调车员
4	车站值班员徐前凯

序号	资源名称
四、思政案例	
5	守护春运 铁路人的"十八般武艺"
6	"五一"坚守岗位 牙林铁路上的工务人
7	新时代铁路榜样——廖春
8	战斗在铁路电话所的女英雄
9	铁路线上的特种兵
10	中国春节之北京铁路调度指挥中心
11	"红蓝黑线"描绘云南铁路40年变迁
12	铁路大调图 出行更方便
13	山东省济南铁路护路安全科普"五防"

本书配套课件、教案、课程标准、题库等教学资源,任课教师可联系出版社获取。

目录

课程导学

本教材内容涵盖普速铁路车务系统的三个主要规章,即《铁路技术管理规程》(普速铁路部分)、《中国国家铁路集团有限公司铁路运输调度规则》(普速铁路部分)、《铁路车站行车作业人身安全规定》,核心部分是《铁路技术管理规程》(普速铁路部分),主要面向铁路局集团公司调度工作岗位及车站行车工作岗位。

教材对应"铁路行车规章"课程。铁路行车规章是铁路运输日常工作所应遵循的基本法规,它担负着规范铁路行车工作岗位行为、岗位作业标准的重要责任,对完成铁路运输生产经营任务、保证铁路行车安全起着重要作用。"铁路行车规章"课程立足铁路行车工作岗位实际,介绍铁路行车规章执行方法。学习"铁路行车规章"课程,应具备铁路运输设备相关知识,特别是铁路线路与站场设备、铁路信号与通信设备的内容,并掌握铁路技术站生产组织流程,掌握车站接发列车工作、调车工作、车站调度工作的基本技能。先修课程为专业基础课程(即铁路信号与通信设备、铁路机车车辆、铁路线路及站场)和部分专业核心课程(即接发列车工作、铁路调车工作),后续课程是铁路运输安全管理。该课程是铁道交通运营管理专业的核心课程。

"铁路行车规章"课程内容与实际工作联系紧密,重点讲述行车组织工作的基本要求及编组列车的基本原则、调车工作的有关规定、行车闭塞法及列车运行的相关规定、信号显示的相关规定、铁路技术设备的运用和管理、调度日(班)计划与日常运输组织工作、调度基础分析和设备工作及图表绘制识别、调度安全管理工作和调度命令的编制与下达、铁路车站行车作业人身安全规定等前沿知识,实践性较强,要求任课教师在授课前需要深入铁路运输企业充分调研行车工作情况,课程教学还需要铁路接发车、调车、调度指挥实训设备支持。课程通过项目任务引领开展教学活动,综合运用教材配套资源,另外,学员还应学习《铁路技术管理规程》(普速铁路部分)、《中国国家铁路集团有限公司铁路运输调度规则》(普速铁路部分)、《铁路车站行车作业人身安全规定》的原文及规章解释,使学员能在未来工作中正确执行行车规章,合理组织日常运输生产,正确开展行车岗位工作,具备对突发事件的应变能力。

铁路行车工作人员在使用本教材时,须先熟悉《铁路技术管理规程》(普速铁路部分)、《中国国家铁路集团有限公司铁路运输调度规则》(普速铁路部分)、《铁路车站行车作业人身安全规定》等基础规章及各行车专业规章,再学习本教材中相应的铁路局集团公司调度工作岗位及车站行车工作岗位内容,并结合行车实际工作加以实践。

模块一
铁路技术管理规程

◎ 规章说明

《铁路技术管理规程》是国家铁路技术管理的基本规章,各部门、各单位制定的技术管理文件等,都必须符合该规程的规定。在明令修改以前,任何部门、任何单位、任何人员都不得违反该规程的规定。

《铁路技术管理规程》自1950年出版发行第一版以来,伴随着新中国铁路的发展走过了数十年的历程,至2006年出版发行第十版。2014年出版发行的《铁路技术管理规程》分为普速铁路部分和高速铁路部分两本,其中普速铁路部分适用于200 km/h以下的铁路(仅运行动车组列车的铁路除外)。《铁路技术管理规程》(普速铁路部分)包含了三编(各编以下共分为十九个章节)、两个附图、十个附件。各编(章节)的内容分别是技术设备(含基本要求,线路、桥梁及隧道,信号,通信,铁路信息系统,车站及枢纽,机车车辆,供电、给水,房屋建筑,铁路用地等九章)、行车组织(含基本要求、编组列车、调车工作、行车闭塞、列车运行等五章)、信号显示(含基本要求、固定信号、移动信号及手信号、信号表示器及标志、听觉信号等五章)等;附件的内容分别是路票、绿色许可证、红色许可证、调度命令、出站/跟踪调车通知书、轻型车辆使用书、调度命令登记簿、书面通知、半自动闭塞发车进路通知书、铁路车辆编组隔离表等。

本教材依据上述内容在编写时择取了日常工作中常用的部分,整合为五个项目,即行车组织工作的基本要求及列车编组的基本原则、调车工作的有关规定、行车闭塞法及列车运行的相关规定、信号显示的相关规定、铁路技术设备的运用和管理。

行车组织工作的基本要求及编组列车的基本原则

⊛ 项目背景

铁路行车工作具有点多、线长、面广和多工种联合作业的特点,为使行车各部门、各工种能够步调一致、协同动作,铁路行车工作要坚持集中领导、统一指挥、逐级负责的原则,这是因为这些原则能够确保铁路运输的安全和效率。铁路行车工作需遵循自上而下的层级管理模式,确保决策权威性与全面协调性。统一指挥原则要求在执行任务时,只有一个指挥源,避免多头指挥,从而减少混乱,提高工作效率。逐级负责原则确保了责任明确,每个层级都清楚自己的职责和责任范围,有利于问题的及时解决和责任的明确追究。这些原则共同作用,可以大大提高铁路运输的安全性和效率,确保铁路系统的稳定运行。铁路运输作为国家重要的交通运输方式之一,其安全与效率对于国家经济发展和人民生活具有重要意义。因此,坚持这些原则是铁路行车工作不可或缺的一部分,旨在确保铁路运输的安全、高效和顺畅。

货物列车编组计划在铁路运输中起着至关重要的作用,主要包括优化车流组织、提高运输效率和保证运输通畅。优化车流组织:编组计划根据车流的大小和性质,结合各站设备条件,采取不同的车流组织形式。例如,在装车量较大的车站组织始发或阶梯直达列车,而零星车流则编入摘挂列车,从而最大限度地组织直达运输和成组装车,减少技术站的改变作业量。提高运输效率:通过合理分配技术站的编解调车任务,规定合理的车流运行径路,以及优化车流在具有平行进路的方向上的运行,可以减轻主要铁路方向的负担,加速物资送达和货车周转。保证运输通畅:在日常运输工作中,通过调整列车编组计划可以疏导车流,改变枢纽或方向的能力紧张状况,从而确保运输的通畅性。这些措施不仅提高了铁路运输的效率,还优化了资源配置,使得铁路运输系统能够更好地服务于工农业生产和其他方面的物流需求。

⊗ 建议学时

8 学时。

任务一　掌握行车组织工作的基本要求

学习目标

知识目标

1. 掌握行车工作原则相关规定。
2. 掌握全国铁路行车时刻相关规定。
3. 掌握列车的定义、分类和运行等级顺序相关规定。
4. 掌握列车运行方向相关规定。

能力目标

1. 能够在行车工作中遵守行车工作原则。
2. 能够说出列车的定义。
3. 能够指出列车运行方向。

素质目标

1. 发扬严肃、认真、细致的工作作风。
2. 增强逐级负责的岗位责任意识。
3. 弘扬团队理念,弘扬团队合作精神。

任务描述

首先,仔细阅读下文的案例,掌握事故概况,带着任务学习"知识探索"中关于行车组织工作的基本要求相关内容,掌握行车工作原则,全国铁路行车时刻,列车的定义、分类和运行等级顺序,列车运行方向等内容。其次,对应上述内容学习《铁路技术管理规程》(普速铁路部分)相对应的条文,弄清规程原文是如何规定的。最后,根据所学知识分析下文案例。要求:说明事故作业分类、事故性质分类、风险事项分类、事故主要原因,并说明事故违反规程的哪项条文。

任务提示:

事故作业分类包括调车作业、接发列车、火灾事故、劳动安全、施工作业、应急处置等。

事故性质分类包括违编列车、错办列车、耽误列车、超速运行、进无网区、列车分离、车辆脱轨、调车冲突、调车挤岔、调车脱轨、冒进信号、碰压防护信号、碰压脱轨器、人身伤亡、人身重伤、制度缺失等。

风险事项分类包括编组列车、运输组织、安全自身防护、列尾运用、限速管理、漏转命令、按钮操作、监视台面、分路不良、车辆防溜、车辆检查、车辆连挂、调速制动、发车条件、防溜撤除、核对现车、减速顶管理、确认进路、进路准备、溜放作业、平调设备与运用、设备操作、手动干预、误操设备、线路检查、消防隐患、应急处置、站区环境、制动调速、中途返回、准备进路、作业环境、作业纪律、作业联系、作业位置、管理问题等。

事故主要原因包括疏忽大意、惯性违章、违章蛮干、不会不懂、互控失效、设备失管、管理缺陷、作业环境等。

（注："任务提示"适用于本书同类任务，后续同类任务不再重述）。

案例导入

2011 年 5 月 6 日 12:28,呼和浩特铁路局集团公司打拉亥站,T00062 次列车运行至进站信号机处,由于车站值班员错误点击下行 4 道出站列车按钮,造成错排 4 道下行反方向发车进路,不能正常办理Ⅱ道接车进路而在站外停车。12:59,经电务人员取消 4 道发车进路,车站重新开放上行进站信号机后,该列车于 13:02 开车进入站内。

引导提示:该案例提到了"下行""反方向"等概念,这些概念都与列车运行方向有关,可见掌握列车运行方向的有关知识特别重要。

知识探索

一、行车工作原则

1. 贯彻安全生产方针

安全生产是我们党和国家的一贯方针,也是铁路运输生产在质量标准上的基本要求。铁路发生事故,不仅给人民生命财产造成损失,也会带来不良社会影响。

2. 坚持集中领导、统一指挥、逐级负责的原则

行车工作具有点多、线长、面广和多工种联合作业的特点,要使行车各部门、各工种能够步调一致、协同动作,只有坚持集中领导、统一指挥、逐级负责的原则,才能把各部门组成一个统一的整体,使各个工作环节环环相扣、紧密联系,保证运输生产安全、迅速、准确、协调地进行。

铁路局集团公司间由中国国家铁路集团有限公司(简称国铁集团)统一指挥,铁路局集团公司管内各区段由铁路局集团公司统一指挥。一个调度区段由本区段列车调度员统一指挥。车站由车站值班员统一指挥,线路所由线路所的车站值班员统一指挥。凡划分车场的车站,各车场由该车场的车站值班员统一指挥,车场间接发列车进路互有关联的行车事项,由指定的车站值班员统一指挥。列车和单机由司机负责指挥。列车或单机在车站时,所有乘务人员应按车站值班员的指挥进行工作。在调度集中区段,调度集中控制车站有关行车工作由该区段列车调度员直接指挥,但转为车站控制时由车站值班员指挥。

3. 发扬社会主义协作精神

铁路运输是国民经济中一个重要的生产部门,与各个方面都有广泛的联系,因此必须树立全局观念和全心全意为人民服务的思想。铁路内外各部门、各单位要主动配合、紧密联

系、协同动作,发扬社会主义协作精神共同完成任务。

4.组织均衡生产,挖掘运输潜力,不断提高运输效率

这一原则是增强铁路输送能力的重要途径。因此,行车有关部门必须不断提高计划质量,加强调度指挥工作,提高站段工作水平,积极总结和推广先进经验,改进作业组织,充分发挥现有设备潜力,保证全面甚至超额完成运输生产任务。

二、全国铁路行车时刻

(1)全国铁路行车时刻均以北京时间为标准,从零时起计算,实行 24 h 制,即行车时刻从零时起至 24:00 止,为一个行车日。

铁路各项指标的统计时刻,以当日 18:00 起至次日 18:00 止为一个计算日。

北京时间指北京所在的东八时区的区时。我国从西到东横跨 5 个时区。全国约 96% 以上的人口居住在东八和东七时区,且首都北京位于东八时区核心区域,故我国采用东八时区的区时作为全国标准时间。

(2)铁路地面固定设备的系统时钟,当具备条件时,应接入铁路时间同步网;不具备条件时,可独立设置卫星授时设备。

(3)铁路行车房舍内和办理行车工作的有关人员均应备有钟表。钟表的时刻应与调度所的时钟校对。调度所的时钟及各系统的时钟须定期校准。钟表的配置、校对、检查、修理办法由铁路局集团公司规定。

三、列车的定义、分类和运行等级顺序

1.列车的定义

列车是指编成的车列并挂有机车及规定的列车标志。动车组列车为自走行固定编组列车。单机、大型养路机械及重型轨道车,虽未完全具备列车条件,也应按列车办理。

2.列车的分类和运行等级顺序

在运输生产工作中,根据需要和服务对象,每列列车分别担负不同的运输任务,从而分为不同的种类;根据运输任务的轻、重、缓、急,列车又分为不同的等级。在行车工作中,正常情况下必须依照列车的运行等级顺序放行列车、调整列车运行秩序。在编制列车运行图、制订日常列车运行计划及进行调度调整时,也须统筹兼顾、妥善安排。

列车按运输性质的分类和运行等级顺序如下。

1)按运输性质分类

(1)旅客列车(动车组列车、特快旅客列车、快速旅客列车、普通旅客列车)。

(2)特快货物班列。

(3)军用列车。

（4）货物列车（快速货物班列、五定①班列、快运列车、重载列车、直达列车、直通列车、冷藏列车、自备车、区段列车、摘挂列车、超限列车及小运转列车）。

（5）路用列车。

2）列车运行等级顺序

动车组列车、特快旅客列车、特快货物班列、快速旅客列车、普通旅客列车、军用列车、货物列车、路用列车。

注意：开往事故现场救援、抢修、抢救的列车，应优先办理。特殊指定的列车，其运行等级应在指定时确定。

四、列车运行方向

1.列车运行方向的规定

列车运行方向原则上以开往北京方向为上行，车次编为双数；远离北京方向为下行，车次编为单数。全国各线的列车运行方向，以国铁集团规定为准，但枢纽地区的列车运行方向由铁路局集团公司规定。

在支线上运行的列车以开往干线为上行，车次编为双数；以远离干线为下行，车次编为单数。

在同一列车运行径路中有不同的运行方向时，在与整个方向不符的个别区间，使用直通车次时，可与规定方向不符。

以图1-1所示为例进行说明。如齐齐哈尔至榆树屯间出现同一运行方向，既有开往红旗营的上行列车，又有开往昂昂溪的下行列车，为便于掌握，这些列车仍使用原车次。

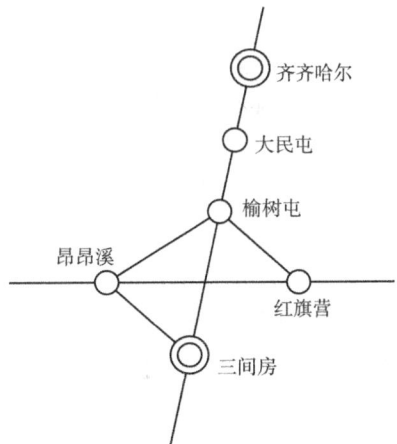

图1-1　使用直通车次示意图

2.列车在区间的运行方向

我国铁路列车在区间运行，采用左侧行车制，即列车在区间运行时，牵引机车司机的位置及铁路信号的设置位置均在列车运行方向的左侧。

在单线区段，双向运行，即上下行列车在同一条区间正线上往复运行，铁路信号分别设置在上下行列车运行方向的左侧。在双线区段单向运行，即上下行列车分别固定在左侧正线（上行列车走上行线，下行列车走下行线）上运行。列车在双线区段运行时，以左侧单方向运行，这个方向称为双线正方向行车；反之，称为双线反方向行车。

双线反方向行车属于非正常行车。由于我国部分双线区间无双向闭塞设备，列车在双线反方向运行时，接发车时不能使用进出站信号机，在安全和效率上都有不利因素。因此，列车在双线反方向运行时，只准在整理列车运行时方可采用，每次还须得到列车调度员的命令后方可办理。旅客列车仅在正方向区间的线路封锁施工、发生自然灾害或因事故中断行车等特殊情况下，经调度所值班主任准许，方可双线反方向运行。

---

①　五定即定点、定线、定车次、定时、定价。

❋ 引用规章

《铁路技术管理规程》(普速铁路部分)第 222 条 ~ 第 234 条。

引用规章链接1-1

《铁路技术管理规程》
(普速铁路部分)第222条~
第234条

案例1-1

掌握行车组织
工作的基本要求

任务二　掌握列车编组的基本原则

学习目标

知识目标

1. 掌握列车编组的基本规定。
2. 掌握禁止编入列车的车辆相关规定。
3. 掌握货物列车中车辆的编挂相关规定。
4. 掌握列车中机车的编挂及单机挂车相关规定。

能力目标

1. 能够正确执行列车编组的基本规定。
2. 能够正确执行禁止编入列车的车辆相关规定。
3. 能够正确执行货物列车中车辆的编挂相关规定。
4. 能够正确执行列车中机车的编挂及单机挂车相关规定。

素质目标

1. 发扬注重细节、一丝不苟的工作作风。
2. 树立降低运输成本、提高经济效益的经营理念。
3. 树立安全第一、安全高于一切的理念。

任务描述

　　首先,仔细阅读下文的案例,掌握事故概况,带着任务学习"知识探索"中关于编组列车基本原则的相关内容,掌握列车编组的基本规定、禁止编入列车的车辆、货物列车中车辆的编挂、列车中机车的编挂及单机挂车等内容。其次,对应上述内容学习《铁路技术管理规程》(普速铁路部分)相对应的条文,弄清规程原文是如何规定的。最后,根据所学知识分析下文案例。要求:说明事故作业分类、事故性质分类、风险事项分类、事故主要原因,并说明事故违反规程的哪项条文。

案例导入

　　2009 年 3 月 31 日 22:50,成都铁路向广安站,车站 5 道接 41305 次列车。22:56,列车调度员安排 41305 次列车终到,解体后与 4 道封存的 42 辆空敞车重新编组开 FC87845 次列车,23:15,车站调度员编制完调车作业计划后,安排连结员取 41305 次列车的列尾主机(型号 CP-3Ⅱ),并安装在 4 道停留车到达方端车上,作为 FC87845 次列车列尾主机。23:29,连结员将列尾主机安装在一位端车钩钩提杆上,用双手摇动了几下,认为安装好后,便向车站值班员做了汇报。FC87845 次列车 0:10 开车。1:10,在华蓥—高兴区间 719 km ~

779 km间,列车紧急制动,司机停车检查后发现列尾主机丢失。4:25,在华蓥—高兴间718 km163 m处,列车运行方向左侧路基边找到。经现场检查,列尾主机柱销锁、弹簧拉杆完整,作用良好,列尾主机外壳变形破损,无防滑沟,天线丢失,软管拉断。

引导提示:该案例提到了"列尾""列尾主机"的概念,这些概念都与列车编组内容有关,可见掌握列车编组的有关知识特别重要。

知识探索

一、列车编组的基本规定

1.列车中车辆去向和编挂方法应符合列车编组计划的规定

列车编组计划是全路的车流组织计划,是车站解编作业合理分工和科学地组织车流的办法。它确定了各站的作业任务和相互关系,编组计划一经确定,必须严格执行,任何车站不得违反列车编组计划,否则,必然会打乱站间分工,增加改编作业,带来作业困难,甚至造成枢纽堵塞。因此,有关职工必须严格对待、认真贯彻执行列车编组计划。

2.列车的重量和长度应符合列车运行图的规定

(1)列车重量标准,是以各区段规定的各种类型机车的牵引力减去各种阻力,并考虑气候影响,经牵引计算和牵引试验后确定。

(2)列车长度应根据运行区段内各站到发线的有效长度,并须预留30 m的附加制动距离确定。

(3)直通、直达列车,在其运行中所经区段的列车重量标准不一致时,为减少途经技术站的调车作业,在列车编组计划中可规定一个统一的重量标准(一般以最低重量为准)。统一的重量标准,即为该种列车的专用重量标准。在实际工作中,为充分利用机车牵引力,原则上不准编开低于列车重量标准(包括统一的重量标准)的列车。

(4)货物列车牵引重量允许上下波动81 t以内,计长允许欠1.3辆以内。

满轴列车指实际编成的列车重量符合列车运行图规定的区段牵引重量(包括尾数上下波动81 t以内)或列车长度符合列车运行图规定的该区段列车长度标准(包括尾数向下波动1.3辆以内)。

列车的实际重量,包括列车内编挂的所有车辆的自重和载重之总和,列车编挂的非工作机车、架桥机、检衡车等的重量也计算在内,但工作机车(本务机车、补机、重联机车等)和有货回送机车的重量不计算其重量。货物重量可按国铁集团《铁路货车统计规则》的规定计算。

3.超重、超长和欠轴列车的开行

超重列车是指实际编成的列车重量比运行图规定的区段牵引重量超81 t及以上,连续运行距离超过机车乘务规定区段1/2的货物列车。编组超重列车能节省机车运行台数、提高区段通过能力,但由于机车性能及司机技术水平所限,可能造成运缓或坡停等后果。为此,开行超重列车时,在编组站、区段站应征得机务段调度员的同意;在中间站应得到司机的同意,并且均须列车调度员准许,以使其指挥行车时心中有数。

超长列车是指实际编成的列车长度超过列车运行图规定的该区段列车长度。对于到发线有效长较短的车站,列车长度虽未超过列车运行图规定的该区段列车的换长,但实际长度(包括机车长度及附加制动距离)超过该站到发线有效长时,在编制列车运行图和日常调度指挥中,应按超长列车办理。编组超长列车时,必须考虑运行区段内的具体条件,编组的超长列车的最大长度不得超过区段内一个车站两股最短到发线容车数之和,并不宜编挂超限车辆及其他限速车辆。开行超长列车时,必须得到列车调度员的命令准许,跨铁路局集团公司的超长列车,应征得邻局同意。具体开行办法由各个铁路局集团公司在铁路《行车组织规则》中确定。

欠轴列车是指实际编成的列车重量和长度均未达到列车运行图所规定的标准。编组欠轴列车会浪费机车牵引力,一般不准开行。必须开行时,须得到列车调度员的命令准许;跨铁路局集团公司的欠轴列车,应征得邻局同意。

摘挂列车、小运转列车、固定车底列车,不受欠重或欠长的限制,但超重列车应按有关规定办理。

4. 动车组以外的旅客列车编组要求

动车组以外的旅客列车按列车编组表编组,机车后第一位编挂一辆未搭乘旅客的车辆作为隔离车。行李车、邮政车、发电车等非乘坐旅客的车应分别挂于机车后第一位和列车尾部,起隔离作用;在装设集中联锁的区段,并设有列车运行监控装置时,旅客列车可不挂隔离车。如隔离车在途中发生故障摘下时,可无隔离车继续运行。局管内旅客列车经铁路局集团公司总经理批准后,可不隔离。之所以编挂隔离车,是为了保证旅客的安全,在装设集中联锁的区段,并设有列车运行监控装置时,由于列车运行间隔有可靠的保证,所以可不挂隔离车。

5. 动车组编组要求

动车组其自身的特点与其他旅客列车区别较大,为固定编组。单组动车组运用状态下不得解编,两组短编组同型号动车组可重联运行。救援等特殊情况下,两组不同型号动车组可重联运行。动车组禁止加挂各型机车车辆,但无动力调车时的调车机车、救援机车、无动力回送时的本务机车及回送过渡车除外。同时,动车组也禁止编入其他列车。

超过检修期限的动车组禁止上线运行,但经车辆部门鉴定的回送动车组除外。

二、禁止编入列车的车辆

在编组列车时,对其所挂的车辆在技术上有一定的限制和要求。凡属下列情况之一的车辆,禁止编入列车。

1. 技术状态不合规定的车辆

(1)插有扣修、倒装色票的车辆及车体倾斜超过规定限度的车辆。

货车插有色票,是表示该车辆定检到期或技术状态不良,需要进行检修。凡经列检人员检查确定,因技术状态不良或定检到期需要扣修的车辆,或重车因技术状态不良需倒装而进行摘车修理时,列检人员应在该车的表示牌框内插上相应的色票。插有色票的车辆,一律不准使用。各种色票的插、撤,只能由列检人员进行,其他人员不得任意插、撤。列检人员在插、撤色票的同时,要向车站发出"车辆检修通知书"。车站应按通知书要求送往指定地点。

车体倾斜,是指车辆一侧或一端倾斜(见图1-2)。车体倾斜的原因有两个方面:一是由车辆本身的原因所导致,如车体结构松弛、弹簧衰弱等;二是发生在货物装载的原因上,如装载偏重、集重及超重等。车体倾斜可能导致弹簧折断、车辆燃轴、游间压死、不能转向。若发现不及时则可能造成热切,车辆脱轨颠覆,造成严重损失。此外,车辆倾斜超过规定限度,也可能侵入限界,与信号设备、建筑物或邻线机车车辆接触,危及行车安全。因此,客车倾斜超过 50 mm 者、货车倾斜超过 75 mm 者禁止编入列车。

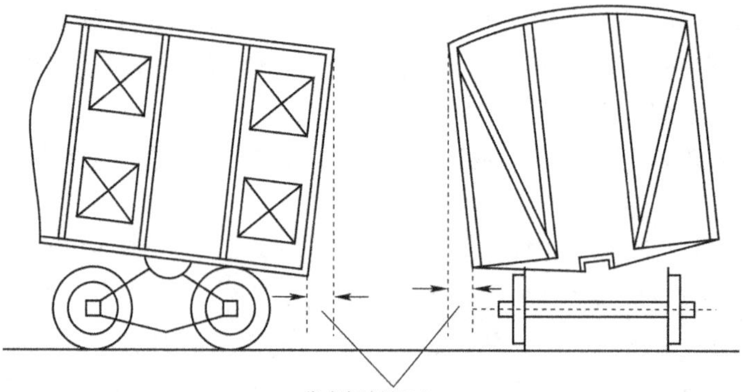

货车倾斜超过 75 mm
客车倾斜超过 50 mm

图 1-2　车体倾斜

(2)曾经发生冲突、脱轨、火灾、爆炸,或曾经编入发生特别重大、重大、大事故列车内,以及在自然灾害中损坏,未经检查确认可以运行的车辆。

这些车辆经过激烈冲撞,其主要部件、零件,如转向架、轮对、轴箱、车钩及车底架等可能存在隐患,如不经列检人员细致检查,并确定对行车有无妨碍就编入列车,将严重威胁运行安全。

(3)未关闭侧开门、底开门以及平车未关闭端、侧板的(有特殊规定者除外)车辆。

未关端、侧板或侧开门的车辆,在运行中侧板与侧开门可能掀动或摇晃,甚至超出机车车辆限界,可能刮坏信号设备,碰撞邻线的机车车辆,危及线路附近设备和人员的安全。端板不关,在车辆运行中可能掀动脱落,以致造成脱轨或颠覆事故。装载超限货物或敞车双层装载牲畜时,应将侧板牢靠地捆绑在车体上,方准编入列车。编组站、区段站货运检查人员应检查列车中车辆门窗和端、侧板的关闭情况,发现异状或未关闭时,应及时处理。

底开门不关闭,容易刮坏道岔,甚至脱落。每一底开门为两个扣铁,如只用一个扣铁关闭底开门,经过振动底开门仍可能开放,使货物散落而引起车辆脱轨。对底开门车中一个扣铁未扣上的车辆,如在中间站发现,应捆绑牢固,做成记录,重车交卸车站处理,空车交前方有列检的车站处理。

(4)缺少车门的车辆(检修回送车除外)。这里指的是车门,并非侧板、端板等。缺少车门,装车后容易造成货物窜出、坠落或丢失,不仅影响行车安全,也不能保证货物的完整和安全,因此也禁止编入列车。

2.装载货物不满足条件的车辆

(1)装载货物超出机车、车辆限界,无挂运命令的车辆。

一件货物装车后,在平直线路上停留时,货物的高度和宽度有任何部位超过机车车辆限界或特定区段装载限界的,称为超限货物。在平直线路上停留虽不超限,但行经半径为300 m 的曲线线路时,货物内侧或外侧的计算宽度(已经减去曲线水平加宽量 36 mm)仍然超限的,亦为超限货物。

装有超限货物的车辆在运行中要遵守一些特殊规定,如限制运行速度,相邻线路会车或调车时必须满足规定的线间距,禁止通过某些线路、桥梁、隧道等。列车调度员根据批准装运电报发布挂运命令。因此,装载超限货物车辆编入列车时,必须得到列车调度员同意挂运的调度命令及有关挂运条件的指示,否则,不能保证货物与列车运行的安全。

车站在挂运超限车以前,由车站值班员或车站调度员将批示命令号码、车种、车号、到站、超限等级等事项报告调度所,以便纳入日班计划。调度所在挂运超限车以前,将管内具体运行条件以调度命令的形式下达有关站段,以便做好准备工作。发站、中转站的车站值班员应将调度命令交给机车乘务员。挂有超限车的列车,应在《车站行车工作细则》(简称《站细》)规定的线路接发。运行上有限速等限制条件的超限车,除有特别指示外,禁止编入直达、直通列车。

货检人员在检查超限车时,应严格检查超限车的加固状态,确认没有窜出检查线,方准挂运。发现异状时,应立即报告车站值班员,并按其指示办理。

(2)装载跨装货物的(跨及两平车的汽车除外)平车,无跨装特殊装置的车辆。

跨装货物是指一件货物的重量或长度需用两辆平车共同负担载重的货物(包括加挂游车)。跨装货物固定在两辆平车或三辆平车上成为一个整体。为使跨装货物的车辆能灵活地通过曲线,必须在车辆与货物之间使用跨装的特殊装置——货物转向架(亦即转向枕木)。同时,为了防止因车钩弹簧压缩、伸张而造成货物的窜动,在跨装货物的车辆与车辆之间还必须使用车钩缓冲停止器(卡铁)。若无特殊装置,列车通过曲线或坡道地段则可能产生移动,从而引起不良后果。

(3)平车、砂石车及敞车装载货物违反装载和加固技术条件的车辆。

货物装载和加固必须保证能经受正常调车作业及列车运行中的冲击,以保证货物在运输的全过程中,不致发生移动、滚动、倾覆、倒坍或坠落等情况。平车、砂石车、敞车装载的货物,必须符合《铁路货物运输规程》中货车装载加固技术条件的要求,如货物装载偏重、上重下轻等。货物装车后,其总重心横向偏离车底板纵中心线的水平距离超过 100 mm 时,为横向偏重;其总重心纵向偏移,使一个车辆转向架所承受的货物重量超过标记载重的 1/2,或两转向架承受的重量之差大于 10 t 时,为纵向偏重。横向偏重和纵向偏重统称为偏重。两者有时会同时发生。

货物装车后,车底架的工作应力超过其允许应力时,称为集重装载。确定集重货物,必须搞清支重面长度和负重面长度两个概念。支重面是指货物的底面。负重面是指车底板的顶面。支重面长度是指货物直接放于平面时,用来支承本身重量那部分底面的长度,称为货物的支重面长度。负重面长度是对车辆而言,是指货车用来负担货物重量直接与货物支重面相接触的那部分车底板的长度。装载集重货物时,要符合《货车装载加固技术条件》的有关规定。

原木、粮食、棉花及其他包装物品等不按规定码放,加固的绳索、铁丝、支柱等不符合规格或捆绑不牢等情况,在运行中可能经不起紧急制动及通过道岔、曲线、坡道而产生的纵向力和横向力作用,而使货物窜动、倒塌、坠落等,影响正常行车,危及行车安全。要特别注意金属制材的装载加固问题。金属制材材质坚硬、重量大、表面平滑,在运输过程中极易移位,造成燃轴、脱线或颠覆,已多次酿成重大事故,因此,一定要把金属制材的防滑、装载、加固工作做好。

(4)由于装载的货物需要停止自动制动机作用,而未停止的车辆。

根据装载的货物性质(易燃、易爆)要求关闭自动制动机,是考虑在列车制动时,防止车轮踏面与闸瓦摩擦发热,产生高温或迸发火星。特别是在长大下坡道上,制动时间过长,闸瓦处于高热状态,如不停止自动制动机,对装有爆炸品或怕受高温的货物车辆,有可能引燃或引爆,所以必须停止自动制动机的作用。

3.企业自备机车、车辆、自轮运转特种设备和城市轨道车辆、进出口机车车辆过轨时,未经铁路机车车辆人员检查确认的车辆

企业自备机车车辆的技术标准,是由各企业根据本单位的作业特点而制定的标准,其维修、养护皆不如铁路标准严格,所以企业自备机车过轨编入铁路列车运行时,须经铁路机车车辆部门鉴定,按铁路标准加以检查确认,才能保证安全。

4.超过定期检修期限的客车车辆(经车辆部门鉴定的回送客车除外)

因为超过定期检修期限的客车车辆技术状态无法保证安全运行,所以禁止编入旅客列车。

三、货物列车中车辆的编挂

1.装载危险、易燃货物车辆编入列车的隔离

危险货物是指具有燃烧、爆炸、腐蚀、毒害、放射射线等性质,而且在运输过程中发生意外,能引起人身伤亡、财产受到毁损的物资。易燃货物是指遇明火或受高温容易引起燃烧和造成火灾的货物。易燃货物品名见表1-1。

易燃货物品名表   表1-1

序号	品名
1	危险货物品名表规定之外的籽棉、棉花(皮棉)、木棉、黄棉花、废棉、飞花、破籽花
2	危险货物品名表规定之外的各种麻类和麻屑
3	麻袋(包括废、破麻袋)、各种破布、碎布、线屑、乱线、化学纤维
4	牧草、谷草、油草、蒲草、羊草、芦苇、荻苇、玉米棒(去掉玉米的)、玉蜀黍秸、豆秸、秫秸、麦秸、蒲叶、烟秸、甘蔗渣、蒲棒、薄棒绒、芦秆、亚麻草、烤烟叶、晒烟叶、棕叶以及其他草秸类
5	葵扇(芭蕉扇)、蒲扇、草扇、棕扇、草帽辫、草席、草帘、草包、草袋、蒲包、草绳、芦席、芦苇帘子、笤帚以及其他芦苇、草秸的制品
6	干树皮、干树枝、干树条、树枝(经脱叶加工)、带叶的竹枝、薪柴(劈柴除外)、松明子、腐朽木材(喷涂化学防腐剂的除外)

序号	品名
7	刨花、木屑、锯末
8	纸屑、废纸、纸浆、柏油纸、油毡纸
9	炭黑、煤粉
10	粮谷壳、花生壳、笋壳
11	羊毛、驼毛、马毛、羽毛、猪鬃以及其他禽兽毛绒
12	麻黄、甘草

注：1. 用敞车、平车、砂石车装运易燃货物时，应用篷布苦盖严密；在调车或编入列车时，应进行隔离。但对干树皮、干树枝、干树条和带叶的竹枝，由于干湿程度、带叶多少不同，是否应苦盖篷布，由发站根据气温和运输距离，在确保运输安全的原则下负责确定。

2. 腐朽木材喷防火涂料或采取其他防火措施后，可不苦盖篷布。

3. 本表未列的品名，是否也属于易燃货物，由发站报铁路局集团公司确定。

4. 以易燃材料作包装、捆扎、填塞物，以竹席、芦席、棉被等苦盖的非易燃货物，以及用木箱、木桶、铁桶包装的易燃货物，均按普通货物运输。以敞车装运时，是否应苦盖篷布，由托运人根据货物的运输安全情况负责确定。

隔离的作用：一是使易燃、易爆物品与火源隔离；二是万一发生意外时，能尽量减少或避免扩大损失，如爆炸品与机车、搭乘旅客的车辆实行隔离，爆炸品与放射性物品不准编入同一列车，等等。小运转列车的机车及调车机车均装有双层火星网，其运行途程较短，加之各铁路局集团公司条件差异很大，所以，在保证安全的前提下，小运转及调车作业隔离由铁路局集团公司规定。

为防止装载蜜蜂的车辆在列车中挂运位置失当而造成蜜蜂死亡，在编组或改编列车时，对装有蜜蜂的货车不得与整车装运的敌敌畏等农药车（即标有 ⚠ 的车）编挂在同一列车内。如车流不足、分别挂运有困难时，蜜蜂车应挂在农药车前部，并隔离四辆及其以上。

对装载散装石灰、粉末沥青及恶臭货物（如氨水、碳氨、粪干、兽骨、湿的毛皮等）的敞、平车辆编入列车时，其具体编挂位置由列车调度员指定。

2. 货物列车关门车的编挂规定

"关门车"是指关闭制动支管上的截断塞门，本身失去制动力的车辆。它包括因装载货物要求，须停止制动作用的车辆，以及因自动制动机临时发生故障准许关闭截断塞门的车辆。但列检作业场所在站编组始发的列车中，不得有制动故障关门车。

为保证列车在施行制动时有足够的闸瓦压力，以确保列车在规定的制动距离内停车，列车中机车、车辆的自动制动机，均应加入全列车的制动系统。因装载货物规定须停止制动作用或运行中制动机临时发生故障不能修复时，允许编挂关门车。编挂关门车时，应满足《铁路技术管理规程》（普速铁路部分）规定的货物列车每百吨列车重量的最小闸瓦压力。每百吨列车重量的高摩合成闸瓦换算闸瓦压力不得低于 180 kN 的限制。货车装有高磷铸铁闸瓦时的换算闸瓦压力，按相应高摩合成闸瓦换算闸瓦压力的170%计算。列车牵引计算和试验证明，满足上述条件，在制动主管压力达到规定标准时，列车在限制下坡道上遇有紧急情况，施行紧急制动，能在 800 m 距离内停车。

编入列车的关门车数不超过现车总辆数的6%(尾数不足一辆,按四舍五入计算)时,可不计算每百吨列车重量的换算闸瓦压力,不填发制动效能证明书;超过6%时,按《铁路技术管理规程》(普速铁路部分)第261条规定计算闸瓦压力,并填发制动效能证明书交予司机。制动效能证明书,在有列检所的车站,由列检人员负责计算和填写;无列检所时,由车站人员计算并填写。

为确保列车在紧急制动时能及时紧急制动,对关门车编挂位置也须严格限制,具体如下。

(1)关门车不得挂于机车后部三辆车之内。

(2)列车中连续连挂不得超过两辆。

(3)列车最后一辆不得为关门车。

(4)列车最后第二、三辆不得连续关门。

机后三辆之内编挂关门车,虽然能通风,但进行紧急制动时,由于风管路长,不能产生或延迟紧急制动作用,从而延长了制动距离,容易发生危险;当列车制动时,在列车尚未全部停轮前,各车辆间产生瞬间冲动、冲挤现象。关门车本身不制动,冲挤就比较激烈,如关门车连续连挂过多,就很可能因制动冲挤而造成脱轨、断钩、脱钩等事故,故连续连挂以两辆为限。列车最后一辆不能为关门车,防止因车钩分离而造成车辆溜逸,产生严重后果。当尾部的车辆制动时,若最后第二、三辆连续关门,就可能因冲挤而出现尾部车辆脱轨。若列车最后加挂一辆没有制动作用的故障车时,列车最后第二、三辆又连续关门,这样就形成列车尾部四辆车中,只有一辆货车有制动作用,一旦在关门车处发生车钩分离,就不能保证尾部车辆自动停车,可能造成车辆溜走。

思政案例

铁路调车员高温下坚守为列车编程

3. 特殊车辆编挂的要求

1)救援起重机

因救援起重机不起制动作用,车钩无缓冲装置,而且重心高,起重臂又有横向摆动,走行部分也不如货车。因此,救援起重机回送时一律挂于列车后部,以减小对列车运行的影响。

回送救援起重机时,须由机务段(出厂时为承修厂)负责技术检查,填写回送状态鉴定书,并向车站办理回送手续。救援起重机回送速度应按技术文件要求办理,无技术文件时,按表1-2要求办理。

救援起重机回送速度表　　　　表1-2

型号	名称	回送速度(km/h)
NS2000	200 t 伸缩臂式铁路救援起重机及吊臂平车	120
NS1600	160 t 伸缩臂式铁路救援起重机及吊臂平车(1680 t·m)	120
NS1600	160 t 伸缩臂式铁路救援起重机及吊臂平车(1600 t·m)	120
NS1601	160 t 伸缩臂式铁路救援起重机及吊臂平车	120
NS1602	160 t 伸缩臂式铁路救援起重机及吊臂平车	120
N1601	160 t 伸缩臂式铁路救援起重机及吊臂平车	85
N1602	160 t 伸缩臂式铁路救援起重机及吊臂平车	85
NS1601G	160 t 伸缩臂式铁路救援起重机及吊臂平车	120
NS1602G	160 t 伸缩臂式铁路救援起重机及吊臂平车	120

型号	名称	回送速度(km/h)
NS1251	125 t 伸缩臂式铁路救援起重机及吊臂平车	120
NS1252	125 t 伸缩臂式铁路救援起重机及吊臂平车	120
NS1001	100 t 伸缩臂式铁路救援起重机及吊臂平车	80
N1002	100 t 伸缩臂式铁路救援起重机及吊臂平车	80
NS100G	100 t 伸缩臂式铁路救援起重机及吊臂平车	80

2)机械冷藏车组

机械冷藏车组因有各种机械设备和管道,牢固性差,应尽量挂于列车中部或后部。

3)尾部故障车

为解决中间站甩下的故障车能挂运到技术站及时修复,经列车调度员准许,列车后部可加挂不适于连挂在列车中部,但走行部良好的车辆(指经车辆部门检查确定的牵引梁、中梁裂损,制动主管通风不良,一端车钩不能使用等故障车辆),为保证安全,以一辆为限。如该车辆自动制动机不起作用,须由车辆人员采取安全措施,保证不致脱钩。

其他特种车辆,如装载超限货物的车辆、大型的凹型和落下孔车、空客车及特种用途车(发电车、无线电车、轨道检查车、电务试验车、通信车)等,因挂运时任务不同,所以编挂的要求也不尽相同。遇有挂运时,应按《铁路货物运输规程》规定或临时指示办理。

4.列车尾部安全防护装置的使用

列车尾部安全防护装置(简称列尾装置)是用于列车的重要行车安全设备,分为客车列尾和货车列尾。

(1)客车列尾系统由旅客列车尾部安全防护装置(KLW)和列车防护报警设备(LBJ)两部分组成。

KLW 主机安装在列车尾部客车内,主要功能有以下几种。

①列车尾部风压检测和数据传输功能。

②辅助排风制动功能。

③工作状态信息和风压数据存储功能。

LBJ 安装在机车上,具有列车尾部风压查询、风压自动提示、供电电压欠压自动提示、辅助排风制动和列车防护报警等功能。

(2)货车列尾装置由固定在机车司机室的司机控制盒和安装在列车尾部的列尾主机组成。货车列尾装置的作用有以下几种。

①使机车乘务员准确掌握列车尾部风压,确认列车完整。

②当列车主管因泄漏等原因风压不足时,可直接向司机报警。

③当车辆折角塞门被意外关闭时,司机可直接操纵列尾装置,使其强行排风,使列车制动停车。

④起到列车标志的作用,为接发列车人员确认列车完整提供依据。

(3)列尾装置的使用要求。

动车组以外的旅客列车应安装列尾装置。半自动闭塞区段货物列车尾部须挂列尾装置,其他区段货物列车尾部宜挂列尾装置。货物列车尾部未挂列尾装置时,应以吊起尾部车辆软管代替尾部标志。

（4）列尾装置的安装与摘解。

旅客列车列尾装置尾部主机的安装与摘解、风管及电源的连结与摘解,由车辆部门负责。

货物列车列尾装置尾部主机的安装与摘解,由车务人员负责。软管连结,有列检作业的列车,由列检人员负责;无列检作业的列车,由车务人员负责。尾部车辆软管的吊起,有列检作业的列车,由列检人员负责;无列检作业的列车,由车务人员负责。

（5）货车列尾装置的使用方法。

列车在编组站、区段站始发前,由机务值班人员分阶段向车站值班员提供担当始发列车牵引任务的机车号码,并由车站值班员在规定的时间内将出发本务机机车号码通知列尾作业人员。列尾作业人员将机车号码及其他有关信息填记于固定表册,将机车号码置入列尾主机。再次确认无误后,将列尾主机安装锁闭在待发列车尾部最后一辆车后端车钩提钩杆上或钩头（少部分）。在其他站,机车乘务员根据车站值班员通知的列尾主机号码对其进行确认。

本务机车连挂车列后,机车乘务员必须通过司机控制盒查询本机车号是否已正确输入列尾主机。如发现错误,由有关人员重新检查处理。列车出发前,机车乘务员要通过列尾装置确认列车制动主管贯通和风压是否达到规定标准。发现异常时,应立即通知有关人员处理。列车在运行中,司机应按《铁路机车操作规程》的要求查询列车尾部风压。发现因折角塞门关闭引起制动不正常时,机车乘务员除采取机车制动外,还要按司机控制盒操作列尾主机排风,并报告列车调度员,按调度指示或命令进行处理。

列车在运行中发现列尾装置故障不能使用或丢失时,应及时报告列车调度员,并在最近前方站停车处理。车站助理值班员接发列车时要同时注意列尾主机状况,若发现列尾主机有异状,可能危及行车安全时,应及时通知机车乘务员并进行处理。列尾装置正常使用时,机车乘务员应负责列车的完整。

在中间站保留、终到的列车,车站值班员应指派人员及时从列车尾部摘下列尾主机,断开电源,妥善保管,并做好继续使用的准备工作,或按规定回送指定站。不更换本务机车的中转列车,如不更换列尾主机,继乘的机车乘务员须对列尾主机进行确认。

四、列车中机车的编挂及单机挂车

1. 工作机车的编挂

担当牵引列车的机车为工作机车,包括本务机车和补助机车。

为保证工作机车司机瞭望信号、各种标志和线路状况,保证行车安全,充分发挥机车的最大牵引效能,工作机车应挂于列车头部并正向运行。牵引小运转、路用、救援列车的机车除外;无转向设备的,可逆向运行。为增加全区段牵引重量,提高区段通过能力或适应全线牵引定数,可使用双机或多机牵引列车。双机牵引列车时,两台机车应重联挂于列车头部,由第一位机车担当本务机车职务,第二位机车按第一位机车要求进行操纵。为不减少全区段的牵引重量,列车在困难区间,可加挂补机。补机原则上应挂于本务机车的前位或次位,便于联系、配合,防止挤坏车辆或拉断车钩。对于不加补全区段而在中间站摘下的补机,为便于作业,补机最好挂于本务机车前面,此时由补机执行本务机车的职务。在特殊区段,如受桥梁负重的影响等,或补机需中途返回时,经铁路局集团公司批准,补机可挂于列车后部,但需接通风管。若后部补机中途折返时可不接风管,避免区间行车摘管造成列车起动困难或降低通过能力,由铁路局集团公司制定保证安全的办法。

2.回送机车的编挂

因配属、局间调拨或入厂、段检修,以及检修完毕后返回本段等原因,产生了机车回送问题。铁路局集团公司所属的机车跨牵引区段回送时,原则上应有动力附挂货物列车(电力机车经非电气化区段回送时除外),杂小型及状态不良的可随货物列车无动力回送。回送机车应挂于本务机车次位。回送机车在所担当的区段外单机运行时,由于乘务员不熟悉线路及设备情况,应派带道人员添乘。回送机车应挂于本务机车次位,挂有重联机车时,为重联机车次位。20‰及其以上坡道的区段,禁止办理机车专列回送。受桥梁限制必须实行隔离回送的区段,其连挂台数、隔离限制,由铁路局集团公司规定。

3.单机挂车

单机是指未挂车辆在区间线路上运行的机车。由于上下行方向列车数量不同等原因,会产生单机运行。掌握机车运行的调度人员,为利用机车动力,准许顺路机车连挂车辆,即单机挂车。

单机挂车应考虑单机运转时分、燃料消耗及机车运用情况等因素,在区段内作业不宜过多。在机车牵引区段的线路坡度不超过12‰时,以10辆为限;超过12‰时,由铁路局集团公司规定。

单机挂车应按下列规定办理。

(1)所挂车辆的自动制动机作用必须良好,发车前列车(无列检时由车站发车人员)按规定进行制动试验。

(2)连挂前由车站彻底检查货物装载状态,并将编组顺序表和货运单据交予司机。

(3)在区间被迫停车后的防护工作由机车乘务组负责,开车前应确认附挂辆数和通风状态是否良好。

(4)列车调度员应严格掌握,不得影响机车固定交路和乘务员劳动时间。

(5)不准挂装载爆炸品、超限货物的车辆。

注意:单机挂车时,可不挂列尾装置。

⟳ 引用规章

《铁路技术管理规程》(普速铁路部分)第247条~第278条。

引用规章链接1-2	案例1-2
[二维码]	[二维码]
《铁路技术管理规程》(普速铁路部分)第247条~第278条	掌握编组列车的基本原则

拓展提升

一、知识巩固

1. 简述列车的定义、分类和等级。
2. 在编组列车过程中,禁止编入列车的车辆有哪些规定?
3. 在编组列车过程中,货物列车中车辆的编挂有哪些规定?

二、技能训练

××××年12月18日15:00—17:00,呼和浩特铁路局集团有限公司京包线乌兰察布工业园区中心站庙梁铁路专用线内调车冲突后,未通知车辆人员进行技检,将破损车P64GK3406577、P64GK3470358(车钩托梁折断、弯曲,冲击座弯曲,后从板座铆钉全部折断)编入中心站始发列车,运行220 km被TFDS(铁路货车运行故障动态图像监测系统)发现后扣停在沙良站甩车处理,构成铁路交通一般C类事故。

请分析以上事故发生的原因。

三、素养培育

湖北襄阳:编组站里干劲足

【暑天里的感人瞬间】

"停车、起动、推进……"对讲机声音此起彼伏,中国铁路武汉局集团有限公司襄阳北车站调车场上一派繁忙景象,一列列货车重新排列编组,奔赴全国各地。

上午10:00,钢铁和石渣组成的编组场仿佛被巨大的蒸笼罩住,让人透不过气。调车员们个个长衣长裤,编组、取送、对位……一个班下来他们要提钩近百次,步行10多km。

"传达计划,调8五场8道转线87626次……"调车长袁书朗满头大汗,刚转线完一趟车列走进工作间,又接到了新计划。他拿起大号水壶猛灌了几口水,核对计划后赶忙朝编组场走去。

"大号水壶"是调车员的必备"神器"。调整钩位、摘接风管、上车拧闸……一连串动作下来,调车服马上就会被汗水浸透。为了及时补充水分,他们会在作业前将大号水壶接满水。1.5 L的杯子,一天下来最少要喝五六杯。

"十车、五车……"11:20,调车区长涂向东正在整倒装线上岗盯控,今年48岁的他在调车岗位已经干了二十多年。他说:"列车移送过程中,兄弟们要当司机的眼睛,攀爬在列车外部安全瞭望。烈日暴晒下车体温度高,一不小心就会被烫个水泡。"

13:30,上行运转车间内,调车员们衣服上布满了汗渍。"送清凉"小分队来到现场,接过西瓜的连结员胡顺友没吃两口,对讲机里就传来新任务,他转身又进入热气腾腾的股道里。

（资料来源：光明日报、中国国家铁路集团有限公司官方网站）

请对上述案例进行讨论,我们可看出编组站工作是十分繁忙的,也是特别重要的,从襄阳北车站调车作业人员身上能够学到哪些可贵品质?

項目二

调车工作的有关规定

项目背景

铁路调车工作是铁路运输生产过程中的重要组成部分,对加速机车车辆周转、货物送达、确保调车工作安全等都具有很重要的作用。

调车工作是车站工作中一项重要而复杂的工作,特别是在编组站、区段站上,调车工作更是其重要生产活动。调车工作的完成情况直接关系整个车站的工作效率和质量,如车站是否按列车运行图准确、有效地办理接发列车,是否按技术作业过程有节奏地工作,车站通过能力和改编能力能否充分发挥,铁路枢纽是否畅通,车站主要指标能否完成,以及安全生产能否实现,等等。从加速车辆周转的作用来看,运输过程中车辆在站停留时间约占车辆周转时间的70%,而在每一周转过程中,进行5次左右的调车作业;从占用机车的数量来看,用于调车的机车台数约占全路机车总台数的20%;从铁路运营支出来看,调车工作人员是一支庞大的队伍,用于调车工作的支出较大,有的铁路局集团公司约占运营费用的25%;从铁路行车事故发生件数的分析来看,调车作业发生的事故占很大比重,特别是冲突、脱轨、挤道岔等惯性事故,绝大多数发生在调车作业中。

因此,调车工作的质量和效率对铁路运输生产任务的成功完成具有决定性的影响。它不仅关系运输效率的提升和运输成本的降低,还直接影响运输安全。调车作业的每一个环节都必须严格遵守规章制度和作业标准,采用先进的调车设备和工作方法,以提高调车效率,保证调车安全。这不仅是加速机车车辆周转、提高运输质量、降低运输成本的关键,也是确保铁路运输生产任务能够多快好省地完成的重要保障。

建议学时

10 学时。

任务一　掌握调车工作的一般规定

学习目标

知识目标

1. 掌握调车工作的"九固定"相关规定。
2. 掌握调车工作的统一领导与单一指挥相关规定。
3. 掌握调车有关人员的职责相关规定。
4. 掌握调车计划的布置、交接、传达和变更相关规定。
5. 掌握调车作业的准备相关规定。
6. 掌握信号的显示与确认相关规定。
7. 掌握调车进路的准备与确认相关规定。
8. 掌握调车速度的限制相关规定。
9. 掌握机车车辆停留的线路及地点相关规定。
10. 掌握机车车辆停留的防溜措施和特殊安全措施相关规定。

能力目标

1. 能够正确执行调车工作的"九固定"相关规定。
2. 能够正确执行调车工作的统一领导与单一指挥相关规定。
3. 能够正确执行调车有关人员的职责相关规定。
4. 能够正确执行调车计划的布置、交接、传达和变更相关规定。
5. 能够正确执行调车作业的准备相关规定。
6. 能够正确执行信号的显示与确认相关规定。
7. 能够正确执行调车进路的准备与确认相关规定。
8. 能够正确执行调车速度的限制相关规定。
9. 能够正确执行机车车辆停留的线路及地点相关规定。
10. 能够正确执行机车车辆停留的防溜措施和特殊安全措施相关规定。

素质目标

1. 树立效率、安全性、稳定性相统一的系统观念。
2. 增强肩负重要使命的岗位责任感及担当作为意识。
3. 树立安全第一、安全高于一切的理念。

任务描述

首先,仔细阅读下文的案例,掌握事故概况,带着任务学习"知识探索"中关于调车工作一般规定的相关内容,掌握调车工作的"九固定",调车工作的统一领导与单一指挥,调车有关人员的职责,调车计划的布置、交接、传达和变更,调车作业的准备,信号的显示与确认,调车进路的准备与确认,调车速度的限制,机车车辆停留的线路及地点,机车车辆停留的防溜措施和特殊安全措施等内容。其次,对应上述内容学习《铁路技术管理规程》(普速铁路部分)相对应的条文,弄清规程原文是如何规定的。最后,根据所学知识分析下文案例。要求:说明事故作业分类、事故性质分类、风险事项分类、事故主要原因,并说明事故违反规程的哪项条文。

案例导入

2023 年 1 月 6 日 2:13,昆明铁路局集团公司中谊村站,调车机车(昆明车务段调乘一体化)在新钢专用线执行第 A05 号调车作业计划至第 9 钩 G2-14 对位作业时,推进车列压上专用线企业在线路上设置的带防护信号脱轨器,造成 3 辆重车脱轨。主要原因:一是新钢专用线企业运输员在未撤除带脱轨器的防护信号的情况下,盲目向调车区长汇报"防护信号已撤除,大门已开启"。二是领车连结员在平过道前一度停车后,未按规定认真检查线路,未发左侧线路上设置的防护信号脱轨器(未安装红灯,夜间无灯光)。三是调车长联防互控不到位,未提醒、督促连结员检查线路及防护信号是否撤除。

思政案例

烈日下的铁路
调车员

引导提示:该案例提到了"防护信号""一度停车""检查线路"的概念,这些概念都与调车工作内容有关,可见掌握调车工作有关知识特别重要。

知识探索

一、调车工作的"九固定"

为使参加调车作业的人员在作业中相互协调、紧密配合,以及熟悉调车技术设备及工具的性能,便于及时操作和使用,调车工作要实行"九固定",即固定作业区域、固定线路使用、固定调车机车、固定人员、固定班次、固定交接班时间、固定交接班地点、固定工具数量和固定存放地点。

1. 固定作业区域

在调车作业繁忙、配线较多的车站,配有两台或两台以上调车机车时,应根据车站作业特点、设备情况以及调车作业性质,划分每台调车机车的固定作业区域,以避免各调车机车作业的相互干扰,并有利于作业人员熟悉本区作业性质和设备状况,掌握作业区调车工作的规律,避免在作业中发生冲撞等事故。

2. 固定线路使用

结合车站线路配置及车流情况,要固定车站调车场每一条线路的用途,以有效地使用线路,减少重复作业,缩短调车行程,提高调车效率。技术站的调车线路,应按车站调车工作任务要求、编组计划去向、车流性质、车流量大小等,结合线路配置及有效长等确定。

3. 固定调车机车

为便于调车工作,要求调车机车起、停快,前后瞭望条件好,能顺利通过半径较小的曲线。因而,调车用的机车要车身短、轴距小,前后均有头灯、木脚踏板、扶手把等。对出入油库线、木材线及危险品库线的调车机车,尽可能使用内燃机车,如使用蒸汽机车,还应配备双层火星网等防火装置。担当调车作业的机车应固定使用,以便了解机车性能,掌握调车技术。作固定替换用的调车机车及小运转机车,也应符合调车机车的条件。

4.固定人员、班次

调车作业是由多工种配合进行的,包括调车组人员、调车机车的乘务人员和扳道人员等。由于单位不同、工种不同,他们只有长期固定在一起工作,才能相互了解、密切配合、协调作业,因此人员和班次要固定。

5.固定交接班时间和地点

固定交接班时间和地点,可以避免交接班人员相互等待,有利于缩短非生产时间。这里主要指的是调车组和调车机车乘务组的交接班时间必须统一,地点必须固定。

6.固定工具数量和存放地点

配备足够数量和质量良好的调车工具和备品,是做好调车工作的物质保证。固定工具数量和存放地点,不仅便于保管,而且当损坏或短少时,也便于及时发现和补充,保证正常的工作需要。

中间站一般没有固定调车机车,由本务机车担负调车作业,不具备完全按上述要求进行调车的条件。但中间站也应按上述要求,尽力做到人员和工具的固定,以协调作业,提高效率,保证安全。

二、调车工作的统一领导与单一指挥

调车工作是一项由多工种联合行动的复杂工作。它不仅作业场地大、调动的机车车辆多种多样、作业人员及工种多,而且作业组织比较复杂、作业方法灵活多变,以及影响调车作业效率的因素较多等。因此,调车工作必须实行统一领导和单一指挥,以便有效、迅速、高质量地完成调车任务。

1.统一领导

统一领导,就是在同一时间内,一个车站须由车站调度员统一领导全站调车工作;该站各场(区)的调车工作根据车站调度员布置的任务,由该场(区)的调车区长或驼峰调车区长领导。

各调车区间相互关联的调车工作,应按车站调度员的指示进行,调车区长(或驼峰调车区长)不得超越自己的职权去领导其他场、区的作业。车站调度员、调车区长在领导调车工作中,遇有占用正线、到发线和机车走行线以及影响接发列车进路的调车工作时,必须与车站值班员联系,取得同意后,方可进行。

未设车站调度员的车站,调车工作由车站值班员统一领导。

动车段(所)调车工作的领导及指挥由铁路局集团公司规定。

2.单一指挥

单一指挥,就是在同一时间内,一台调车机车的调车作业计划的执行、作业方法的拟定和布置,以及调车机车行动的指挥,只能由调车长一人负责指挥。由本务机车进行车辆摘挂作业时,可由车站值班员或助理值班员担任指挥工作。遇有特殊情况,上述人员不能指挥作业时,可由有任免权限的单位鉴定、考试合格取得调车长资格的胜任人员代替。

如果一个调车组配有两名调车长时,对每台担当调车作业的机车,在同一时间内,不准轮流指挥。必须更换指挥人时,应按各铁路局集团公司的有关规定办理。在调车作业时,所有调车有关人员(调车组、扳道组、机车乘务组)都必须服从调车指挥人的指挥。

三、调车有关人员的职责

1.调车长的职责

调车长是调车作业的指挥者,对提高调车工作效率、完成调车工作任务、保证调车安全负有重大责任。调车长在调车作业前,必须亲自并督促组内人员充分做好准备,认真进行检查,在工作中应做到以下几个方面。

(1)组织调车人员正确、及时地完成调车任务。调车长每次接受调车作业计划后,应制定具体的作业方法,如制动人员分工、送车地段、溜放方法等,并向参加调车作业的有关人员传达注意事项,组织调车人员严格按照调车作业计划和技术作业过程,正确、及时地完成调车工作任务。"正确"是指按"调车作业通知单"的要求进行作业,做到解散或溜放车辆时不混线、不堵门,尽量缩小车组间的距离;送作业车和检修车时,要对好位置;编组列车时,车辆要连挂正确,车下不压铁鞋。"及时"是指按"调车作业通知单"规定的时刻完成调车作业,以保证列车按运行图规定的时刻发车;及时腾空到发线,保证不间断地接车。

(2)正确、及时地显示信号,指挥调车机车的行动。在调车作业中,调车组、机车乘务组、扳道组、信号员等有关调车人员之间的联系和要求,是依靠信号来传递的。调车长显示的信号,是对参加调车作业的人员发出的命令,是安全迅速地进行调车作业的先决条件,是调车机车乘务人员及其他调车人员行动的依据,所以,调车长显示信号必须正确、及时。"正确"是指信号显示方式要标准,做到横平竖直、灯正圈圆、角度准确、段落清晰;使用无线电调车时,应做到按规定频率,显示标准的无线调车灯显示信号。"及时"是指根据不同的距离、速度、作业方法,及时显示信号,不错过时机。

(3)负责调车人员的人身安全和行车安全。在进行调车作业时,调车长保证所有参加调车作业人员的安全。起动车列前,应注意有无人员进入车列作业;在需要上下车的地点适当减速;溜放时,应准确掌握速度等。调车长要处处以身作则,带头执行规章制度;加强班组管理,强化标准作业,在作业中严格要求,确保人身和作业安全。

当由车站值班员、助理值班员等其他人员指挥调车作业时,同样应按照上述要求进行工作。

2.调车人员的职责

车站调车工作,应按车站技术作业过程及调车作业计划进行。参加调车作业的人员应做到以下几个方面。

(1)及时编组、解体列车,保证按列车运行图的规定时刻发车,不影响接车。

(2)及时取送货物作业和检修的车辆。

（3）充分利用调车机车及一切技术设备，采用先进的工作方法，用最少的时间完成调车任务。

（4）认真执行《铁路调车作业标准》和《铁路车站行车作业人身安全标准》等作业标准，保证调车有关人员的人身安全及行车安全。

四、调车计划的布置、交接、传达和变更

1.调车计划的布置

调车领导人布置调车作业计划，应使用调车作业通知单。中间站利用本务机车调车，应使用附有示意图的调车作业通知单。当一批作业（指一张调车作业通知单）不超过三钩时，允许以口头方式布置（中间站利用本务机车调车除外）。由于口头布置没有书面依据，为确保作业人员之间协调一致和作业安全，有关人员必须复诵。

微课

编制编组列车调车作业计划

2.调车计划的交接

为保证在调车作业中正确执行作业计划，使调车指挥人能彻底了解计划的要求，调车领导人与调车指挥人必须亲自交接计划。调车指挥人亲自到调车领导人处接受调车任务，联系计划，听取指示，不仅可以防止计划误传，还可以全面了解情况、领会意图、掌握关键，有利于保证安全和提高效率。调车指挥人如因连续作业无法离开作业现场时，调车领导人应将调车计划送到现场，当面交给调车指挥人。因设备及劳动组织等原因，调车领导人与调车指挥人不能亲自交接计划时，由铁路局集团公司制定具体交接办法。设有调车作业通知单传输装置的车站，交接办法在《站细》中规定。设有站场无线电话的车站，调车作业计划布置方法，由铁路局集团公司在铁路《行车组织规则》中规定。各站调车计划的具体布置方法，应在《站细》中明确。

3.调车计划的传达

为正确、及时地完成调车作业计划规定的任务并达到有关要求，调车指挥人每次接受调车作业计划后，应根据计划内容和要求制定具体的调车作业方法，并向司机交递和传达注意事项，同时应传达给其他人员。当调车指挥人亲自传达有困难时，可指派连结员传达或在《站细》内规定。如由调车领导人将调车作业计划向信号员传达；驼峰作业时，调车领导人向峰顶提钩人员及峰下铁鞋制动长传达；未设调车组的中间站利用本务机车作业时，由车站值班员向扳道员传达等。调车指挥人必须确认作业人员已了解后，方可开始作业。

4.调车计划的变更

变更调车计划主要指变更股道、辆数、作业方法及取送作业的区域或线路。随意变更调车计划，既不安全，也影响效率。但调车作业涉及的因素较多，且多为活的因素，产生调车计划变更是难免的。如何正确了解和掌握情况，增强预见性，不变更或少变更调车计划，这是对调车领导人的一项重要要求。变更调车计划应用书面方式重新按规定程序下达。对于一批作业（指一张调车作业通知单）变更股道不超过三钩时，允许以口头方式布置，但必须停车传达，有关人员复诵。变更股道超过三钩时，应重新填写调车作业通知单。仅变更调车作业方法或辆数时，不受口头传达三钩的限制，可不停车传达，但调车指挥人必须向有关人员传

达清楚。驼峰解散车辆,只变更钩数、辆数、股道时,可不通知司机。但调车机车变更为下峰作业或向禁溜线送车前,须通知司机。

中间站利用本务机车调车时,无论变更钩数多少,都应重新填写附有示意图的调车作业通知单。

专用线调车时,如遇实际情况与原计划不符时,准许调车指挥人根据实际情况,自行制订调车作业计划,但在调车作业完成后,必须及时向调车领导人汇报调车计划变更和车辆停留情况。

五、调车作业的准备

做好调车作业前的准备,是安全、迅速地进行调车工作的前提。只有做好准备,才能顺利地执行调车作业计划,保证安全地完成任务。调车作业前的准备工作主要有以下内容。

(1)车列溜放或从驼峰解散前,要事先做好排风、拉风和摘管工作,防止车辆在溜放途中,因副风缸内余风泄漏产生制动,造成车辆追尾,避免作业中停车摘管,延长作业时间。

(2)在调车作业开始前,为使有关调车人员协调一致,应核对调车计划,做到准确无误,防止传错、抄错、看错或误认。在填写或抄改调车作业通知单的过程中,也应认真核对。

(3)确认进路是否正确,检查线路是否空闲,停留车的位置、车组间的距离、车辆状况,车辆上下有无障碍物;防溜用具、线路有无障碍等。在货物线、段管线、岔线等地点甩挂、取送车辆时,还要派人通知装卸、检修作业等人员注意,并须确认线路两旁的货物堆放距离是否符合规定,以免发生调车和人身伤亡事故。

(4)人力制动时,要事先做好人力制动机选闸、试闸工作,系好安全带,保证溜放的车组有足够的制动力。铁鞋制动时,制动员根据溜放车组的空、重及辆数多少,事先准备好足够的质量合格的铁鞋。

(5)无线调车灯显设备的良好与否将关系作业的安全和效率。为保证作业安全和提高作业效率,调车作业前应对无线调车灯显设备进行试验。中间站调车必须在每批作业前对无线电进行认真试验。

中间站设有调车组时,应在列车到达前的规定时间叫班,作业人员应提前到岗,按要求做好准备,并应重点了解列车运行情况、停车情况及作业重点要求。不能因"作业量小""作业简单"或其他原因,晚叫班或只叫部分人员到岗,造成准备工作不足或缺员作业,引发行车事故。

六、信号的显示与确认

在调车作业中,调车组、机车乘务组、扳道组、信号员等有关调车人员之间的行动要求是依靠信号来传递的。调车人员用无线电、信号旗、信号灯发出的信号,是指挥调车作业的命令和要求,是机车乘务人员及其他调车人员行动的依据。所以,在调车作业时,调车人员必须按规定方式正确、及时地显示信号。

机车乘务人员要认真确认信号,并鸣笛回示。没有看到调车指挥人的起动信号,不准动车。对单机返岔子或机车出入段时,可根据扳道员显示的道岔开通信号或调车信号机显示的进行信号动车。无扳道员和信号机时,调车指挥人确认道岔开通后向司机显示起动信号。

在推进车辆过程中调车指挥人应站在能使司机看见其显示信号的位置,车列前部再派其他调车人员瞭望,及时向调车指挥人显示信号。

连挂车辆,应显示十、五、三车的距离信号(单机除外),否则,不准挂车。如没有司机回示,应立即显示停车信号。

当调车指挥人确认停留车位置有困难时,应派人显示停留车位置信号。

七、调车进路的准备与确认

1. 集中联锁进路的准备

在电气集中的车站,信号员或作业员应按照调车作业通知单的要求或值班员的命令,正确、及时地按下有关按钮,操纵道岔的转动。进路排好后,调车信号(月白灯光)自动开放。操纵信号时,要眼看、手指、口呼,并做到"一看、二排、三确认、四呼唤",严禁他人操纵。

为确保接发列车安全,加大对中间站调车安全的控制力度,解决轨道电路分路不良等问题,要求中间站调车还必须遵守以下规定。

(1)涉及正线和到发线的调车作业,必须得到车站值班员准许,否则,信号员不得擅自排列调车进路。

(2)利用和穿越正线调车作业时,车站值班员(信号员)未得到调车人员(单机、轨道车为司机)的要道请示,不得擅自排列调车进路;调车人员(司机)未得到值班员(信号员)调车进路准备妥当的命令,不得擅自动车。严格执行"问路式"调车的有关规定。

(3)集中联锁的四、五等站,准备长调车进路时,调车进路必须一次排出,不准分段排列调车进路。

2. 扳动道岔与显示信号和要道还道制度

1)扳动道岔与显示信号

在非集中联锁或集中联锁故障的进路上进行调车作业时,扳道员应根据调车作业通知单及调车指挥人的信号要求,正确、及时地扳动道岔、显示信号,严格执行"一看、二扳(按)、三确认、四显示"制度及要道还道制度,以确保调车进路的正确。"一看"包括看道岔的开通位置;看进路有无障碍;看邻线有无机车车辆越过警冲标;接入列车时看线路是否空闲。"二扳(按)"指将道岔扳(按)至所需位置。"三确认"包括确认道岔开通位置正确;确认尖轨与基本轨密贴;确认机车车辆未越出警冲标;确认进路无障碍;接入列车时确认接车线空闲,影响进路的调车作业确认已停止。"四显示"包括向有关人员显示进路开通信号;向车站值班员或扳道长报告进路准备妥当。

2)要道还道制度

参加调车作业的有关人员之间联系准备和确认调车进路所使用的一种规定联络方式,称为要道还道。在非集中联锁的进路进行调车作业时,为保证调车进路的正确,防止发生调车作业中挤岔子或进入其他线路等事故,调车有关人员要认真执行要道还道制度。

一条进路往往要经过好几组道岔,经过几个扳道员的作业才能完成,如果联系上稍有脱节或误认要道信号,就有影响作业或错误准备进路的可能。为防止这种情况,车站对人工操纵的道岔可采用互相监督、人工联锁、区域联防、互相检查制度,把分散的道岔联成一个整体,以保证进路准备的正确。要道还道制度起到人工联锁、互相检查的作用,其方法是:要道由近而远,还道由远而近。

使用书面调车计划时,要道还道制度只起联系作用,扳道人员应按调车作业计划准备进路。要道还道时,应统一为"进×道要×道""出×道要×道"。在连续溜放和驼峰解散车辆时,只要求对溜放及解散车组的第一钩实行要道还道制度,自第二钩起,扳道员即可根据调车作业通知单的要求扳动道岔。

要道还道制度分为两种情况:一是以调车长、司机为一方,以扳道人员为另一方,确认进路准备是否妥当、正确;二是当调车进路上配有两名以上扳道员时,在互相检查、确认调车进路是否正确时,也要执行要道还道制度。由于各站线路配置不同,扳道员之间要道还道的具体办法应在《站细》内规定。

当一条调车进路上既有集中联锁的道岔,又有非集中联锁的道岔,进路准备的方法也应在《站细》内规定。

3. 调车进路的确认

调车进路的确认包括确认调车信号、负责与扳道员要道还道、负责"问路"、负责瞭望等。

(1)调车进路确认分工。单机运行或牵引车辆运行时,前方进路由司机负责确认。推进运行时,前方进路由调车指挥人确认,如调车指挥人所在位置确认前方进路有困难时,可指派调车组其他人员确认。

(2)确认内容。确认进路是否正确,检查线路是否空闲,停留车的位置、车组间的距离、车辆状况,车辆上下有无障碍物;防溜用具、线路有无障碍等。在货物线、段管线、岔线等地点甩挂、取送车辆时,还要派人通知装卸、检修作业等人员注意,并须确认线路两旁的货物堆放距离是否符合规定,以免发生调车和人身伤亡事故。

八、调车速度的限制

在调车作业中要做到安全、迅速、准确,掌握调车速度是关键。进行调车作业的司机必须严格按照《铁路技术管理规程》(普速铁路部分)和《铁路调车作业标准》等有关规章规定的限制速度和调车指挥人的信号操纵机车,在任何情况下,不准超速作业。调车指挥人要注意观速、观距,及时、准确地显示信号,在发现司机超速危及安全时,必须立即显示停车信号。

调车速度的限制是根据调车作业的特点,调车时所经过的线路、道岔,调动特殊构造的车辆或装载特殊货物车辆的要求,保证调动车列运行中的安全所做的规定。在调车作业中还应根据带车多少、制动力大小以及距离远近等,由司机和调车指挥人员共同掌握。

(1)在空线上牵引运行时,速度不得超过 40 km/h。调车作业时,被调动的车辆一般都处于排风、摘管状态,车辆的自动制动机没有加入机车的制动系统,车列的停车和减速全凭机车自身的制动力,车辆对机车的冲击力较大;调车作业的线路标准、道岔号码通常低于正线、到发线标准。因此,在空线上牵引运行时速度不超过 40 km/h。

(2)空线推进运行速度不得超过 30 km/h。当推进运行时,除了受上述条件限制,还因机车处于后部瞭望不便,前方进路依靠车列前端的调车组人员负责,司机需依据调车指挥人中转的信号操纵机车,一旦有险情,可能造成司机制动推迟,故须降低速度,规定不准超过 30 km/h。

(3)调动乘坐旅客或装载爆炸品、气体类危险货物、超限货物的车辆时,速度不得超过 15 km/h。为保证旅客的安全和舒适,防止装有危险货物及超限货物的车辆由于高速调动或紧急制动时引起货物爆炸,货物窜动发生意外事故,因而调动速度不得超过 15 km/h。调动装载超限货物的车辆时,调车领导人应将作业限制通知调车组及其他人员。在调车作业中应注意道岔握柄、道岔表示器、信号机柱子、邻近线路建筑物的限界及邻线停留车的情况,以确保安全。

(4)接近被连挂的车辆时,速度不得超过 5 km/h。车辆连挂时对车底架产生的冲击力,主要决定于冲击时的车钩力。目前,我国货车大型车多,车辆整体强度及车钩、缓冲器的强度大大增加,全路主要编组站的调速系统均按 5 km/h 设计和作业,即驼峰出口速度为 5 km/h,减速顶临界速度为 5 km/h,所以规定连挂速度不得超过 5 km/h。

(5)经过道岔侧向运行的速度由工务部门根据道岔具体条件规定。由于调车作业经过的道岔类型不一,在调车场设置的道岔型号较小,再加上调车作业机车的类型也不尽一致,因此由工务部门做出规定并纳入《站细》。

(6)推上驼峰、解散车辆时的速度和装有加减速顶的线路上的调车速度在《站细》内规定。

(7)在尽头线上调车时,距线路终端应有 10 m 的安全距离;遇特殊情况,必须近于 10 m 时,要严格控制速度。尽头线末端均设有车挡或端部站台,取送车时,因司机在另一端,在制动距离掌握上稍有不慎,则可能与车挡或端部站台碰撞而造成事故,故有 10 m 的安全距离。

(8)在有接触网终点标的线路上进行调车作业时,电力机车、动车组应控制速度,机车距接触网终点标应有 10 m 的安全距离,必须接近于 10 m 时,要严格控制速度。在电气化铁路区段,电力机车在设有接触网终点标线路上进行调车作业时,若运行速度高,停车不及时,则容易造成刮坏机车和接触网等设备,因此,对电力机车规定了距接触网终点标应有 10 m 安全距离。

(9)旅客未上下车完毕,除本务机车、补机摘挂外,不得进行旅客列车(车底)的连挂作业。旅客未上下车完毕即进行连挂作业,对旅客的人身安全威胁很大,因此不得进行。

(10)在天气不良等非正常情况下进行调车作业时,由调车指挥人根据天气情况,适当降低速度。发生非常情况,如邻线路施工或发生事故,其人员和机械工具随时可能侵入限界,允许调车领导人向调车人员提出限制速度的要求以确保调车作业安全进行。

九、机车车辆停留的线路及地点

警冲标是用来指示机车车辆停留时,不准向道岔方向或线路交叉点方向越过,以防止停留在该线上的机车车辆与邻线上的机车车辆发生侧面冲突的标志。到发线、调车线、货物线等线路停留机车车辆时,必须停在警冲标内方,以免影响邻线上的机车车辆运行。遇下列情况,在不影响接发列车及调车作业的条件下,准许临时停放在警冲标外方。

(1)在调车作业中,车辆临时停在调车线警冲标外方时,一批作业完成后,应立即将该车组送入警冲标内方。

(2)因车站装卸线货位不敷使用,或货位固定设备设在警冲标外方,在抢运军用物资或急用物资等特殊情况下,车辆需停在警冲标外方进行装卸作业时,须经车站值班员、调车区长准许,并在不影响列车到发及调车作业的情况下方可进行。在装卸作业完成后,应立即取走或送入警冲标内方。

正线、安全线、避难线、机车固定走行线上,禁止停留机车车辆。此外,牵出线上能否停留车辆,也应慎重考虑。

在超过6‰坡度的线路上,不得无动力停留机车车辆。

十、机车车辆停留的防溜措施和特殊安全措施

车辆溜逸是指车辆或车列未采取防溜措施或防溜措施不当,由车站溜入区间或由区间溜入站内,由岔线、专用线溜入区间或站内的现象,现场俗称"放飚"。

由于我国滚动轴承车辆已由占货车总数约1/2上升到目前的占货车总数的93%,加上停留线路的坡度、自然条件的影响等,车辆溜逸事故时有发生,对行车安全危害极大。有的车辆溜入区间,与正在运行的货物列车发生正面冲突,造成油罐车起火爆炸、机车乘务组人员死亡、中断正线行车等,后果十分严重。因此,机车车辆停留但不进行调车作业时,应采取防溜措施或特殊安全措施,这对于减少事故发生,确保行车的正常进行和货物安全具有重要意义。

1. 防溜措施

站内折返线内停有车辆时,车辆溜逸后极易闯入接发车进路或溜入区间,与正在运行的列车发生冲突,造成严重损失。因此,折返线内停有车辆时,无论停留线路是否有坡道和停留时间长短,均应连挂在一起,拧紧两端车辆的手制动机,并将止轮器牢靠固定。

救援列车担负着事故救援的紧急任务,为保证在需要时能及时出动,也必须停放在固定线路上,该线路上不得停放其他车辆,将道岔置于其他机车车辆不能进入该线路的位置并加锁。

2. 特殊安全措施

装载爆炸品、压缩气体、液化气体的车辆,必须停放在固定线路上,两端道岔应扳向不能进入该线路的位置并加锁(集中操纵的道岔可在控制台上锁闭),以防其他车辆进入。

为保证公务车上人员的正常工作和休息,对停留公务车的线路,除应将道岔置于不能进入该线路的位置并加锁(集中操纵的道岔可在控制台上锁闭)外,一般不准利用该线路进行与其无关的调车作业。

引用规章

《铁路技术管理规程》(普速铁路部分)第 279 条～第 293 条。

引用规章链接2-1	案例2-1	案例2-2
《铁路技术管理规程》(普速铁路部分)第279条~第293条	掌握调车工作的一般规定(调车工作基本规定)	掌握调车工作的一般规定(调车作业"九固定"与调车安全)

任务二　掌握调车工作的其他规定

学习目标

知识目标

1. 掌握试拉相关规定。

2. 掌握连接制动软管相关规定。

3. 掌握越区、转场相关规定。

4. 掌握机车出入段相关规定。

5. 掌握溜放调车相关规定。

6. 掌握车辆通过驼峰的限制相关规定。

7. 掌握手推调车相关规定。

8. 掌握列车中车辆摘挂的分工相关规定。

9. 掌握线路两旁堆放货物相关规定。

能力目标

1. 能够正确执行试拉的相关规定。

2. 能够正确执行连接制动软管相关规定。

3. 能够正确执行越区、转场相关规定。

4. 能够正确执行机车出入段相关规定。

5. 能够正确执行溜放调车相关规定。

6. 能够正确执行车辆通过驼峰的限制相关规定。

7. 能够正确执行手推调车相关规定。

8. 能够正确执行列车中车辆摘挂的分工相关规定。

9. 能够正确执行线路两旁堆放货物相关规定。

素质目标

1. 发扬一丝不苟、严谨细致、认真负责的工作作风。

2. 树立大局意识,发扬团队合作精神。

3. 树立安全第一、安全高于一切的理念。

任务描述

　　首先,仔细阅读下文的案例,掌握事故概况,带着任务学习"知识探索"中关于调车工作的其他规定相关内容,掌握试拉、连接制动软管、越区、转场、机车出入段、溜放调车、车辆通过驼峰的限制、手推调车、列车中车辆摘挂的分工、线路两旁堆放货物等内容。其次,对应上述内容学习《铁路技术管理规程》(普速铁路部分)相对应的条文,弄清规程原文是如何规定的。最后,根据所学知识分析下文案例。要求:说明事故作业分类、事故性质分类、风险事项分类、事故主要原因,并说明事故违反规程的哪项条文。

案例导入

2008年8月8日6:45,南宁铁路局二塘站,桂林市临桂镇树旺木材加工厂,雇请的路外装卸作业人员在10道进口处进行装卸作业时,擅自撤除防溜措施,手推调车,导致停留车辆发生溜逸,挤坏11号道岔。

引导提示:该案例提到了"防溜措施""手推调车"的概念,这些概念都与调车工作内容有关,可见掌握调车工作的有关知识特别重要。

一、试拉的制度

推送车辆时,应先进行试拉。车列前部应派人瞭望,并及时显示信号。

试拉是指为防止车辆在推进或牵引走行中脱钩,在机车车辆连挂后进行一次牵引与制动试验(包括顿钩),以便确认车辆的连接状态。

推送车辆时,为了防止减速或紧急停车时,因连挂状态不良发生车辆溜逸而危及行车安全,应先试拉,确认连挂状态良好后再进行作业。但在同一线路内,连续连挂作业时,根据连挂距离,可以不每钩都进行试拉,但要确认连挂状态,车组间距超过10辆车时须试拉。连续连挂时,可以不停车连挂,但最后一组一般不采用连续连挂的方法进行,并要认真采取防溜措施,避免车辆溜出警冲标,造成严重后果。

推送运行时,车(列)组的前部要有人负责瞭望,确认进路,并按规定及时显示信号。

二、连接制动软管

转场及在超过2.5‰坡度的线路上进行调车作业时,10辆及以下是否需要连接制动软管及连接制动软管的数量,11辆及11辆以上必须连接制动软管的数量,由车站和机务段根据具体情况共同确定,并纳入《站细》。

在一般情况下进行调车作业时,被调动的车列(组)都处于排风、摘管状态,车列的减速和制动停车都是靠机车本身的制动力,不必连接制动软管。但在不利地形和特殊条件下,如向岔线、专用线取送车辆或在超过2.5‰坡度的线路上进行调车作业时,为保证获得足够的制动力,使调车车列能及时停车,应连接制动软管。连接制动软管数量太多,会因摘接制动软管、车列充风而延长作业时间;连接制动软管数量过少,会影响制动力。因此,连接制动软管数量及要求应根据机车类型、线路坡度、挂车多少及作业的要求等具体情况确定,并纳入《站细》。

三、越区、转场

越区作业,是指调车机车由本调车区到其他调车区进行的取送车辆作业;转场作业,是指由本调车场去到发场或去另一个调车场的转线作业。越区或转场调车,不仅要经过许多线路和道岔,有的还需跨越正线,因而涉及各调车区和车场之间作业的安排。如果没有做好联系和防护,不但会影响调车效率,而且会危及行车安全。因此,要求调车机车在越区或转场作业时,两区(场)调车领导人之间必须提前联系,做出调车作业书面计划,下达给参加调车作业的有关人员,并做好防护。如没有提前联系和防护,则不准放行越区车或转场车。

越区、转场作业要做好以下工作。

(1)越区、转场作业前,调车领导人先将越区、转场的时间、地点、辆数及有关事项,与进入区、场的调车领导人进行联系,取得同意后,再向本区、场有关人员布置。

(2)越出、进入或经由区、场的扳道人员,应按本区、场调车领导人的布置,停止相抵触的作业,确认线路空闲,并准备进路。

(3)越出区的信号员、扳道员,在接到进入区进路准备妥当或同意转场通知后,方可通知本区调车指挥人指挥越区(转场)作业。

(4)划分区、场的车站,无论有无固定信号设备,均应制定越区、转场的联系办法,并纳入《站细》。作业时,必须按照《站细》中的有关规定办理。

四、机车出入段

在设有机务段、机务折返段的车站,机车出入段是一项频繁的调车作业。它不仅关系加速机车出入段的放行,保证机车按停留时间标准进行作业,而且也关系能否按列车运行图正点行车,同时也影响着车站的接发列车工作。因此,车站值班员必须认真掌握机车出入段的时机与进路。

当车站配置有固定机车走行线时,出入段机车必须走固定走行线。因为设计、确定机车走行线时,已考虑到减少机车出入段对接发列车工作的干扰,考虑了机车出入段走行的便利和合理,机车出入段按固定走行线走行,一般地说,是最有利的进路。

在机车固定走行线上,禁止停放机车车辆,以保证机车出入段的进路畅通。在机车固定走行线上,一旦停放机车车辆,或引起机车出入段变更走行线,司机对变更走行线的线路不熟悉,有可能延长机车出入段的时间;如果是非电气集中的车站,车站值班员忘记在走行线上停有机车车辆,再向固定走行线放行出入段机车,则有可能酿成事故。

当车站未配置固定走行线或临时变更走行线时,应事先通知司机走行进路。司机按固定信号或扳道员显示的进行信号运行。进路式电气集中的车站,机车出入段的进路是分段准备的,途中难免有变化,故不通知司机,司机按信号显示运行。

五、溜放调车

平面溜放调车、驼峰解散车辆可以缩短调车行程,压缩调车钩分,提高调车效率。溜出的车组,其减速或停车是靠手制动机、铁鞋、减速器或减速顶制动实现的。为了确保调车作业安全,对某些车辆及在一些线路上,禁止溜放。

1. 禁止溜放的车辆

(1)装有禁止溜放货物的车辆。这类货物主要包括危险货物、超限超长货物、贵重精密货物和易碎货物等。因装载货物的要求禁止溜放的车辆，由中国铁路总公司颁发的《铁路危险货物运输管理规则》中"铁路禁止溜放和溜放时限速连挂的车辆表"中的规定：由于作业中使用手制动机、铁鞋或减速器制动时，会产生火星、高温和冲撞，而装载爆炸品、压缩气体、液化气体及特种货物(按组级代号办理的军用弹药、炸药及毒剂，七〇七货物)的车辆经撞击和摩擦受热后有可能引燃、引爆，故禁止溜放。装载禁止溜放货物的车辆应采用推送调车法作业。

(2)非工作机车、铁路救援起重机、大型养路机械、机械冷藏车、凹型车、落下孔车、客车、动车组、特种用途车、乘坐旅客的车辆。上述车辆因本身构造的原因，禁止溜放。非工作机车一般是新出厂机车或回送机车；动车组本身有动力装置，构造特殊；铁路救援起重机(吊车)重心较高，起重臂又横向摆动，另外，走行部不灵活；机械冷藏车内部精密仪器较多，发生冲撞后果严重，不能溜放；大型凹型车(如 D_9 型：$L_{全长}=39$ m，$T=230$ t，20 轴)、落下孔车(如 D_{17} 型：$L_{全长}=35.9$ m，$T=150$ t，10 轴)，这两种型号车辆车身较长，经曲线、道岔转向不灵，禁止溜放；客车无论空重发生冲撞有可能撞坏车辆，不宜溜放；特种用途车是指发电车、检衡车、试验车、轨道检查车、通信车等，由于用途特殊，发生冲撞后果严重，不宜溜放。

铁路车辆禁止溜放和限速连挂表如表 2-1 所示。

铁路车辆禁止溜放和限速连挂表　　　　　　　　　　　　表 2-1

顺号	种类	禁止溜放 (调动这些车辆时禁止溜放 和由驼峰上解体)	限速连挂 (溜放或由驼峰上解体调车， 车辆连挂速度不得超过 2 km/h)
1	爆炸品	有整体爆炸危险的物质和物品；有迸射危险，但无整体爆炸危险的物质和物品；有燃烧危险并有局部爆炸危险或局部迸射危险或这两种危险都有，但无整体爆炸危险的物质和物品	不呈现重大危险的特质和物品；有整体爆炸危险的非常不敏感物质；无整体爆炸危险的极端不敏感物品
2	气体	罐车(含空罐车)和钢质气瓶装载的易燃气体、毒性气体	①非易燃无毒气体。 ②钢质气瓶以外其他包装装载的气体类危险货物
3	易燃液体	乙醚、二硫化碳、石油醚、苯、丙酮、甲醇、乙醇、甲苯	①除禁止溜放栏内规定以外的装入玻璃或陶瓷容器的易燃液体。 ②汽油
4	易燃固体、易于自燃的物质、遇水放出易燃气体的物质	硝化纤维素、黄磷、硝化纤维胶片	三硝基苯酚(含水≥30%)，六硝基二苯胺(含水>75%)，三乙基铅，浸没在煤油或密封于石蜡中的金属钠、钾、铯、锂、铷，硼氢化物
5	氧化性物质和有机过氧化物	过氧化氢、过氧化钠、过氧化钾、氯酸钠、氯酸钾、氯酸铵、高氯酸钠、高氯酸钾、高氯酸铵、硝酸胍、漂粉精和有机过氧化物	除禁止溜放栏内规定以外的装入玻璃容器的氧化性物质和有机过氧化物

续上表

顺号	种类	禁止溜放 （调动这些车辆时禁止溜放 和由驼峰上解体）	限速连挂 （溜放或由驼峰上解体调车， 车辆连挂速度不得超过 2 km/h）
6	毒性物质和感染性物质	玻璃瓶装的氯化苦、硫酸二甲酯、四乙基铅（包括溶液）、一级（剧毒）有机磷液态农药、一级（剧毒）有机锡类、磷酸三甲苯酯、硫代膦酰氯	①禁止溜放栏内的货物装入铁桶包装时。 ②除禁止溜放栏内规定以外的装入玻璃或陶瓷容器的毒害性物质
7	放射性（物质）物品	二、三级运输包装或气体的放射性货物	
8	腐蚀性物质	罐车装载以及玻璃或陶瓷容器盛装的发烟硝酸、硝酸、发烟硫酸、硫酸、三氧化硫、氯磺酸、氯化亚砜、三氯化磷、五氯化磷、氧氯化磷、氢氟酸、氯化硫酰、高氯酸、氢溴酸、溴	除禁止溜放栏内规定以外的装入玻璃或陶瓷容器的腐蚀性物质
9	特种车辆	非工作机车、轨道起重机、机械冷藏车，大型的凹型和落下孔车，空客车及特种用途车（发电车、无线电车、轨道检查车、钢轨探伤车、电务试验车、通信车），检衡车	
10	特种货物	按规定"禁止溜放"的军用危险货物和军用特种货物	
11	其他车辆	搭乘旅客的车辆、国铁集团临时指定的货物车辆	乘有押运人员的货车
12	贵重、精密货物	由发站和托运人共同确定的贵重的以及高级的精密机械、仪器仪表	电子管、收音机、电视机以及装有电子管的机械
13	易碎货物	易碎的历史文物、易碎的展览品、外贸出口的易碎工艺美术品、易碎的涉外物资（指驻国驻华使、领馆公用或个人用物品，外交用品，国际礼品，展品，外侨及归国华侨的搬家货物）	鲜蛋类、生铁制品、陶瓷制品、缸砂制品、玻璃制品，以及用玻璃、陶瓷、缸砂容器盛装的液体货物

注：除顺号1、2、9、10、11"禁止溜放"外，其他"禁止溜放"的货物车辆可向空线溜放。

对上述禁止溜放的车辆，发站应在车辆两侧"票插"内插挂"禁止溜放"或"限速连挂"标示牌。调车领导人应在调车作业通知单上注明"禁止溜放"或"限速连挂"符号，以引起作业人员注意。

2.禁止溜放调车的线路

（1）超过2.5‰坡度的线路（为溜放调车而设的驼峰、牵出线除外），禁止溜放调车。

2.5‰坡度是指线路有效长范围内的平均坡度(非实际坡度)。由于溜放车组在上述坡度的线路上受到重力加速度的作用,车组逐渐加速,易失去控制,车辆溜逸;或造成制动不及时,可能造成冲突、脱轨、挤岔子等事故。

(2)停有正在进行技术检查、修理、装卸作业车辆的线路,停有乘坐旅客车辆的线路,无人看守道口的线路,停有动车组的线路,禁止溜放调车。此条的设定是为了保证"人"的安全。因为正在检修的车辆,车下常有检修作业的人员和工具;正在装卸的车辆,车内外有工人和起重、搬运机具工作,一旦溜放车组制动控制不当,溜进作业区,就有可能造成事故和人身伤亡;对于停有乘坐旅客车辆的线路上禁止溜放,主要是为了确保旅客生命财产的安全;无人看守的道口,在车组溜出后,无法控制行人、车、马横越线路,遇意外情况,会造成伤亡事故。由于动车组是独立固定编组,正常情况下不具备与其他机车、车辆连挂条件,调车溜放时,车辆速度难以控制,容易发生与停留动车组接触、冲撞等问题,损坏动车组,所以规定停有动车组的线路,禁止溜放作业。

(3)停有装载爆炸品、气体类危险货物车辆的线路,禁止溜放调车。此条规定的核心是保证"货物"的安全。调车作业中若遇调速不当与上述车辆发生冲撞,可能发生爆炸或毒气泄漏,造成危害,后果严重。所以无论固定与非固定线路,均禁止向该线路溜放。上述车辆在调车场一般均在固定线路停留,两端道岔定位开通邻线,并加锁。

(4)停留车辆距警冲标的长度,容纳不下溜放车组(应附加安全制动距离)的线路,禁止溜放调车。车辆在此线路停留时,车辆尾部必须停于警冲标内方。停留车辆距警冲标距离过短,若向该线路溜放车辆,就会发生撞车,造成事故,或造成压标或压岔子,影响邻线作业。此时不但影响作业效率,还会危及人身及行车安全。

(5)中间站正线、到发线及与其衔接而未设隔开设备的线路,禁止溜放调车。

3. 禁止溜放调车的其他情况

(1)调车组不足三人时,禁止溜放调车作业。

溜放调车作业必须有一人指挥机车,一人提钩作业,一人实施制动,至少需要三人。所以,配有调车组的中间站,调车组不足三人时,禁止溜放调车作业。若配有调车组的中间站,有三人作业时,因设备较差(如线路坡度大)、人员水平低、相互配合不好等原因,也禁止进行溜放调车作业。

(2)不得附挂机械冷藏车溜放其他车辆(推峰除外)。附挂其他禁止溜放的车辆进行溜放调车作业时不受限制,但速度不得超过15 km/h。

(3)原则上不准采用牵引溜放法进行调车。因设备条件限制,确需施行牵引溜放法进行调车时,须制定安全措施,并报铁路局集团公司批准。牵引溜放法调车,是指调车机车牵引车列快速运行,途中摘钩后,机车加速与车辆拉开距离,从而扳动道岔,使机车与车列进入不同股道的调车方法。这种调车方法对司机、调车人员、扳道员相互配合的要求较高,倘若提钩时机、速度大小、扳道时机掌握不当,都可能造成前堵后追,进入"四股"的严重后果,因此原则上不准采用。

除上述情况外,遇有降雾和暴风、雨、雪等不良气候或照明不足,确认信号和停留车位置有困难,车辆手制动机失效,而又不具备使用铁鞋等制动条件;制动人员不足或使用手制动机未配挂安全带时,为保证作业安全,均不得溜放调车。

六、车辆通过驼峰的限制

(1)机车(调车机车除外)、铁路救援起重机、客车、动车组、大型养路机械、凹型车、落下孔车、钳夹车及其他涂有禁止上峰标记的车辆,禁止通过驼峰。我国机械化驼峰的各部尺寸,全路已基本定型,出厂车辆的走行部也有标准规格。因此,车辆在出厂前,即能确认其能否通过机械化驼峰,对不宜通过机械化驼峰的车辆,要事先涂上禁止上峰的标记。禁止通过机械化驼峰的车辆,其走行部还可侵入减速器规定的限界尺寸;如强行通过,则车辆与减速器可能相互发生擦伤,甚至碰撞脱轨。

(2)机械冷藏车,因车内各种机械、仪表设备和各种管道的牢固性差,为防止车辆连接处的冷却盐水管道、电线路设备及车内精密仪器装置发生损伤,应尽可能避免通过机械化驼峰,走迂回线通过。如在迂回线故障或未设峰顶迂回线的车站,必须使机械冷藏车过峰时,应以不超过 7 km/h 的速度推送下峰。

(3)客车(21、22 型除外)及 D_{17}、D_{19} 型落下孔车,禁止通过驼峰。由于上述类型车辆车身长,当它经过驼峰时,其车钩与相邻车钩钩舌高差和卡角偏大,可能损坏托板螺栓、钩舌销等构件,甚至造成断钩或脱钩,同时峰顶平台净长一般为 5～10 m,上述车辆过峰时,由于其"大档"较长,可能会造成"骑峰",刮坏车辆和设备,因此严禁通过驼峰。

(4)21 和 22 型客车、凹型车、其他落下孔车及装载活鱼(包括鱼苗)、跨装货物的车辆(跨及两平车的汽车除外)等是否可以通过驼峰,车站应结合本站驼峰的坡度及长度,会同车辆段等有关单位共同计算与试验,做出切合本站实际的规定,并纳入《站细》。试验时应用重车,也就是考虑了车辆负重后的弯曲量,以做到切实保证安全,避免这些车辆过峰时造成车钩损坏、车轮脱轨或设备、货物损坏。

七、手推调车

手推调车是调移车辆的辅助形式。一般是在缺乏动力的情况下,利用人力或其他机械设备短距离移动车辆(如对货位等)时采用。为保证安全,手推调车应符合以下要求。

(1)手推调车应事先经调车领导人同意。在调车线、货物线及其他线路上手推调车时,应得到调车领导人的同意。因为调车领导人全面掌握线路使用、设备特点和作业进度等情况。在正线、到发线及其衔接线路上手推调车时,还应得到车站值班员的准许,以保证接发列车安全。在货物线内,当手推调车不越过警冲标时,停留车的辆数、顺序都不会发生变化。因此,可经有关货运员同意后进行,但货运员应将移动后的车辆停留位置及时通知调车人员。

(2)要认真检查调车车辆手制动机是否良好,有胜任人员负责手制动机制动。

(3)手推调车速度不得超过 3 km/h,以保证随时停车。

(4)下列情况禁止手推调车。

①正线、到发线及超过 2.5‰的坡度的线路上(确需手推调车时经铁路局集团公司批准)。在正线、到发线上进行手推调车时,一旦控制不住溜出,会对接发列车构成严重威胁。2.5‰坡度指的是线路的实际坡度。这主要考虑在实际坡度超过 2.5‰的线路上进行手推调车时,若制动不及时使车辆溜逸,可能会造成严重后果。由于设备条件限制,必须在超过 2.5‰坡度的线路上进行手推调车时,必须制定安全措施,并报铁路局集团公司批准,纳入《站细》。

②停有动车组的线路上,禁止手推调车。

③遇暴风雨雪天气,车辆有溜走可能,或夜间无照明时,主要考虑作业和人身安全,禁止手推调车。

④接发列车时,能进入接发列车进路的线路上无隔开设备或脱轨器。隔开设备是指安全线、避难线、与邻线能起隔开作用的道岔。脱轨器在调车作业时可作为隔开设备。

⑤装有爆炸品、气体类危险货物的车辆,禁止手推调车。

⑥电气化区段,接触网未停电的线路上,对棚车、敞车类的车辆,禁止手推调车。由于手推调车时须有人员进行制动,当制动人员登上棚车、敞车类的车辆时,在接触网未停电的情况下,会有人身安全危险,故此类车辆禁止手推调车作业。

手推调车是一种辅助调车形式。但在一些中间站,由于缺少调车动力,经常采用手推调车。特别是装卸人员为了装卸作业方便,经常以手推调车的方式移动车辆位置,但往往由于对装卸人员的教育和组织不当,发生车辆溜入区间或进入接发列车进路的重大、大事故,造成较大损失和恶劣影响。现在各局、站对此情况采取了有力的控制手段。如对每批推车的辆数、组与组间的间隔距离加以限制;还有将撬棍保存在车站值班员处,手推调车取撬棍时经车站值班员准许,同时填写手推调车申请书,写明手推调车的移动范围及手制动机制动人员姓名,落实责任制。这些做法都收到了较好的效果。

八、列车中车辆摘挂的分工

(1)列车中车辆的连挂,由调车作业人员负责。连接制动软管,有列检作业的始发列车由列检人员负责;无列检作业的,由调车作业人员负责。动车组采用机车调车作业时,随车机械师或动车段(所)胜任人员负责过渡车钩和专用风管的安装与拆卸、电气连接线的连结与摘解并打开车门,调车人员负责车钩连结与摘解、软管摘结。动车组无动力回送或被救援时,过渡车钩、专用风管的安装与拆卸由随车机械师负责,司机配合。

(2)列车机车与第一辆车的连挂,由机车乘务组负责。单班单司机值乘的由列检人员负责;无列检人员的列车,由车辆乘务员负责;无车辆乘务员的列车,由车站人员负责。连结制动软管由列检人员负责;无列检作业的列车,由机车乘务组负责。

(3)列车机车与第一辆车的车钩、软管摘结,由列检人员负责。无列检作业的列车,车钩、软管摘解由机车乘务员(单班单司机值乘的由车辆乘务员)负责,软管连结由车辆乘务员负责;无车辆乘务员的列车,由机车乘务员(单班单司机值乘的由车站人员)负责。

(4)列车机车与第一辆车电气连线的连结与摘解由客列检作业人员负责,无客列检作业人员时,由车辆乘务员负责。

(5)货物列车本务机车在车站调车作业时,无论单机或挂有车辆,与本列的车辆摘挂和软管摘结,均由调车作业人员负责。

(6)旅客列车在途中摘挂车辆时,车辆的摘挂和软管摘结由调车作业人员负责,密封风挡和电气连线的连结与摘解由车辆乘务员负责,其他由列检人员负责,无列检人员时,由车辆乘务员负责,必要时打开车门,以便于调车作业。装有密接式车钩的客车车辆摘挂时,过渡车钩的安装与拆卸由列检人员负责,无列检人员时,由车辆乘务员负责。

(7)列车机车与动车组过渡车钩的连结与摘解、软管摘结、电气连接线的连结与摘解,由随车机械师负责。

九、线路两旁堆放货物

线路两旁堆放货物,距钢轨头部外侧不得少于 1.5 m。货物站台上堆放货物,距站台边缘不得少于 1 m。货物应堆放稳固,防止倒塌。不足上述距离时,不得进行调车作业。

为加强货物线、岔线的管理,保证调车作业的安全,制定了上述规定。从图 2-1 中可看出:由线路中心线起算,1/2 轨距:1435 ÷ 2 ≈ 718 mm;又 50(43) kg 钢轨头部宽度为 70 mm。所以,线路中心线至钢轨头部外侧的距离为:718 + 70 = 788 mm。机车车辆限界自线路中心计算为 1700 mm。机车车辆占去钢轨头部外侧的尺寸为:1700 − 788 = 912 mm。堆放货物距钢轨头部外侧的间距为 1500 mm,则货物与车辆间的距离为:1500 − 912 = 588 mm。这一距离是调车人员走行与显示信号所必要的空间。在一般情况下,一个人的身宽为 0.5 m,再加上机车车辆进出线路时的摇摆量,588 mm 的间隔距离是保证调车人员安全通行的最低要求。

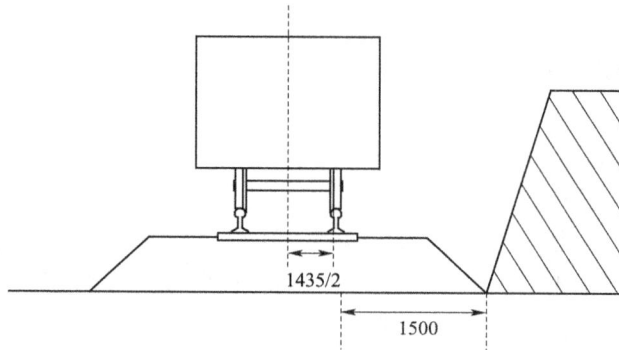

图 2-1 线路两旁堆放货物的规定(尺寸单位:mm)

此外,站台上堆放货物时,也应考虑调车人员、货运人员及叉车等机具的作业条件,距站台边缘不得少于 1 m。货物应堆放稳固,防止倒塌。靠近线路两旁堆放为维修线路用的材料、机具等,不得侵入建筑接近限界。

引用规章

《铁路技术管理规程》(普速铁路部分)第294条~第307条。

引用规章链接2-2	案例2-3	案例2-4
《铁路技术管理规程》(普速铁路部分)第294条~第307条	掌握调车工作的其他规定(正线与跟踪出站调车规定)	掌握调车工作的其他规定(调车限制要求)

拓展提升

一、知识巩固

1. 什么是调车工作的"九固定"？
2. 调车计划的布置、交接方法有哪些？
3. 如何进行调车信号的显示与确认？
4. 调车速度的要求有哪些？
5. 机车车辆停留的防溜措施有哪些？
6. 溜放调车时有哪些规定？

二、技能训练

2012 年 5 月 31 日 23:24,北京铁路局石家庄站,车站 12 调进行客车整备所调车作业,当作业到客 9 道挂 5 辆牵出时,扳道员没有确认 1 号道岔开通位置,盲目给机车还道,调车机车在牵出时,司机也没有确认前方进路上道岔位置,臆测行车,导致调车列车挤过了处于反位的 1 号道岔;当返回向客 6 道推进时,前部第三位车后台车在 1 号道岔处进入异线脱轨。

请分析以上事故发生的原因。

三、素养培育

【追梦·一线职工风采录】编组场上的"最强大脑"

在湖南省株洲市火车北站,编组场就像一个巨大的"蜂巢",头戴草帽的调车员如同忙碌的"工蜂"。连挂、转线、推进、牵出,一列列编组好的列车被拉到出发场,挂上机车后,驶向全国各地。

株洲北站是华南地区最大的铁路编组站,包括中欧班列在内,每天办理的货运列车多达 1.6 万辆,被誉为"列车工厂"。京广、沪昆两大干线四个方向的货车在此解散、集结、编组后,组合成新货车再次出发。

正是下午,烈日如火,钢轨滚烫。调车员忙碌的股道间,温度超过 50℃。

"看！那就是我们车间调车长阳刚山。"顺着株洲北站上行车间党总支书记周金生手指的方向看去,一名 50 多岁的敦实汉子正双手拿着信号旗,站在机车前调度指挥。

调车长是编组场上的"最强大脑"。阳刚山站在调车机车的最前端,向司机发出减速、连挂、停车等指令;其他 4 名组员则在车头、中、尾部,配合做好车辆检查、转线、摘挂和连接的工作。

"我们正在编组的 86001 次货车,是一趟开往湘潭的电煤列车。正值用电高峰,电煤运输是近期的重点任务。"阳刚山抹了把汗说道。

先指挥调车机车在 10 道挂好 15 辆车,然后牵出、转线,推进到 13 道;再连挂 35 辆车,共50 辆车牵出到出发场 6 道整装待发。仅用时 20 min,86001 次货车编组作业就顺利完成。

"比规定作业时间提前 5 min。"阳刚山回头得意地对连结员梁瑞文说。

自参加工作以来,阳刚山一直从事调车作业,至今已 27 年。

货运列车缓缓驶出编组站,调车组的 5 位成员终于可以坐下喘口气,畅快喝口水了。"车站专门为我们配备了'盐白开',可以有效预防高温中暑。"组员胡亮摇了摇装满"盐白开"的大瓶子,咕咚咕咚喝了起来。

胡亮在列车尾部作业,负责整个小组的安全防护工作。他告诉记者,在这种桑拿天作业,每天起码要喝两三大壶水才够。

2022 年 7 月 1 日暑运开始以来,阳刚山带领的调车组已编组列车 183 趟。

(资料来源:工人日报、中国国家铁路集团有限公司官方网站、人民网)

请对上述案例进行讨论,我们可从株洲市火车北站调车作业人员身上能够学到哪些可贵品质?

行车闭塞法及列车运行的相关规定

⊛ 项目背景

  铁路行车闭塞法的作用是保证在同一时间内,站间、所间、闭塞分区内只有一列列车行车。

  铁路行车闭塞法通过设置一套行车设备及行车组织制度,来控制列车区间的行动。这种通过设在车站(线路所)的有关设备或通过信号机的控制(包括在设备因故障失效后的联系制度),确保在同一时间内,站间、所间、闭塞分区内只有一列列车行车,从而避免列车对撞或追撞(追尾)的情况发生。闭塞是铁路上防止列车对撞或追撞的方式,是铁路上保障安全的主要方法之一。由于铁路车辆的制动距离较汽车长得多,当列车运行途中发现前方线路有危险状况时,大多数情况下都是来不及停车的,因此将铁道分为一个个区间(闭塞区间),同一个区间内不得驶入两列以上的列车以防止事故的发生。这种安全保障措施称为闭塞方式,是铁路上列车安全运行的基本要求。闭塞设备即为实现"一个区间(闭塞分区)内,同一时间只允许一列列车占用"而设置的铁路区间信号设备,对保证铁路行车起着至关重要的作用。

  铁路列车运行在经济社会发展和国家经济发展中具有极其重要的地位和作用。铁路列车运行安全的重要性不言而喻,它直接关系人民群众的生命财产安全、地区发展以及社会的和谐稳定。铁路作为连接城市、带动地区发展的关键交通方式,其安全稳定的运行对于社会的和谐发展具有至关重要的作用。铁路安全不仅涉及铁路部门的专业技术和严格管理,还需要公众的理解与支持,以及全社会的共同参与和努力。铁路外部环境的安全管理是确保铁路安全运行不可缺少的一环,能够预防自然灾害和人为破坏而影响铁路运输的安全与稳定,同时也保障沿线居民的生命财产安全,防止列车出轨、坠桥等灾难性事件的发生。

⊛ 建议学时

  18 学时。

任务一　掌握行车凭证的使用条件

学习目标

知识目标

1.掌握闭塞相关规定。

2.掌握自动闭塞相关规定。

3.掌握自动站间闭塞相关规定。

4.掌握半自动闭塞相关规定。

5.掌握电话闭塞相关规定。

6.掌握一切电话中断作业方法相关规定。

能力目标

1.能够正确执行闭塞相关规定。

2.能够正确执行自动闭塞相关规定。

3.能够正确执行自动站间闭塞相关规定。

4.能够正确执行半自动闭塞相关规定。

5.能够正确执行电话闭塞相关规定。

6.能够正确执行一切电话中断作业方法相关规定。

素质目标

1.发扬注重细节、一丝不苟的工作作风。

2.提高良好的非正常情况下的应变能力。

3.树立安全第一、安全高于一切的理念。

任务描述

　　首先,仔细阅读下文的案例,掌握事故概况,带着任务学习"知识探索"中关于行车闭塞法的相关内容,掌握闭塞、自动闭塞、自动站间闭塞、半自动闭塞、电话闭塞、一切电话中断作业方法等内容。其次,对应上述内容学习《铁路技术管理规程》(普速铁路部分)相对应的条文,弄清规程原文是如何规定的。最后,根据所学知识分析下文案例。要求:说明事故作业分类、事故性质分类、风险事项分类、事故主要原因,并说明事故违反规程的哪项条文。

案例导入

　　2009 年 2 月 23 日 5:26,南昌铁路局小桥镇站,车站值班员同意南雅站 N546 次闭塞之后,就靠在椅子上睡着了。5:42,N546 次司机车机联控呼叫,这时车站值班员惊醒后发现上行接车进路未准备,与邻站(建瓯站)闭塞也未办理,在慌乱中错误办理了下行通过进路,直到 N546 次司机呼叫进站信号是红灯,车站值班员才发现接车进路办理错误,导致 N546 次机外停车 3 min。

引导提示:该案例提到了"进路""闭塞"的概念,这些概念都与行车闭塞法的内容有关,可见掌握行车闭塞法的有关知识特别重要。

知识探索

一、闭塞

1.基本闭塞法

铁路各车站均须装设基本闭塞设备。基本闭塞法包括自动闭塞、自动站间闭塞和半自动闭塞。

双线区段应采用自动闭塞。若运量小且增长速度较慢或受其他条件限制时,也可采用双线半自动闭塞。单线区段宜采用半自动闭塞,运输繁忙时,经过经济技术比较,也可采用单线自动闭塞。一个区段内原则上应采用同一类型的闭塞方式。

> 思政案例
> 车站值班员
> 徐前凯

2.代用闭塞法——电话闭塞法

当基本闭塞设备发生故障或其他原因不能使用基本闭塞法时(如单线半自动闭塞出站信号机故障等),为维持列车运行,应采用代用闭塞法(电话闭塞法)。

原则上不使用隔时续行办法。如必须使用隔时续行办法时,由铁路局集团公司规定。所谓必须使用隔时续行办法时,是指在有特殊情况需要连续放行大量同方向列车时使用,如军事运输、紧急的救灾运输、双线区间一切电话中断时的行车等。采用这种行车方法应根据具体情况规定保证安全措施。

3.区间及闭塞分区的划分

区间及闭塞分区的划分是行车组织工作的一项重要内容,是划定责任范围的依据。列车进入不同地段必须取得相应的凭证或准许。

(1)站间区间——车站与车站间。

在单线上,以进站信号机柱的中心线为车站与区间的分界线。单线铁路站间区间如图 3-1 所示。在双线或多线区间的各线上,分别以各线的进站信号机柱或站界标的中心线为车站与区间的分界线。双线铁路站间区间如图 3-2 所示。

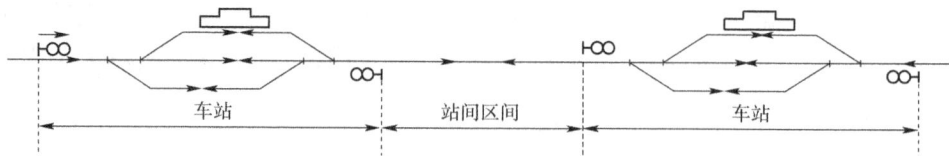

图 3-1　单线铁路站间区间

(2)所间区间——两线路所间或线路所与车站间。

所间区间——两线路所间或线路所与车站间,以该线上的通过信号机柱的中心线为所

间区间的分界线。设有进站信号机的线路所,所间区间的分界方法与站间区间的分界方法
相同。双线有管辖地段所间区间如图3-3所示。

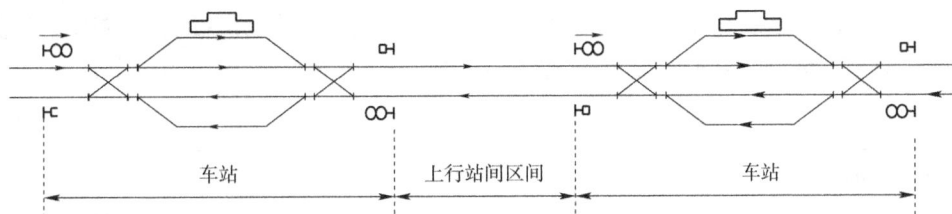

图3-2　双线铁路站间区间

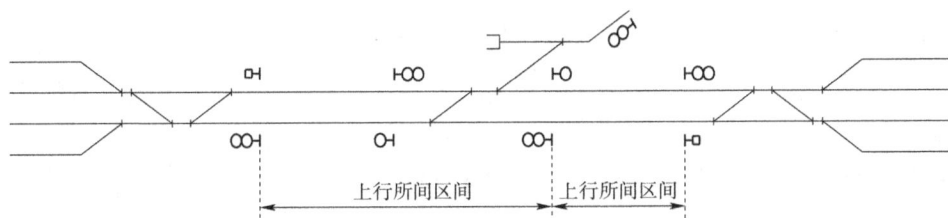

图3-3　双线有管辖地段所间区间

(3)闭塞分区——自动闭塞区间同方向相邻的两架色灯信号机间。

闭塞分区——自动闭塞区间同方向相邻的两架色灯信号机间,以该线上的通过信号机
柱的中心线为闭塞分区的分界线。双线铁路自动闭塞分区如图3-4所示。

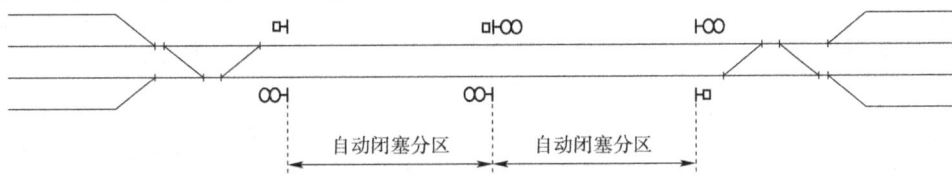

图3-4　双线铁路自动闭塞分区

二、自动闭塞

1.正常情况下的行车凭证

使用自动闭塞法行车时,列车进入闭塞分区的行车凭证为出站信号机或通过信号机显
示的允许运行的信号。

自动闭塞区段的车站,在办理发车前应向接车站预告;单线自动闭塞区段的车站,在办
理闭塞手续前还须得到列车调度员的同意。但列车调度员已下达列车运行调整计划时除
外。已办理预告或闭塞,列车不能出发时,发车站须通知接车站取消。

2.特殊情况下的行车凭证(见表3-1)

3.列车在区间运行

(1)通过信号机正常显示时,行车按规定运行,司机不间断瞭望信号显示。

(2)通过色灯信号机显示停车信号(包括显示不明或灯光熄灭)时的行车办法:

通过色灯信号机显示红色灯光的原因可能是:前方闭塞分区有列车或机车、车辆占用;

钢轨折断、轨道电路短路。显示不明,可能是由天气不良造成或通过信号机发生故障。灯光熄灭,可能是灯泡断丝或松动,也可能是临时断电。因此,列车进入前方闭塞分区有发生事故的可能性,也有不危及行车安全的可能。为不打乱运行秩序,除司机确认或通过无线电话联系,得知前方闭塞分区有列车不能进入外,其他情况则采取如下相应的行车办法。

自动闭塞区段特殊情况下的行车凭证表 表 3-1

列车出发情况	行车凭证	发给行车凭证的依据	附带条件
1. 出站信号机故障时发出列车	绿色许可证[见《铁路技术管理规程》(普速铁路部分)附件2]	1. 监督器表示第一个闭塞分区空闲,不表示时为接到前次列车到达邻站的通知或前次列车发出后不少于 10 min 的时间。 2. 确认道岔位置正确及进路空闲。 3. 单线须取得对方站确认区间内无迎面列车的电话记录号码	从监督器上不能确认第一个闭塞分区空闲时,车站应发给司机书面通知(见图 3-5),司机以在瞭望距离内能随时停车的速度,最高不超过 20 km/h,运行到第一架通过信号机,按其显示的要求执行
2. 由未设出站信号机的线路上发出列车			
3. 超长列车头部越过出站信号机发出列车			
4. 发车进路信号机发生故障时发出列车		确认道岔位置正确及进路空闲	列车到达次一信号机按其显示的要求执行
5. 超长列车头部越过发车进路信号机发出列车			
6. 自动闭塞作用良好,监督器故障时发出列车	出站信号机显示的允许运行的信号		与邻站车站值班员及本站信号员联系
7. 双线双向闭塞设备的车站,反方向发出列车		1. 区间占用表示灯表示区间空闲。 2. 双线反方向行车的调度命令	反方向发车进路表示器显示正确(进路表示器故障时通知司机)

注:在四显示区段,因设备不同,执行上述条款困难的,可按铁路规定办理。

书 面 通 知

第_____次司机:

　　监督器上不能确认第一个闭塞分区空闲,以在瞭望距离内能随时停车的速度,最高不超过 20 km/h,运行至第一架通过信号机,按其显示的要求执行。

站(站名印)车站值班员(签名)
年　　月　　日填发

注:白色纸,复写一式两份,司机一份,存根一份。 (规格 90 mm × 130 mm)

图 3-5　书面通知

　　遇上述情况,列车必须在该信号机前停车,司机应使用列车无线调度通信设备通知车辆乘务员(随车机械师),通知不到时,鸣笛一长声。停车等候 2 min,该信号机仍未显示进行信号时,即以遇到阻碍能随时停车的速度继续运行,最高不超过 20 km/h,运行到次一架通过信号机,按其显示的要求运行。在停车等候的同时,与两端车站值班员、列车调度员、前行列车司机联系确认前方闭塞分区是否空闲,如确认前方闭塞分区内有列车时,不得进入。

装有容许信号的通过信号机显示停车信号时,即通过信号机显示红色灯光,容许信号显示蓝色灯光,准许按铁路局集团公司规定停车后起动困难的货物列车,在该信号机前不停车,以不超过20 km/h的速度通过该信号机。当容许信号机灯光熄灭或容许信号和通过信号机灯光都熄灭时,司机在确认信号机装有容许信号时,仍按上述速度通过该信号机。

停车后起动困难的货物列车,由铁路局集团公司根据各区段使用的机车类型和线路坡度等情况,经过计算和检验,规定列车的重量标准,并纳入铁路《行车组织规则》。

装有连续式机车信号的机车,遇通过信号灯光熄灭,而机车信号显示允许运行的信号时,说明并不是前方闭塞分区被占用或线路发生故障等;而往往是信号机灯泡断丝或松动,不危及列车运行安全,列车应按机车信号的显示运行。

司机发现通过信号机发生故障时,应将该信号机的号码通知前方站(列车调度员)。车站值班员(列车调度员)发现或得到区间信号机故障的报告后,在故障修复前,对尚未进入区间的后续列车,改按站间组织行车。

三、自动站间闭塞

使用自动站间闭塞法行车时,列车凭出站信号机或线路所通过信号机显示的允许运行的信号进入区间。

自动站间闭塞须与集中联锁设备结合使用,自动检查区间空闲,发车站办理发车进路后即自动构成站间闭塞。列车到达接车站或返回发车站并出清区间后,自动解除闭塞。

发车站在办理发车进路前,须确认区间空闲;接车站未办理同一区间的发车进路,并向接车站预告。

发车站已向接车站预告,但列车不能出发时,在取消发车进路后,须通知接车站。

四、半自动闭塞

1. 行车凭证及发放要求

使用半自动闭塞法行车时,列车凭出站信号机或线路所通过信号机显示的允许运行的信号进入区间。

开放出站信号机或通过信号机前,双线区段必须得到前次列车到达前方站的到达信号;单线区段必须得到接车站的同意闭塞信号。

发车站已办理闭塞手续后,列车不能出发时,应将事由通知接车站,取消闭塞。

2. 特殊情况行车凭证

半自动闭塞区段,遇超长列车头部越过出站信号机,而未压上出站方面的轨道电路发车时,行车凭证为出站信号机显示的允许运行的信号,并发给司机调度命令。

遇发车进路信号机故障或超长列车头部越过发车进路信号机发车时,列车越过发车进

路信号机的行车凭证为半自动闭塞发车进路通知书,如图3-6所示。

半自动闭塞发车进路通知书

第_____号

1.在列车头部越过发车进路信号机的情况下,准许第_____次列车由_____线发车。

2.在_____发车进路信号机故障的情况下,准许第_____次列车越过该发车进路信号机。

站(站名印)车站值班员(签名)

年　　　月　　　日填发

注:1.白色纸,复写一式两份,司机一份,存根一份。　　　　　　　　(规格90 mm×130 mm)

　　2.不用的字句抹消。

图3-6　半自动闭塞发车进路通知书

五、电话闭塞

1. 采用电话闭塞的几种情况

1)基本闭塞设备发生故障时

自动闭塞设备发生故障或停电,包括区间内两架及其以上通过信号机故障或灯光熄灭。在这种情况下,列车虽然可按自动闭塞通过色灯信号机关闭的特定行车办法运行,但列车在区间内一停再停或减速运行,势必严重影响运输效率和安全。因此遇有此种情况,也视为基本闭塞设备故障。

半自动闭塞故障,包括轨道电路故障、出站信号机故障或灭灯、闭塞表示灯错误显示、双方表示灯显示不一致等情况。

2)列车特殊运行方式的情况

发出挂有由区间返回的后部补机的列车时(自动站间闭塞区段有特定行车办法时除外),由区间返回的后部补机无返回的凭证;同时基本闭塞设备无法保证后部补机由区间返回发车站前,不能向该区间发出列车。

自动闭塞区间发出由区间返回的列车时,基本闭塞设备无法保证发车站在列车未返回车站前,不能向该区间发出列车。

3)无双向闭塞设备的双线区间反方向发车或改按单线行车

当双线区间正线无反向闭塞设备、反方向行车时,只能改按电话闭塞。当双线区间的一条线路因施工或其他原因封锁,另一条线路改按单线行车时,虽正线正方向闭塞设备能使用,但由于该线路正方向与反方向运行的列车采用不同的闭塞方法,办理上容易产生错误,从而发生事故。因此该线路应改按单线行车,上下行列车均须改用电话闭塞。采用反方向行车办法时,须有反方向行车调度命令。

4)半自动闭塞的特殊情况

(1)发出需由区间返回的列车。发出需由区间返回的列车,只能压上发车站的轨道电路,不能压上接车站的轨道电路,列车返回车站后闭塞机不能正常复原。因此无论车站是否设有钥匙路签,均须改用电话闭塞法。这一点和其他基本闭塞法有本质区别。

(2)由未设出站信号机的线路上发车。此时,该列车无法取得半自动闭塞的凭证。

(3)超长列车头部越过出站信号机并压上出站方面轨道电路。此时,出站信号机不能开放。

5)自动闭塞和半自动闭塞区间的特殊情况

自动闭塞、半自动闭塞区间,在夜间或遇降雾、暴风雨雪,为消除线路故障或执行特殊任务开行轻型车辆时,正常情况下,在设有轨道电路的线路或道岔上运行的轻型车辆要求装有绝缘车轴,以不影响闭塞和接发车。当轻型车辆按列车办理,在上述闭塞设备的区间运行时,由于装有绝缘车轴,轨道电路不起作用,从而不能保证轻型车辆运行的安全,为此需改用电话闭塞。

2. 电话记录

电话记录是采用电话闭塞法行车时,区间两端站办理行车闭塞事项的记录。车站在发出电话记录的同时,还要编以电话记录号码,以明确办理的事项和责任。电话记录应登记在《行车日志》内,以防遗漏。

电话记录号码自每日00:00起至24:00止按日循环编号,编号方法采用顺序编号或用密码式编号,由铁路局集团公司自行规定,但在同一区间、同一方向一日内不得重复使用同一号码。

下列行车事项应发出电话记录。

(1)承认闭塞。

(2)列车到达,补机返回。

(3)取消闭塞。

(4)单线或双线反方向越出站界调车。

3. 占用区间的行车凭证

1)行车凭证

使用电话闭塞法时,列车占用区间的行车凭证,无论单线或双线均为路票。路票样式如图3-7所示。

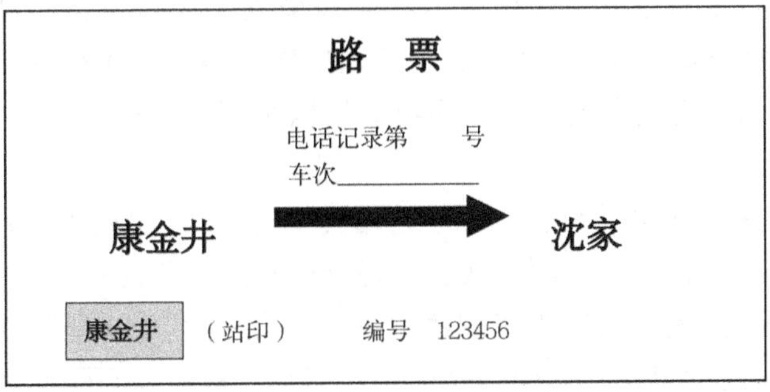

图3-7 路票样式

一般情况下,路票每次填写一张,加盖站印后交给司机。当发出挂有由区间返回的后部补机的列车时,应填写两张,均加盖站印,一张交本务机车司机,一张加盖"副"字戳记后发给后部补机司机,作为由区间返回车站的凭证。

2)路票上填写的电话记录号码

单线及双线反方向发车时,为避免两端站同时发出列车,必须查明区间空闲并取得接车站的承认,所以填写在路票上的电话记录号码为接车站承认闭塞的电话记录号码。双线正方向发车时,填写在路票上的电话记录号码为邻站发出的前次列车到达的电话记录。但改用电话闭塞发出第一趟列车时,为接车站承认闭塞的电话记录号码,这是因前次列车到达邻站无电话记录,接车站须发出承认闭塞的电话记录号码。以后的列车,按前次列车到达的电话记录号码填记。

3)路票的填写

正确填写路票是办理电话闭塞的重要环节。路票应由车站值班员亲自填写,由助理值班员进行核对。当车站值班员业务繁忙,或车站值班员室距助理值班员室较远时,根据《站细》的规定,可由指定的助理值班员填写。填写后的路票应根据电话记录进行核对,由助理值班员填写的路票,必须通过电话与车站值班员进行核对。核对无误并加盖站印后送交司机。

路票不得在未得到电话记录前预先填写,也不能在进路准备妥当之前填写。路票已交给列车司机,因特殊原因停止发车时,应及时收回路票。双线反方向行车使用路票时,应在路票上加盖"反方向行车"章;两线、多线区间使用路票时,应在路票上加盖"××线行车"章。填写路票内容应齐全,字迹应清楚,文字不得涂改。当填写错误时,应在路票上画"×"注销后重新填写。

六、一切电话中断作业方法

1. 一切电话中断时的行车

1)行车办法及凭证

在双线自动闭塞区间电话中断,如自动闭塞作用良好时,列车运行仍应按自动闭塞法行车。此时电话联络虽然中断,但是车站值班员从监督器上仍能确认列车是否出清第一、第二闭塞分区和接近车站,区间通过色灯信号机仍能保证列车运行安全所需间隔。为站车及时联系,此时列车必须在车站停车,说明车次及注意事项。当列车无线调度通信设备作用良好时,车站可通过无线调度通信设备与列车司机直接联系(说明车次及注意事项),列车在车站可不停车。

(1)单线区间采用书面联络法。单线区间上、下行列车均在同一条区间正线上交替运行,电话中断后,区间两端站需通过书面联系,确定列车进入区间的顺序。

(2)双线区间按时间间隔法。由于双线区间运行的列车可分别固定在区间一条正线上运行,因此电话中断后区间两端站只准发出正方向列车,按时间间隔法运行。

列车按书面联络法或按时间间隔法运行时,进入区间的行车凭证均为红色许可证(见图3-8),其内容包括占用区间凭证、进行书面联络的通知书以及提醒司机的注意事项。

红色许可证中通知书的内容供单线书面联络法使用,双线不填写并应抹消。

<table>
<tr><td colspan="2" align="center">许　可　证</td></tr>
</table>

许　可　证

第＿＿＿＿号

现在一切电话中断,准许第＿＿＿＿次列车自＿＿＿＿站至＿＿＿＿站,本列车前于＿＿＿时＿＿＿分发出的第＿＿＿＿次

列车,邻站到达通知 已/未 收到。

通　知　书

1.第＿＿＿＿次列车到达你站后,准接你站发出的列车。

2.于＿＿＿时＿＿＿分发出第＿＿＿＿次列车,并于＿＿＿时＿＿＿分再发出第＿＿＿＿次列车。

站(站名印)车站值班员(签名)

年　　月　　日填发

注:1.红色纸,复写一式两份,司机一份,存根一份;　　　　　　　　　　(规格90 mm×130 mm)

　　2.不用的字句抹消。

图3-8　红色许可证

2)书面联络法

(1)优先发车的车站。单线区间两端站都有占用区间的可能。在电话中断后,可能发生两端站同时向区间发出列车或同时等待对方站发出列车的情况,因而造成行车事故或使行车中断时间过长,影响运输。因此,单线区间(包括双线改按单线办理的区间)在电话中断前就规定了优先发车车站,该站在电话中断后可优先发出列车,既保证了行车安全,又减少了相邻车站用于书面联络的时间。为确保列车运行和行车安全,《铁路技术管理规程》(普速铁路部分)规定下列车站为优先发车的车站。

①已办妥闭塞而尚未发车的车站。车站已取得向区间的发车权,在电话中断后亦可优先发车。此时,列车司机持有行车凭证时,不再发给红色许可证,只发给邻站确定下一辆列车发车权的通知书。如无行车凭证时,列车应持红色许可证开往邻站。

②区间空闲而两站未办妥闭塞时,单线区间为开下行列车的车站,双线改为单线行车时,为该线原定发车方向的车站。

③同一线路、同一方向运行的列车有上、下行两种车次时,优先发车的车站由铁路局集团公司在铁路《行车组织规则》中规定。

单线区间电话中断后第一辆列车的发车权归优先发车的车站所有,优先发车的车站无须与邻站联系即可发出列车。当优先站无待发列车时,应利用一切交通工具迅速将红色许可证中的通知书送到非优先站,准许其发出列车。优先站已确认区间空闲后,可利用车站停留的重型轨道车、单机传递通知书,由于重型轨道车和单机按列车办理,在传递通知书时应持红色许可证。非优先发车的车站如有待发列车,必须在得到优先发车的车站的通知书后才能发车。第一辆列车以后的列车进入区间的顺序,均按通知书上注明的发车权办理。

(2)发车前应查明区间空闲。第一辆列车的发车站,发车前必须查明区间空闲。因为电话中断前发出的列车是按正常闭塞法行车的,当列车未到达邻站前,该列车并不知道一切电话中断,在电话中断后,不确认区间空闲即按一切电话中断方法向区间发出列车,可能造成两个列车以不同闭塞法进入同一区间。前行列车被迫停车后,根据原闭塞法的要求可能退行,也可能不进行防护,因而存在安全隐患。因此,无论是单线还是双线,发出第一辆列车前

55

必须查明区间是空闲的。

2. 时间间隔法

双线按时间间隔法行车时，由于车站联系不便，只准发出正方向列车。为保证列车的安全，非自动闭塞区间发出第一辆列车时，在发车前应查明区间是空闲的。

电话中断后，无论单线或双线区间，均无法收到列车到达邻站的通知。发出同一方向运行的列车，只能以一定的间隔时间来保证使两列列车保持一定的距离。这一间隔时间为区间规定运行时间另加 3 min，但不得少于 13 min。3 min 主要是接车站安排后行列车进路的准备或前行列车在区间被迫停车的防护时间。电话中断后，列车进出车站的速度降低，站内联系亦可能受到影响，因而接发车作业时间将延长，因此间隔时间不得少于 13 min。这样，在一般情况下，能保证前次列车已到达邻站，区间腾空后再发出后行列车。这是以时间间隔达到空间间隔的方法。

3. 电话中断后禁止发出的列车

站间联系及行车调度指挥中断后，车站作业困难，行车安全缺乏足够保障。以上的临时行车办法，对一些不十分紧要的任务，或发出后有可能引起不安全因素的以下列车，禁止开行。

（1）在区间内停车工作的列车（救援列车除外）。这种列车占用区间时间较长，很可能延误邻站待发的重要列车；若在区间超过规定时间，就有可能发生列车冲突事故。但为了排除区间线路故障或进行其他抢修抢救，准许发出到区间救援的列车。

（2）开往区间岔线的列车。发出开往区间岔线的列车时，由于电话中断，不易掌握该列车是否进入岔线。若该列车未进入岔线而又发出其他列车，则可能发生追尾冲突。另外，从岔线返回车站时，也很难与车站联系。因此禁止发出开往区间岔线的列车。

（3）须由区间返回的列车。因为这种列车要在区间内停车进行某种作业，占用区间时间长，返回时间不易掌握，将会影响待发的其他列车。

（4）挂有须由区间返回后部补机的列车。当有补机的列车由区间返回时，邻站只能掌握列车的到达，而不了解补机的列车是否返回原发站，若邻站根据通知书要求发出列车时，亦不能保证行车安全，所以禁止发出须由区间返回后部补机的列车。

（5）列车无线调度通信设备故障的列车。在通信中断的特殊情况下，为确保安全、加强联系，无线调度通信设备损坏的列车，不能进入区间。

4. 电话中断时的区间封锁与开通

在电话中断时间内，如遇区间发生事故或线路中断等情况，为避免事故扩大，并须立即组织救援和抢修，以尽快恢复通车。接到要求封锁区间，抢修施工，事故救援的车站值班员可不必与邻站商议，立即封锁区间。将封锁区间、障碍地点及是否开行救援列车等事项，以书面形式通知封锁区间的相邻站。书面通知应加盖站印及由车站值班员盖章或签名。若开行救援列车时，也以车站值班员的书面命令（使用调度命令用纸书写）作为进入封锁区间的凭证。

抢修或救援工作完成后，应及时开通封锁区间。由接到开通封锁区间请求的车站值班员以书面形式通知封锁区间的相邻站，然后以电话中断的行车办法行车。在电话联络恢复后,再将封锁区间事项报告列车调度员。

5.单线区间车站电话呼唤 5 min 无人应答行车

当单线区间电话作用良好,利用列车调度电话、站间行车电话或其他电话呼唤相邻车站至 5 min 无人应答时,应由列车调度员查明该站及相邻两区间确无列车(包括单机、大型养路机械及重型轨道车),以防发生列车冲突事故。然后发布调度命令,封锁不应答站的相邻两区间,按封锁区间办法向不应答站发出列车,列车凭调度命令进入区间。由于事先不了解不应答站的情况,为保证进入封锁区间列车的安全,无论不应答站的进站信号机是否开放,都必须在进站信号机外停车。待判明站内情况及确认接车进路准备妥当后再行进站。进站后,司机或车站值班员将经过情况报告列车调度员。若该站电话不通或不能使用时,列车应继续运行至前方站,向列车调度员汇报。

引用规章

《铁路技术管理规程》(普速铁路部分)第 308 条~第 330 条。

引用规章链接3-1
《铁路技术管理规程》(普速铁路部分)第308条~第330条

案例3-1
掌握行车凭证的使用条件

任务二　掌握列车运行工作的相关规定

学习目标

知识目标

1. 掌握列车和按照列车办理的条件及列车乘务组相关规定。

2. 掌握货物列车在技术站发车前的主要工作相关规定。

3. 掌握列车运行速度相关规定。

4. 掌握列车乘务人员的工作相关规定。

5. 掌握接车与发车相关规定。

6. 掌握列车在区间被迫停车的处理相关规定。

7. 掌握施工及路用列车的开行相关规定。

8. 掌握站内设备的检修及故障处理相关规定。

能力目标

1. 能够正确执行列车和按照列车办理的条件及列车乘务组相关规定。

2. 能够正确执行货物列车在技术站发车前的主要工作相关规定。

3. 能够正确执行列车运行速度相关规定。

4. 能够正确执行列车乘务人员的工作相关规定。

5. 能够正确执行接车与发车相关规定。

6. 能够正确执行列车在区间被迫停车的处理相关规定。

7. 能够正确执行施工及路用列车的开行相关规定。

8. 能够正确执行站内设备的检修及故障处理相关规定。

素质目标

1. 培养注重细节的良好职业素养。

2. 增强严格按原则、制度、程序办事的意识。

3. 树立安全高于一切的理念。

4. 增强大局意识,树立全局观念。

任务描述

　　首先,仔细阅读下文的案例,掌握事故概况,带着任务学习"知识探索"中关于列车运行的相关内容,掌握列车和按照列车办理的条件及列车乘务组、货物列车在技术站发车前的主要工作、列车运行速度、列车乘务人员的工作、接车与发车、列车在区间被迫停车的处理、施工及路用列车的开行、站内设备的检修及故障处理等内容。其次,对应上述内容学习《铁路技术管理规程》(普速铁路部分)相对应的条文,弄清规程原文是如何规定的。最后,根据所学知识分析下文案例。要求:说明事故作业分类、事故性质分类、风险事项分类、事故主要原因,并说明事故违反规程的哪项条文。

案例导入

2008 年 4 月 3 日 7:45,广州铁路局土塘站,樟木头站车站值班员向土塘站车站值班员办理了 0918 次列车预告,并在 0918 次出发报点的同时办理了 41104 次的列车预告。在接到 0918 次邻站通过的通知后,车站值班员没有告知信号员、助理值班员,接到邻站"41104 次 57 分通过"的报告后,没有认真审核报点系统中的列车运行计划,也未认真核对,错误地将 0918 次误认为是 41104 次,在向调度员询问 41104 次运行安排后,于 7:58 向东莞东站办理了 41104 次列车预告,并布置信号员开放了 3 道进东莞东方向的信号。7:58,0918 次司机两次呼叫车站"0918 次接近",车站值班员并未察觉错误开放了信号,而是呼叫司机"41104 次土塘站 3 道通过进东莞东方向"。8:00,车站值班员向东莞东站报点"41104 次 8:01 通过",8:01,信号员发现进站的是客车,导致 8:03 时 0918 次在 3 道停车。

引导提示:该案例提到了"运行计划""运行安排""列车预告"的概念,这些概念都与列车运行内容有关,可见掌握列车运行的有关知识特别重要。

知识探索

一、列车和按照列车办理的条件及列车乘务组

1. 列车和按照列车办理的条件

按照列车编组计划、列车运行图及《铁路技术管理规程》(普速铁路部分)等有关编组列车的规定连挂在一起的车辆称为车列。已编成的车列挂上牵引机车,并揭挂《铁路技术管理规程》(普速铁路部分)规定的列车标志,才称为列车。原则上,只有完全具备上述列车条件后,才能向区间运行。否则,就可能危及行车安全。

根据运输需要,单机、大型养路机械及重型轨道车开往区间时,虽未编挂车列,但进入区间后却一样对区间安全和效率有着重要影响。因此,单机、大型养路机械及重型轨道车虽然未完全具备上述列车条件,在进入区间时也应按列车办理。

动车组列车为自走行固定编组列车。

2. 列车乘务组

为了完成列车运行中的各项作业,及时处理运行中发生的各种问题,以及在有碍安全时采取临时防护措施,根据列车的任务、要求和运行条件,配备直接为列车服务的人员组成列车乘务组,包括机车乘务组、车辆乘务人员和客运乘务组。

(1)机车乘务组。动车组列车应有动车组司机,其他列车应有机车乘务人员。

(2)车辆乘务人员。动车组列车应有随车机械师,其他旅客列车、特快货物班列和机械冷藏车组,由于构造较一般车辆复杂,在运行中又有特殊要求,为便于及时检修和处理故障,规定旅客列车、特快货物班列和机械冷藏车组应配有车辆乘务人员。挂有超限货物车辆的

列车,在运行途中有时需检查超限货物的装载情况和车辆技术状态,应根据挂运命令的要求,确定是否派出车辆乘务人员添乘。

（3）客运乘务组。为做好旅行中的服务工作,如保证旅客的安全、上下车方便、车内卫生、旅客在列车上的文化生活、饮食供应及行李包裹的运送等,旅客列车须有客运乘务组。客运乘务组包括列车长、列车广播员、列车员、列车行李员及餐车工作人员等,负责旅客的服务工作及行李包裹的作业等。

二、货物列车在技术站发车前的主要工作

为确保货物列车的安全,在编组站、区段站出发前有关人员必须做好以下各项安全工作。

（1）货运检查人员应认真执行区段负责制,检查列车中车辆的装载、加固、施封及篷布苫盖状态,以及空车的门窗关闭情况,发现异状时,应及时处理。对无列检作业的车站,还应检查自动制动机的空重位置,不符合时应进行调整。

（2）车号人员应按列车编组顺序表核对现车和货运票据,无误后,按规定与机车乘务员办理交接。

（3）列检人员检查车辆,发现因货物装载超重、偏载、集重引起技术状态不正常时,应及时通知车站处理;车辆自动制动机的空重位置不符合时,应进行调整。

三、列车运行速度

为了保证列车运行的正点,列车应按规定速度运行;为了保证列车运行的安全,列车运行不得超过规定的限制速度。如信号显示的要求（黄色灯光、进站信号机的一个月白色和红色灯光、减速地点标等）、机车的牵引方式（推进运行、退行、蒸汽机车逆向牵引运行等）、接入尽头线,以及侧向经过道岔等,都应限制列车速度。列车运行的限制速度如表3-2所示。

列车运行的限制速度　　　　　　　　　　　　　　　　　表3-2

项目	速度（km/h）
四显示自动闭塞区段通过显示绿黄色灯光的信号机	在前方第三架信号机前能停车的速度
通过显示黄色灯光的信号机及位于定位的预告信号机	在次一架信号机前能停车的速度
通过显示一个黄色闪光灯光和一个黄色灯光的信号机	该信号机防护进路上道岔侧向的允许通过速度
通过减速地点标	标明的速度,未标明时为25
推进	30
退行	15
接入站内尽头线,自进入该线起	30

四、列车乘务人员的工作

（1）车辆乘务员、客运乘务组等列车乘务人员发现下列危及行车及人身安全情形时,应

使用紧急制动阀(紧急制动装置)停车。

①车辆燃轴或重要部件损坏。

②列车发生火灾。

③有人从列车上坠落或线路内有人死伤。

④其他危及行车和人身安全,必须坚持紧急停车时。

(2)车辆乘务人员应按技术作业过程的规定检查车辆,并参加制动试验。在列车运行途中,应监控车辆运用状态,及时处理车辆故障,并将本身不能完成的不摘车检修工作,预报前方站列检。前方站列检应积极组织人力修复车辆故障,保持原编组运用。是否摘车检修,应由当地列检决定并处理。车辆乘务人员应配备列车无线调度通信设备及响墩、火炬、短路铜线、信号旗(灯)等防护用品,在值乘中还应做到以下三个方面。

①列尾装置故障时,列车出发前、停车站进站前和出站后,应按规定与司机核对列车尾部风压。

②列车发生紧急制动停车后,联系司机,检查车辆技术状态,可继续运行时通知司机开车。

③向司机通报使用紧急制动阀的情况,并协助司机处理有关行车事宜。

(3)随车机械师应按技术作业过程的规定检查动车组;在列车运行途中,应监控动车组设备技术状态,及时处理车辆故障,经处置确认无法正常运行时,通知司机选择维持运行或停车。随车机械师应配备 GSM-R 手持终端和无线对讲设备及响墩、火炬、短路铜线、信号旗(灯)等防护用品,在值乘中还应做到以下两个方面。

①列车发生紧急制动停车后,联系司机,检查车辆技术状态,可继续运行时通知司机开车。

②向司机通报使用紧急制动阀的情况,并协助司机处理有关行车事宜。

五、接车与发车

1.接发列车的基本规定

车站应不间断地接发列车,严格按列车运行图行车。接发列车时,车站值班员应亲自办理闭塞、布置进路(包括听取进路准备妥当的报告)、开闭信号、交接凭证、接送列车、发车。由于设备或业务量关系,除布置进路(包括听取进路准备妥当的报告)外,其他各项工作可指派助理值班员、信号员或扳道员办理。

车站值班员接到邻站列车预告后,按《站细》规定时间及时通知有关人员到岗接车,站内平过道应提前派人到岗监护。

2.接发列车线路的使用

1)接发列车线路的合理使用

正确、合理地使用接发列车线路,对保证车站作业安全、减少作业干扰、提高运输效率有重要意义;同时,也为车站经常保持有不间断接发列车的空闲线路创造了条件。为保证接发列车安全,《站细》对站内所有线路的使用都有具体规定,在作业时应认真遵守。

接发列车应在正线或到发线上办理。正线、到发线是专门为办理列车的接发和进行技术作业而设置的。正线和到发线的钢轨、道岔等设备标准比其他线路高,可以保证列车进出车站有较高的速度;正线和到发线有保证列车进路正确的联锁和指示列车运行条件的信号设备;有为旅客上下车、行包装卸的站台;在技术站或较大中间站的到发线上,设有机车整备和列检作业的有关设备,便于进行技术作业;在车站线路布置上,考虑了列车到发与调车作业的紧密配合,保证车站的最大平行作业。因此,在正线、到发线上办理接发列车,既保证了车站作业效率,又保证了接发列车的安全。特殊情况下,在非到发线上办理接发列车时必须要有调度命令准许。

旅客列车、挂有超限货物车辆的列车,应接入固定线路。对在本站停车的旅客列车,为保证旅客上下车、行包装卸及旅客出入车站的安全,列车应接入靠近站台,设有平过道或天桥、地道等设备的线路。由于旅客列车较其他列车速度高,所以接发在站停车的旅客列车,侧向经过的单开道岔不得小于 12 号。

超限货物的宽度或高度超出机车车辆限界,与邻近的设备、建筑物或邻线的机车、车辆有剐撞的可能,为保证列车安全运行和货物完整,不损坏设备和建筑物,所以规定必须接入符合规定要求的线路。

车站接发旅客列车或挂有超限货物车辆列车的线路,应按上述要求固定,并在《站细》中规定,车站值班员要熟练掌握并严格遵守。

动车组列车、特快旅客列车应在正线通过,其他通过列车原则上应在正线通过。正线设备较其他线路的质量和规格都高,为列车以高速通过车站提供了有利条件。正线的出站信号一般都是高柱型的,为司机提供了较好的瞭望条件;正线所经道岔位置绝大多数开通直向位置,以保证列车有较高速度,并能减少轮缘磨耗。所以,通过列车原则上应在正线通过,必须改由到发线通过时,还必须采取一定的安全措施。动车组列车、特快旅客列车速度都在 120 km/h 以上,在车站通过时,更应考虑正线通过。

原规定为通过的旅客列车由正线变更为到发线接车及动车组列车、特快旅客列车遇特殊情况必须变更进路时,分为两种情况:一种是变更到发线通过;另一种是变更到发线接车。由于旅客列车运行速度高,在站内正线通过时的运行速度也不低,而列车进入到发线受侧向通过道岔速度的限制,若列车超速进入到发线,可能造成脱轨颠覆事故。有的车站虽有预告信号机,但只能预告进站信号机的开放状态,不能预告道岔开通的位置。所以,规定为通过的旅客列车由正线变更为到发线接车及动车组列车、特快旅客列车遇特殊情况必须变更进路时,须经列车调度员准许,并预告司机;如来不及预告时,应使司机在站外停车后,再开放信号机,接入站内。动车组列车遇特殊情况需变更办理客运业务的固定股道时,须经调度所值班主任(值班副主任)准许。

货物列车应接入《站细》指定的有关线路。在中间站,有摘挂车辆作业的列车应接入靠近货场或专用线的线路,以减少对正线的干扰。在技术站,应根据列车的性质及在车站的作业要求,接入有关车场、线群及线路。

2)保证车站有空闲的接车线路

保证车站经常有空闲的接车线路是车站值班员的重要职责。因此,车站值班员应做好组织工作,加强与列车调度员及有关部门的联系,随时了解列车运行情况,有计划地全面合理运用到发线。为保证车站有不间断接车的空闲线路,应遵守下列规定。

(1)正线上不得停留车辆(尽头式车站除外)。正线是列车通过车站的线路,正线上停留车辆就会影响列车运行,若列车改经道岔侧向通过车站,则会增加不安全因素。

(2)到发线上停留车辆时,须经车站值班员准许,在中间站并须取得列车调度员的准许方可占用,该线路两端道岔应扳向不能进入的位置并加锁(装有轨道电路除外)。

3)机车出入段

在设有机务段、机务折返段的技术站,机车出入段是一项频繁的调车作业,它关系着能否按列车运行图正点运行,也影响着车站的接发车工作。因此,车站值班员必须认真掌握机车出入段的时机与进路。

当车站配置固定走行线时,走行线已考虑到减少对接发车工作的干扰。因此,机车出入段必须经固定走行线。固定走行线上禁止停放车辆,以保证出入段进路畅通。

当车站未配置固定走行线或临时变更走行线时,应事先通知司机机车的走行进路,司机按固定信号或扳道员显示的进行信号运行。进路式电气集中的车站,机车出入段的进路是分段准备的,途中难免有变化,故不通知司机,司机按信号显示运行。

3.接发列车作业项目

1)办理闭塞

确认区间空闲。车站值班员在办理闭塞前应确认区间空闲。我国铁路采用的行车闭塞法,无论是基本的还是代用的,都属于空间间隔法。虽然这些闭塞方法在正常情况下都能实现在同一时间、同一区间(或闭塞分区)内的一条正线上只有一列列车运行,但因设备本身的欠缺,或因办理人员的疏忽,仍可能将另一列列车开入占用区间。例如,半自动闭塞区间遗留车辆或列车全部在区间,就设备而言,仍可办理区间开通和将下一列列车开入区间的闭塞手续。使用电话闭塞法时,本身没有设备控制,区间是否空闲,全靠电话联系。因此,要认真做好这一作业。确认区间空闲时,除人工检查前一列列车是否全部到达、补机是否返回、出站(跟踪)调车是否完毕,以及有无轻型车辆占用和区间封锁外,还应从设备上确认区间空闲。

自动闭塞:通过控制台的监督器(列车离去表示灯)或出站信号机复示器,确认第一及第二闭塞分区空闲的情况,在四显示区段,还应确认第三闭塞分区的空闲情况。半自动闭塞:除根据闭塞机上闭塞表示灯显示外,还应根据《行车日志》确认。电话闭塞:根据《行车日志》列车到达的电话记录确认。

自动闭塞:不需人工办理,只需确认第一、二离去闭塞分区空闲。半自动闭塞:先用电话向接车站请求闭塞,在取得接车站同意后,按闭塞按钮,发车表示灯亮黄灯,接车站按闭塞按钮,发车站的发车表示灯亮绿灯,表示闭塞办理妥当。电话闭塞:用电话向接车站请求闭塞,取得接车站同意闭塞的电话记录号码后,表示闭塞办理妥当。

2)进路的布置、准备及确认

正确、及时地准备好列车进路是接发列车工作中的关键。车站值班员必须亲自布置和听取进路准备妥当的报告。

布置内容:车站值班员应讲清车次和占用线路(接入股道或由某道出发)。如车站一端有两个及其以上列车运行方向或双线反方向行车时,还要讲清方向。

(1)布置要求。

按《站细》规定时间,正确、及时地布置进路;布置进路应按国铁集团《接发列车作业标准》规定的程序和用语办理,不得简化;布置进路的命令不准与其他作业的命令、通知一起下达。

受令人复诵,当两人及其以上同时接受准备进路的命令时,应指定一人复诵。车站值班员要认真听取复诵,核对无误后方可按发布命令执行。

当车站联锁失效时,车站值班员布置进路时必须组织两端的扳道员同时布置,以防列车进站时,另一端的扳道员不了解车站值班员的命令,将调车机放入,造成有车线接车,甚至发生冲突。

(2)准备进路。

道岔的扳动及转换:扳道员、信号人员应严格按照车站值班员布置的接发列车命令,正确、及时地准备进路。在操纵道岔、信号按钮时,要眼看、手指、口呼,对控制台要一看、二扳(按)、三确认、四显示(呼唤),严禁他人操纵。扳道员在操纵道岔时,要执行"一看、二扳(按)、三确认、四显示(呼唤)"制度。集中联锁车站,办理旅客列车进路后,要在按钮上加扣客车帽。

扳动道岔的程序规定如下。

"一看":在扳动前看所扳道岔的开通方向;看接车线是否空闲;看机车车辆是否越过警冲标;看机车车辆是否越过联动道岔。

"二扳(按)":将道岔扳到所需位置。

"三确认":确认道岔开通位置是否正确,尖轨与基本轨是否密贴,进路有关道岔位置是否正确。准备接发车进路时,还要确认影响进路的调车作业是否停止。

"四显示(呼唤)":确认无误后,呼唤"×道准备好了",并向车站值班员汇报进路准备妥当,或向要道人员显示股道号码和进路准备妥当手信号。

集中联锁设备正常时操纵道岔的方法:通过控制台按钮操纵道岔自动转动。

集中联锁车站人工转换道岔的方法:集中联锁车站在停电或故障时,对内锁闭的电动转辙机,需使用手摇把就地操纵道岔时,所使用的电动转辙机钥匙及手摇把是在固定地点存放,并应进行编号。平时由电务信号工区加封,由车站值班员、扳道员或清扫员保管。

遇电气集中联锁设备故障时,车站值班员应立即通知信号工区并在行车设备检查登记簿内登记,为保证不间断接发列车,应在车站值班员指示下,由扳道员在现场手摇道岔。手摇道岔时,应在《站细》规定地点取得钥匙,将钥匙孔盖上的锁打开(见图3-9),使钥匙孔盖向下方转动,露出手摇把插孔。将手摇把插入孔内,手摇转动36~38圈,听到"咔嚓"的声音后,即表示道岔已手摇到位,尖轨被锁闭。由于"咔嚓"的声音很小,加上现场声音嘈杂,必须注意观察,切不可未手摇到位即抽出手摇把。对应加锁的道岔,即使手摇到位,听到"咔嚓"的声音,也必须加锁,以确保进路安全。

经过手摇的道岔,不能自动恢复集中操纵。转辙机底壳内的安全节点是非自复式的,由于抽出手摇把后安全节点也不能接通,钥匙孔盖也不能恢复原来的位置,电动转辙机还处于断电状态。即便恢复供电,该道岔的电动转辙机仍不能动作,使人工转换后的道岔不改变其开通方向,保证进路的正确。

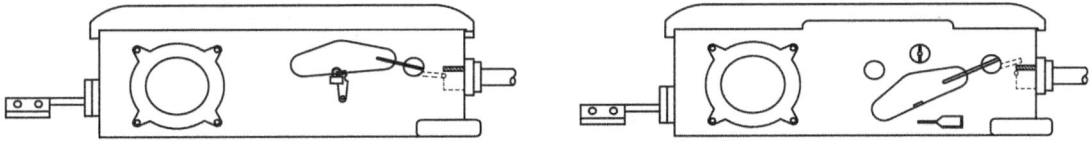

图 3-9　人工转换道岔示意图

电气集中设备恢复正常,停止手摇道岔,在接车时就在列车全部进入警冲标内方,发车时出发列车应整列出站,再由电务人员使用专用钥匙打开电动转辙机机盖,经确认设备处于正常状态,接通安全节点,钥匙孔盖恢复原来位置,手摇把插孔被覆盖,人工转换停止。此时,对电动转辙机及钥匙孔盖加锁,当道岔操纵电路恢复后,即列入集中操纵。

为了适应列车提速的需要,目前许多区段都安装了分动外锁闭可动心轨道岔。这种道岔是由交流液压电动转辙机操纵的,转辙机内无齿轮传动装置。若手工摇道岔时,转数不固定,大约在 200 转以上,摇动期间不能停顿,停顿后又要从头摇动。因此,对手工摇道岔有一定难度。同时,由于道岔的两尖轨是分别动作的,一尖轨与基本轨密贴后,另一尖轨方开始动作,必须两尖轨动作均到位后,才能停止摇动。有的道岔是由两组液压转辙机操纵的,在摇动时还要注意另一组转辙机的动作。外锁闭道岔的锁闭力可在 60 t 以上,而内锁闭道岔的锁闭力仅在 5 t 左右。因而外锁闭道岔对列车提速后产生的较大冲击力,有着良好的适应作用。但在人工手摇道岔时,由于人员的疏忽错误开通道岔方向时,列车很难冲开密贴的尖轨与基本轨,很可能造成列车脱轨事故。分动外锁闭可动心轨道岔在进行人工转换时必须确保两尖轨都转换到位,同时还必须确保心轨与尖轨开通方向一致。铁路局集团公司应在铁路《行车组织规则》中制定操纵、使用及加锁的规定。

进路的锁闭方法如下。

● 联锁设备正常时,集中设备自动对进路进行检查,对进路锁闭以在控制台或计算机显示器上亮白色光带来表示。

● 集中设备联锁失效时,该接发列车进路上的道岔不能由设备进行检查,同时进路上有关道岔也失去联锁。为确保接发列车安全,除确保进路上有关道岔位置正确外,还应将进路上的对向道岔和邻线上的防护道岔进行人工加锁。

● 列车由尖轨向辙叉运行时,该道岔为进路上的对向道岔。当对向道岔开通位置错误时,则可能使列车进入不该进入的线路,与该线路内的机车车辆发生冲突,为保证接发列车的安全,对进路中的对向道岔,除应确认其开通位置外,还必须按规定加锁。如图 3-10 所示为某站平面示意图,当正方向运行的上行列车进 6 道时,进路上应加锁的对向道岔为 10、14、20、22 号道岔。当下行列车由 3 道向下行正线发车时,进路上应加锁的对向道岔为 12 号道岔。

顺向道岔是列车经辙叉向尖轨运行时,该道岔为进路的顺向道岔。当顺向道岔开通位置错误时,可能造成挤岔或脱轨。

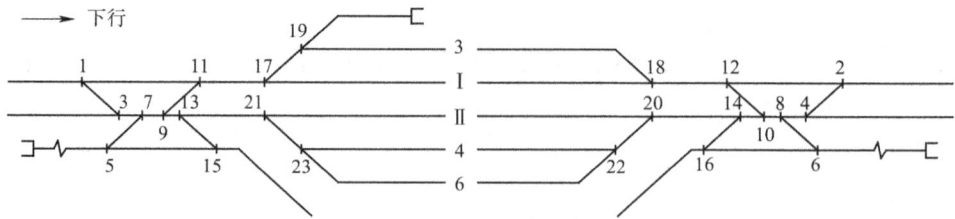

图 3-10　某站平面示意图

防护道岔是能将邻线上的进路与本线上的接发列车进路隔开的道岔,或邻线上能进入接发列车进路的道岔。若其开通位置错误,则可能造成邻线上的机车车辆错误闯入接发列车进路。因此,要求当防护道岔开通位置正确以后加锁。由于进路不同,邻线上防护道岔也不相同。如图 3-10 所示,上行列车进 6 道时,防护道岔为 2、6、12、16 号道岔;下行列车由 3 道发车时,其防护道岔为 10、4 号道岔。

加锁方法:集中联锁的道岔,联锁失效时则应使用勾锁器并加挂锁。

电气集中联锁或微机联锁的道岔,道岔尖轨的转动是电动转辙机带动的,渡线道岔两端由两组电机单独带动。当集中操纵改为就地操纵时,接发车人员需用手摇把分别操纵渡线两端道岔,加锁也要对防护道岔和对向道岔加锁。

仍以图 3-10 为例,当上行列车由 4 道正方向发车时,需加锁的道岔是 3、7 号道岔(对向道岔)和 15、11、5、1 号道岔(防护道岔);当 3 道接入下行列车时,需加锁的道岔是 1、17、19 号道岔(对向道岔)和 3、9 号道岔(防护道岔)。

凡因设备的原因需道岔人工加锁时,信号员应将道岔在控制台上按下单独锁闭按钮。

确认进路内容如下。

(1)接车前认真检查确认接车线路空闲。

确认接车线路空闲是指接车线无封锁施工,无机车车辆、动车,以及其他能造成脱轨的障碍物。

①确认方法:通过控制台上股道占用光带或股道占用表示灯确认,还要注意确认线路附近有无能使列车脱轨的障碍物;在轨道电路故障时,由接发车人员现场确认接车线路是否空闲;原装有联锁设备的线路上,由于停电,导致联锁失效,此时,列车(调车)进路及道岔和信号机之间联锁设备已不能相互检查并失去互控作用。

②检查接车线空闲的方法:

● 现场目视检查。在昼间天气良好时,由现场接车助理值班员、两端扳道员分别站在接车线路中心,以"眼看、手指、口呼"一致确认的检查办法,确认接车线空闲。

● 分段现场检查。在夜间或昼间天气恶劣,或地处曲线直接目视检查接车线空闲有困难时,车站值班员、助理值班员与两端扳道员应按《站细》所划分的地段,以互对股道号码信号或分段步行检查确认接车线空闲。

● 辅助检查。当车站正线、到发线上有列车、车辆占用时,在行车室控制台盘面的按钮(或手柄)上挂有"列车占用""存有车辆"等字样的表示牌,并在行车室、扳道房的"占线揭示板"上填记列车车次或存车代号、符号等,以便接发列车人员用于辅助记忆及检查线路占用情况。

(2)确认进路道岔开通位置正确。

确认进路道岔开通位置正确,以保证发车作业安全。发车进路上的道岔开通位置不正确,列车就有可能挤坏道岔或进入异线,造成列车冲突或脱轨事故。特别是在联锁失效时,不仅要确认道岔位置正确,还要确认进路上有关对向道岔和防护道岔已按规定加锁。

根据扳道员或信号员进路准备好了的报告,并通过控制台上的光带或进路开通表示灯确认;当联锁失效或在无联锁线路接发车时,按《站细》规定的办法准备进路(包括汇报道岔加锁情况)。

(3)确认影响进路的调车作业已经停止。

影响发车进路的调车作业是指占用或穿过发车进路的调车作业;站间相邻两线,线间距不满足标准间距时,其中一线上接发列车,另一线上进行调车作业;能进入接发列车进路的线路无隔开设备的调车作业。

因为不及时停止影响接发列车进路的调车作业,就有可能造成列车在站外停车或出发列车晚点,甚至可能使列车与正在调车的机车车辆发生冲突事故。规章内规定,严禁"抢钩"作业,严格遵守"调车作业必须服从于接发列车"这一行车工作原则。

确认方法是,根据设备和设备所处状态,结合有关规定,对每一确认事项都要明确是车站值班员亲自办理还是通过有关人员办理,是用监督设备确认还是现场确认,是查看记录还是揭示表示牌,这些都要形成统一制度,并纳入《站细》一丝不苟地执行。

3)信号机的开闭时机

(1)进站信号机的开放时机。进站信号机开放后即锁闭有关进路上的道岔,过早开放信号机会过早占用咽喉区,影响站内其他作业。晚开放信号机可能使列车在信号机外减速甚至停车。正确开放进站信号机的时机为列车运行至预告信号机前,司机能确认信号机显示的地点,如图3-11以及下述公式所示。

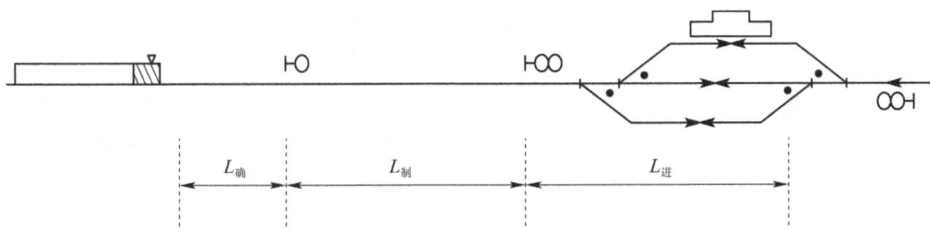

图3-11 开放进站信号时机示意图

$$L_{开} = \frac{L_{进} + L_{制} + L_{确}}{V_{进}} \times 0.06(min)$$

式中:$L_{进}$——进站信号机至出站信号机或接车线末端警冲标之间的距离(m);

$L_{制}$——列车制动距离(m);

$L_{确}$——司机确认信号显示的距离(m);

$V_{进}$——列车进站的平均速度(km/h);

0.06——km/h化为m/min的单位换算系数。

(2)出站信号机的开放时机。开放出站信号机的时机,须根据出站信号机开放后至列车起动前,办理全部作业所需的时间而定。其中包括助理值班员确认出站信号机的开放状态显示发车信号,司机确认发车信号及出站信号,以及起动列车等。

提前开放信号机的时间应在《站细》内规定。

信号机的关闭时机:信号机关闭后,有关道岔即解锁(装有道岔区段轨道电路的车站除外)。信号机关闭过早,可能造成进路道岔错误转换或敌对信号开放,因而威胁列车运行安全;信号机关闭过晚,会耽误其他作业,影响效率。由于设备不同,信号机的关闭时机也就有所不同。

集中联锁车站的进站、进路、出站信号机,设有轨道电路的线路所通过信号机及自动闭塞区段的通过信号机,由于轨道电路的作用,当机车或车辆第一轮对越过该信号机后自动关闭。

调车信号机在调车车列全部越过调车信号机后自动关闭。

引导信号机应在列车头部越过信号机后及时关闭。

非集中联锁车站的进站信号机及线路所通过信号机,在列车进入接车线轨道电路后自动关闭。

非集中联锁车站的由手柄操纵的信号机,进站信号机在确认列车全部进入接车线警冲标内方,出站信号机在列车全部越过最外方道岔并确认列车全部进入出站方面轨道电路区段后,恢复手柄关闭信号。

上述情况,信号机的关闭是由接发列车人员操纵的,有关人员必须确认列车位置后才能关闭信号机。一般情况下,晚关闭或忘关闭信号机的情况是少有的,但提前关闭信号机、提前解锁进路的情况却时有发生。因车站作业繁忙,如接发列车后即抢一钩作业,或相对方向同时接车,或发出列车后再接入一列列车,车站值班员为提早准备进路,将出站或进站列车的进路提前解锁,同时命令扳道员在列车尾部越过后扳动道岔。扳道员在忙乱中极易错扳道岔,使列车后部车辆进入异股道,或联动道岔的另一端被挤等。

4)交接凭证

交接凭证,在此是指出站(线路所通过、发车进路)信号机显示的允许运行的信号以外的摸得着、拿得到的"证件"。如绿色许可证、路票、红色许可证、钥匙路签、列车进入封锁区间的"调度命令"等。

交接的凭证(包括转交司机的调度命令、口头指示、预告等),要认真检查是否正确,注意人身安全;如通过列车交不上时,应停车交付。车站收回凭证后,要确认凭证是否正确,除钥匙路签须及时插入控制台(或钥匙路签器)外,其他凭证应及时注销保管。

5)接送列车

列车出入车站时,必须由助理值班员、扳道员等接发车人员在室外立岗接送列车。确认列车的整列出发、完整到达、进入警冲标内方等。同时还要监视列车运行状态及货物装载状态,及时处理危及行车安全的问题。接送列车作业不仅涉及列车进出车站的安全,也对列车在区间运行的安全有着重要作用,必须做好。

(1)立岗接送列车。接发车人员应携带列车无线调度通信设备、持手信号旗(灯)站在《站细》规定的地点接送列车、注意列车运行和货物装载状态。发现列车尾部标志灯光熄灭时,通知车辆乘务员进行处理;在自动闭塞区段,通知不到时,应使列车停车处理;发现货物装载状态有异状时,及时处理;发现货物列车列尾装置丢失时,应报告列车调度员,使列车在前方站停车处理。

(2)对停车列车。应首先确认接车线路上有无行人和障碍物,站台上的旅客是否站在白色安全线里面。列车在站内停车时,应停于接车线警冲标内方。在设有出站(进路)信号机的线路上,列车头部不得越过出站(进路)信号机。当列车尾部停在警冲标外方或压轨道绝缘时,接车人员应使用无线调度通信设备等通知司机,或显示向前移动的手信号,昼间为拢起的手信号旗上下摇动;夜间为白色灯光上下摇动,也可辅以其他手段通知司机,使列车向前移动。

(3)对通过或出发列车。接发通过列车除应按规定确认出站信号或交接行车凭证外,还应确认通过线路上有无行人和障碍物。当特快旅客列车通过车站时,为确保站台上旅客和特快旅客列车的安全,要组织旅客站在白色安全线以内。

(4)列车接近车站、进站和出站的报告。列车接近车站、进站和出站时,接发车人员应及时向车站值班员报告列车进出站的情况(能从设备上确认的除外)。

6)发车

发车前,车站值班员必须亲自或通过有关人员确认影响进路的调车作业已经停止后,方可准备进路、开放出站信号机,交付行车凭证,在旅客上下车、行包装卸和列检作业等完毕后发车。

对于动车组以外的列车,有关人员应做到以下几个方面。

(1)发车进路准备妥当,行车凭证已交付,出站(进路)信号机已开放,发车条件完备后,车站值班员(助理值班员)方可显示发车信号。

(2)司机必须确认行车凭证及发车信号显示正确后,方可起动列车。

(3)语音记录装置良好的车站,准许使用列车无线调度通信设备发车。

动车组列车由列车长确认旅客上下车完毕后,通知司机关闭车门动车组。列车从车站出发,动车组列车司机在确认行车凭证和开车时间、车门关闭后,即可起动列车。

7)开通区间及报点

车站值班员应将列车的到达、发出或通过时刻记入《行车日志》,旅客列车应按规定使用红色笔填写。为使列车调度员能随时掌握管辖区段内的列车运行情况,车站值班员应及时向列车调度员报点。

列车到达、发出或通过后,车站值班员应立即向邻站及列车调度员报点,并记入《行车日志》(设有计算机报点系统的按有关规定办理)。遇有超长列车、超限列车、制动力部分切除的动车组列车、单机挂车和货物列车列尾装置灯光熄灭等情况,应通知接车站。

列车到达、发出及通过时刻的确定如下。

(1)到达时刻:以列车进入车站,停于指定到达线警冲标内方时刻为准。列车超过实际到达线有效长时,以第一次停车时刻为准。列车在区间分部运行时,则以全部车辆到达车站时刻为准。

(2)发出时刻:以列车机车向前进方向起动,列车在站界内(场界内)不再停车为准。列车全部发出站界后,因故退回发车站再次发出时,则以第一次发出时刻为准。在分界站向邻站发出时,则以最后发出时刻为准。

(3)通过时刻:以列车机车通过车站值班员室时刻为准。

4.进路的变更

由于作业的需要,或临时发生故障,为保证安全,可能对已经准备好的接发列车进路加以变更。如接车时,可能关闭进站信号机,改变接车股道或将其关在机外;发车时,可能关闭已开放的出站信号机停止发车,再准备其他进路。上述情况由于司机没有精神准备,对突然变化的信号采取紧急制动,造成机车车辆或货物的损坏,产生严重后果;或由于司机间断瞭望,将停止发出(或接入)的列车发出(或接入),与改变计划的列车发生冲突,后果更不堪设想。因此,进站或出站信号机开放后,其接发列车进路不应随意变更。遇特殊情况必须变更时,应做到以下几点。

(1)变更接车进路时,应保证列车在进站信号机外不停车、不减速的情况下,方可关闭进站信号机,变更接车进路。设有接近锁闭的车站,当列车进入接近锁闭区段后,除危及行车安全外,不得变更接车进路。

(2)变更发车进路时,应先通知发车人员,确知停止发车后,方可取消发车进路。如已开放信号或发车人员已通知司机发车,而列车尚未起动时,还应通知司机,收回行车凭证后,再取消发车进路。

5.列车在站内临时停车的处理

所谓临时停车是指计划之外的停车。列车在站内临时停车,待停车原因消除且继续运行时,应按下列规定办理。

(1)司机主动停车时,自行起动列车。

(2)其他列车乘务人员使用紧急制动阀(紧急制动装置)停车时,由车辆乘务人员(随车机械师)通知司机开车。

(3)车站接发列车人员使列车在站内临时停车时,由车站按规定发车(动车组列车由车站通知司机开车)。

(4)其他原因的临时停车,车站值班员应组织司机、车辆乘务人员(随车机械师)等查明停车原因,在列车具备运行条件后,由车站按规定发车(动车组列车由车站通知司机开车)。

注意:上述第(1)、(2)、(4)项,司机应立即报告车站值班员,并说明停车原因。

6.禁止办理相对方向同时接车

为保证车站接发列车的效率和作业安全,根据进站方向的坡度、接车线末端有无隔开设备、列车的性质,对车站办理相对方向同时接车或同方向同时发接列车,《铁路技术管理规程》(普速铁路部分)有如下限制。

1)线路设备条件的限制

进站信号机外制动距离内,进站方向为超过6‰的下坡道,而接车线末端无隔开设备,如图3-12所示,禁止办理相对方向同时接车和同方向同时发接列车。

列车在超过6‰的下坡道上运行时,下滑力超过走行阻力,即使无动力运行,运行速度也会加大。如司机不能正确施行制动,列车进站时可能越过接车线末端警冲标。该线末端若未设隔开设备,就有可能与另一列列车发生冲突。进站信号机外制动距离内的坡度为换算坡道,即平均坡度减去曲线阻力当量坡度。超过6‰的坡度由工务部门提供,在铁路局集团公司的铁路《行车组织规则》内公布。电务部门设计此类车站信号时,有关信号应按敌对信号设计。引导接车时作业人员不能控制敌对信号,由车站值班员人工控制。

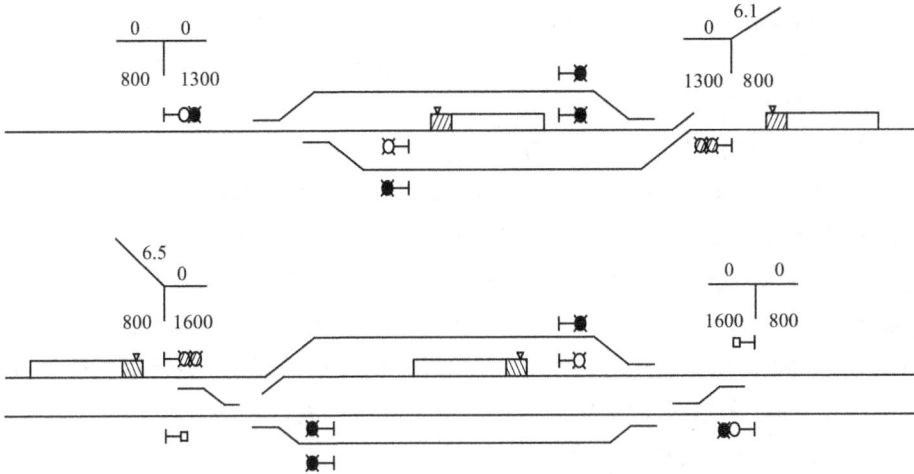

图3-12 线路设备条件的限制示意图

2)接、发客运列车时的限制

在接、发客运列车的同时,接入列车运行监控装置或轨道车运行控制设备发生故障的列车、制动力部分切除的动车组列车而接车线末端无隔开设备,禁止办理相对方向同时接车和同方向同时发接列车。

3)不能同时接车和不能同时发接列车的处理

车站不能同时接车而两列列车同时接近车站时,势必先将一个方向的列车接入站内停于警冲标内方后,再开放另一端进站信号机,接入另一列列车。此时,车站值班员应选择合理的接车顺序。在确定先后顺序时,应先接不适于在站外停车的列车、停车后起动困难的列车、后面有续行列车的列车。遇两列列车不能同时接发时,原则上应先接后发,避免列车在站外停车。遵照先客后货、先快后慢的原则,一般可考虑,旅客列车与非旅客列车交会时,应先接旅客列车;停车列车与通过列车交会时,应先接停车列车;非超长列车与超长列车交会时,应先接非超长列车;进站方向为下坡道的列车与进站方向为平道或上坡道的列车交会时,应先接进站方向为平道或上坡道的列车。

禁止办理同方向同时发接列车时,原则上应先接后发,避免列车在站外停车,也可根据列车调车员指示办理。

7. 站内无空闲线路时的接车

站内无空闲线路,是指由于发生事故、自然灾害或组织不当等原因,造成站内能接车的线路都被占用的情况。

1)限制及办法

对接入列车的限制:在站内无空闲线路的特殊情况下,只准接入为排除故障、事故救援、疏解车辆等所需的救援列车、不挂车的单机及重型轨道车。

2)接车办法

接车前,车站值班员应亲自或指派有关人员确认接车线停留车位置和空闲地段的长度,并通知接车线内停留的机车、动车、重型轨道车司机禁止移动位置,防止与接入的列车发生冲突。

接车时不开放进站信号机,也不得使用引导接车办法,接车人员应站在进站信号机(反方向接车时为站界标)外方。所接列车在进站信号机外停车,由接车人员向司机通知事由后,以调车手信号旗(灯)按调车方式将列车领入站内。

8. 超长列车尾部停在警冲标外方,由相对方向接入列车或调车作业的办法

(1)进站信号机外制动距离内,进站方向为上坡道、平道或不超过6‰的下坡道时,接车线末端无论有无隔开设备,均可开放进站信号机,将列车直接接入站内。

(2)进站信号机外制动距离内,进站方向为超过6‰的下坡道,相对方向的接车线末端无隔开设备时,须使列车在站外停车后,再开放进站信号机将列车接入站内。

(3)超长列车尾部停于警冲标外方,如邻线上未设调车信号机,又无隔开设备,相对方向需要进行调车作业时,车站必须派人以停车手信号对列车进行防护。

9. 信号机故障时接发列车的办法

(1)进站、出站、进路及线路所通过信号机发生故障时,应置于关闭状态。进站信号机及线路所通过信号机灭灯或因发生不能关闭的故障时,应将灯光熄灭或遮住。在将灯光熄灭或遮住以及信号机灭灯时,于夜间应在信号机柱距钢轨顶面不低于 2 m 处,加挂信号灯,向区间方面显示红色灯光。这样便于司机掌握信号机位置,避免冒进信号。

(2)进站、接车进路信号发生故障不能使用时,应开放引导信号。引导信号不能开放或无引导信号时,应派引导人员接车。引导接车时,列车以不超过 20 km/h 的速度进站,并做好随时停车的准备。由引导人员接车时,应在引导人员接车地点标处(未设的,引导人员应在进站信号机、进路信号机或站界标外方)显示引导手信号接车。列车头部越过引导信号,即可关闭信号或收回引导手信号。

(3)出站信号机发生故障时,由于进站信号机不能显示通过信号,为避免列车在出站信号机前停车,除按规定递交行车凭证外,对通过列车应事先预告司机,并显示通过手信号(昼间展开的绿色信号旗;夜间绿色灯光),使列车不停车通过车站。来不及向司机预告时,可使通过列车在车站停车,司机收到凭证后再开车。

出站信号机故障时,可采用调车进路方式排列进路,也可采用单独操纵、单独锁闭的方式准备进路;如道岔区段轨道电路故障时,须将故障区段的道岔单独锁闭,以防故障修复或自行消失后该区段道岔错误解锁。但对进路上失去表示的道岔、现场手摇操作后的道岔、无联锁的道岔和邻线上的有关防护道岔,必须按规定施行人工加锁。

(4)装有发车进路表示器、反方向发车表示器或发车线路表示器的出站信号机,当表示器显示不良时,由办理发车人员口头通知司机后,列车可凭出站信号机的显示出发。

10. 接发列车与调车作业

1)在正线、到发线上的调车作业

站内正线、到发线主要是为办理列车通过和接发使用的。在线路比较紧张的车站,特别

是在中间站,必须在正线、到发线进行调车作业时,要处理好接发列车和调车作业的关系。调车与接发列车一般情况下是局部与整体的关系,为保证列车安全、正点和不间断地接发,调车作业应服从接发列车作业。

车站值班员是接发车工作的指挥者,掌握正线和到发线的作用,对列车运行情况应当心中有数,对保证车站不间断接发列车负有直接责任。因此占用正线和到发线的调车作业都必须经过车站值班员的准许,以便做出全面安排。

在接发列车时,按《站细》规定的时间停止影响进路的调车作业。接发客运列车时,对相邻线路上禁止的调车作业,也应在规定时间内停止,严禁抢钩作业。特别是在开行特快旅客列车的区段,更要严格遵守,甚至要提前停止影响进路的调车作业,绝对禁止抢钩作业。因为特快旅客列车运行速度高、制动距离长。同时为保证列车的正点,若频繁减速运行,势必影响列车的速度。

2）接发客运列车对调车作业的限制

接发客运列车时,与接发列车进路没有隔开设备或脱轨器的线路,不准向能进入接发列车进路的方向进行调车作业。但本务机车在停留线路内摘挂、列车拉道口时除外。

3）越出站界调车

越出站界调车,是指利用列车占用区间的间隙时间,调车车列越过进站信号机或站界标进入区间的调车作业,是在区间空闲(自动闭塞为第一闭塞分区空闲)的情况下,进入区间调车的一种方法。由于闭塞设备及区间线路数目不同,为了调车作业安全,办理方法及凭证也不尽相同。

行车设备等情况符合下述条件之一时,经车站值班员口头准许并通知司机后,方可出站调车。

①双线区间正方向,必须区间(自动闭塞区间为第一闭塞分区)空闲;单线自动闭塞区间,闭塞系统必须在发车位置,第一闭塞分区空闲。

以上情况占用区间(闭塞分区)的权限完全在作业站,对方站不能发车。

②双线反方向和单线半自动闭塞区间出站调车时,须有停止基本闭塞法的调度命令,与邻站办理电话闭塞手续,并发给司机出站调车通知书,方可出站调车。前者占用区间权限完全属于对方站,且反方向无闭塞设备;后者占用区间权限不完全属于本站,虽然能办理闭塞,但因是出站调车,压不上接车站轨道电路,两站闭塞机不能正常复原。因此,两者都要用电话闭塞办理出站调车手续。

③出站调车需要填写通知书。出站调车通知书应由车站值班员填写,当调车机车距行车室较远时,可由扳道员按车站值班员的指示填写,格式如图3-13所示。

出站跟踪调车通知书
对方站承认的号码第＿＿＿＿＿＿＿＿＿＿＿＿号,
准许自至 时 分起止＿＿＿＿机车由车站向＿＿＿＿区间出站跟踪调车。
站(站名印)车站值班员(扳道员)签名
年 月 日填发

注:不用的字句抹消。 　　　　　　　　　　　　　　　　　　　　　（规格 90 mm × 130 mm）

图3-13　出站跟踪调车通知书

注意:调车车列应在限定的时间内返回站内,以免影响列车运行;待出站调车作业完毕,全部退回站内并不妨碍列车进路时,车站值班员应将出站调车通知书收回,与邻站办理区间开通手续。

出站调车的限定时间内不受进、出站次数限制,但在限定的时间内退回车站待避列车后,再需继续出站调车时,应重新办理手续,不得使用原调车通知书;车站值班员应在控制台或闭塞机上揭挂"出站调车"标示牌(帽),以防遗忘。

4)跟踪出站调车

在单线区间或双线正方向线路上,间隔一定的距离或时间,跟随在出发列车后面越过进站信号机或站界标,在站界外500 m内进行的调车作业,称为跟踪出站调车。跟踪出站调车作业,只准在单线区间及双线正方向的线路上办理。

双线反方向行车已属于特殊情况,若再进行跟踪出站调车,则势必增加不安全因素,从必要性和安全性的角度考虑都不适当,因此禁止双线反方向跟踪出站调车。

在先发列车尾部越过预告信号机(或靠近车站的第一个预告标)或《站细》规定的间隔时间后,方可跟踪出站调车,如图3-14所示。

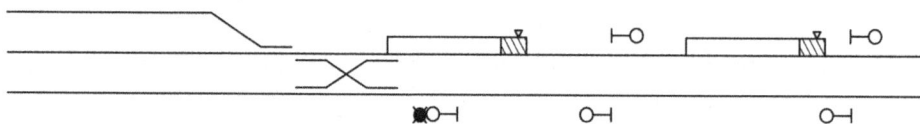

图3-14 跟踪出站调车示意图

跟踪出站调车最远不得越出站界500 m,因为由区间退回的列车,没有得到后方站车站值班员准许,不得退行到预告信号机或车站最外方预告标的内方,这样,调车车列可以保证与由区间返回的列车保持300 m以上的安全距离。

跟踪出站调车应办理的手续如下。

(1)须经列车调度员口头准许,以免跟踪出站调车作业影响其他列车运行。

(2)得到邻站车站值班员同意,防止跟踪出站调车车列全部返回车站前,两站误办闭塞等情况,使其他列车进入区间。

(3)发给调车司机跟踪调车通知书。

填写时,应将"出站"字样及"对方站承认的号码第_____号"字样抹掉,跟踪调车通知书允许由扳道员根据值班员的命令填发。跟踪调车作业完毕,车站值班员确认跟踪调车通知书收回后,向邻站发出电话记录号码。列车虽已到达邻站,但跟踪调车通知书尚未收回时,禁止办理区间开通手续。

禁止跟踪出站调车的情况如下。

(1)出站方向区间内有瞭望不良的地形,或有长大上坡道(站名表由铁路局集团公司公布)。因前发列车因故停车时,一旦制动失效,有溜回车站的可能,如有跟踪调车,就会发生正面冲突。

(2)先发列车需由区间返回,或挂有由区间返回的后部补机。

(3)一切电话中断。

(4)大雾、暴风、雨雪时,因瞭望不便,禁止办理跟踪调车。

六、列车在区间被迫停车的处理

除列车按运行图或调度命令的要求在区间有计划停车外,其他因自然灾害、设备故障、事故等原因,造成列车在区间停车,称为列车在区间被迫停车。

列车在区间被迫停车可能造成列车脱轨、颠覆、货物脱落,甚至列车追尾;双线区间还可能妨碍邻线,从而中断行车。所以,造成被迫停车时,司机、车辆乘务员应迅速判明情况,及时报告两端车站及列车调度员,并采取积极措施,防止事故扩大,以最短时间恢复行车。

1. 响墩及火炬信号的使用方法

响墩、火炬、短路铜线及停车手信号旗(灯)等都属于防护用品。在线路发生灾害、故障及列车在区间被迫停车时,用其进行防护。

1)响墩的使用方法

响墩为听觉信号,其外部为铁壳,内部为炸药,呈扁圆形。铁壳上有一条铁带,放置在钢轨上时起固定响墩的作用。

使用响墩时,每三个为一组,在距离防护对象不少于规定距离的来车方向的左侧钢轨上放置第一个响墩,然后在向外 20 m 来车方向的右侧钢轨上放置第二个响墩,再在向外 20 m 来车方向的左侧钢轨上放置第三个响墩。响墩放置好后,防护人员返回到距第一个响墩内方 20 m 的线路外侧,手持停车信号进行防护,如图 3-15 所示。当开来的列车轧上响墩后,就会发出有均匀节奏的爆炸声,便于司机发觉并及时停车。响墩不应放置在道口、道岔、钢轨接头、无碴桥上和隧道内,以及有特殊设备、积雪和浸水地点;如设置地点恰在上述位置时,应向外延伸。

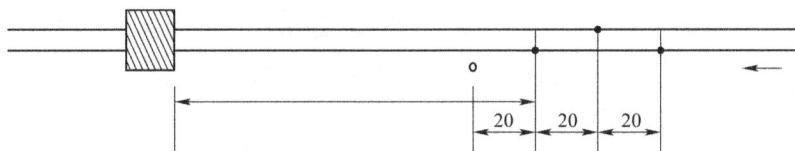

图 3-15 响墩放置方法示意图(尺寸单位:m)

2)火炬信号的使用方法

火炬信号为夜间使用的视觉信号,火炬燃烧时发出的红色火光要求列车紧急停车。

火炬分为投掷式和柱插式两种。使用火炬时,先取下擦火帽,露出发火药头,再用擦火帽擦发火药头,使之燃烧后,投掷式放于道心;柱插式与地面向外45°角插于道心;每支火炬点燃后可燃烧 7~10 min。

3)执行响墩、火炬信号的要求

响墩的爆炸声及火炬信号的火光,均要求列车紧急停车。列车停车后如无防护人员,机车乘务人员应立即检查前方线路,如无异状,列车以在瞭望距离内能随时停车的速度继续运行,但最高不得超过 20 km/h。在自动闭塞区间,运行至前方第一个通过信号机前,如无异状,即可按该信号机显示的要求执行;在半自动闭塞区间,经过 1 km 后,如无异状,可恢复正常速度运行。

2.列车在区间被迫停车时的处理

1)及时处理

列车在区间被迫停车后,不能继续运行时,司机立即使用列车无线调度通信设备通知两端站(列车调度员)及车辆乘务员(随车机械师),报告停车原因和停车位置,根据需要迅速请示救援。由于列车都装有列车无线调度通信设备,迅速使用列车无线调度通信设备是首先要办的。司机首先通知追踪列车、后方站及前方站,以及列车调度员。在有车辆乘务员(随车机械师)值乘时,通知车辆乘务员(随车机械师)。

需要防护时,列车前方由司机负责,列车后方由车辆乘务员(随车机械师)负责,无车辆乘务员(随车机械师),则由列车乘务员负责。配备列车防护报警装置的列车,应首先使用列车防护报警装置进行防护。单班单司机值乘的列车防护作业办法由铁路局集团公司规定。如遇自动制动机故障,动车组以外的旅客列车司机通知车辆乘务员,立即组织列车乘务人员拧紧全列人力制动机,以保证就地制动;其他列车司机应立即采取安全措施,并向车站值班员(列车调度员)报告,请求救援。对已请求救援的列车,不得再行移动,并按规定对列车进行防护。

车站值班员(列车调度员)接到司机的通知后,应将区间内列车运行情况通知司机,并立即使用列车无线调度通信设备转告区间内有关列车。在停车原因消除前不得再放行追踪、续行列车。需组织旅客疏散时,车站值班员得到列车调度员准许后,扣停邻线列车并通知司机,司机通知有关作业人员办理。

列车在区间被迫停车可能妨碍邻线时的处理,司机应立即用列车无线调度通信设备通知邻线上运行的列车和两端站(列车调度员),并与车辆乘务员(随车机械师)分别在列车的头部和尾部附近邻线上点燃火炬;在自动闭塞区间,还应对邻线来车方向短路轨道电路。配备列车防护报警装置的列车应首先使用列车防护报警装置进行防护。司机应亲自或指派人员沿邻线一侧对列车进行检查,发现妨碍邻线时,应立即派人按规定防护。如发现邻线有列车开来时,应鸣示紧急停车信号。

车站值班员(列车调度员)接到列车在区间被迫停车可能妨碍邻线的通知后,在原因消除前不得向邻线放行列车。

2)列车在区间被迫停车后的防护

列车在区间被迫停车后,为保证行车安全,需要根据具体情况,对被迫停车的列车按《铁路技术管理规程》(普速铁路部分)要求,使用响墩进行防护。其具体规定如下。

(1)已请求救援时,从救援列车开来方向(不明时,从列车前后两个方向),距离列车不少于300 m处防护,如图3-16所示。

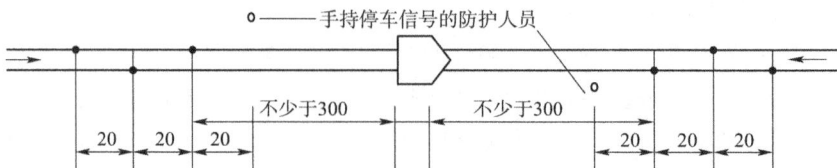

图3-16 已请求救援列车的防护(尺寸单位:m)

（2）电话中断后发出的列车［持有《铁路技术管理规程》（普速铁路部分）"附件3"通知书1的列车除外］，应于停车后，立即从列车后方按线路最大速度等级规定的列车紧急制动距离位置处进行防护，如图3-17所示。

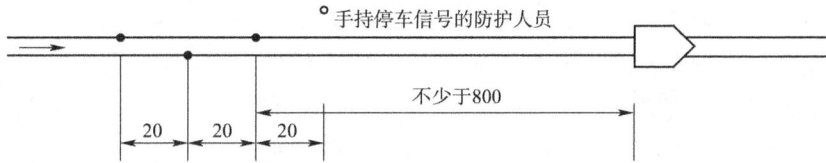

图3-17 有追踪列车的防护（尺寸单位：m）

（3）如妨碍邻线行车时，应从两个方向按线路最大速度等级规定的列车紧急制动距离位置处组织防护；如确知列车开来方向时，仅对来车方向进行防护，如图3-18所示。

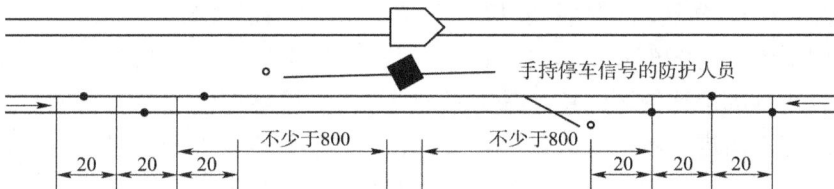

图3-18 妨碍邻线行车的防护（尺寸单位：m）

（4）列车分部运行，机车进入区间挂取遗留车辆时，应从车列前方距离不少于300 m处进行防护，如图3-19所示。

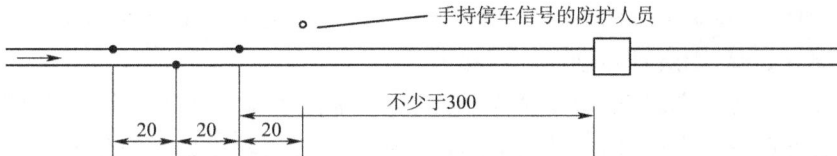

图3-19 分部运行机车挂取遗留车辆的防护（尺寸单位：m）

由于撤除响墩往返步行时间较长，为了尽量减小列车在区间被迫停车对运输秩序的影响，提高运输效率，停车原因消除后，防护人员可不撤除响墩。

3. 列车在区间被迫停车后的行车组织

1）列车退行

列车在途中因自然灾害、线路故障、坡停等原因被迫停车后，在不得已情况下，会产生列车退行的情况，退行的有关规定在后文有所叙述。

2）列车分部运行

列车分部运行的方法费时较多，且有较严格的安全限制，但在列车已接近前方站而附近又无适当机车担当救援，以及列车在困难区间被迫停车时，采用分部运行的方法，可使列车全部通过该区间，避免列车退行后还要再次通过该区间，也可避免列车退行时由于操纵困难造成的不安全因素。列车因断钩而被迫停车时，一般也适宜分部运行。

3）派救援列车进入区间救援

在不适宜采用列车退行或分部运行而附近又有适当机车可担当救援时；列车在区间由于机车故障而被迫停车时；列车因断钩分离而被迫停车，后部车列的前部车钩损坏而又无法更换时,均应采用派机车进入区间救援的方法。列车在站内靠近前方站的区间内因牵引力不足而被迫停车,站内又有等会列车或调车机车时,采用派机车救援的方法会比较方便和节省时间。

派机车进入区间救援的关键是救援计划的确定、被迫停车列车的防护,以及救援列车进入区间的调度命令。列车调度员应根据列车被迫停车的原因、区间线路和气候情况等具体条件确定安全稳妥的处理方法。未接到区间被迫停车列车的救援请求,或未与被迫停车列车的司机取得联系、确定施行救援以前,列车调度员即使通知列车已在区间被迫停车,也不得向区间发出救援列车。

派机车进入区间救援时,应确定救援计划。列车调度员应清楚了解列车在区间被迫停车的原因、列车重量、救援机车的机型和牵引力、线路坡度以及通过桥梁时对机车的隔离限制条件等情况。受桥梁隔离限制时,救援机车应顶推一定数量隔离车进入区间。如果预计救援机车牵引不动被迫停车的列车时,可在救援机车连挂被迫停车列车后再采用分部运行的方法。在禁止分部运行的区间或距后方站较近时,也可推进运行至后方站。担当救援的机车在列车尾部方向进行救援时,最好牵引返回后方站,特别是在被迫停车列车的本务机车发生故障时,更不宜推进运行,以免本务机车不能操纵而造成其他事故。从列车尾部方向救援停于上坡道方向的列车时,则应视列车重量、坡道状况等条件决定向后方站运行,以免前后机车配合不当,发生其他事故。

救援计划确定后,列车调度员应向司机通知救援机车进入区间的方向和救援办法,指示司机不要移动列车,在来车方向做好防护。救援计划一经确定和布置后,不应随便变更。若必须变更救援计划时,则应重新彻底联系和布置。

向区间发出救援列车时,应发布调度命令封锁区间,以调度命令作为救援机车进入区间的行车凭证。在调度命令中,应向执行救援任务的司机指明救援地点的公里数(被迫停车列车靠近救援列车一端的停车地点)、救援方法和安全注意事项。有关数据要核对无误,抄收命令者要复诵清楚。

在救援机车牵引被迫停车列车回站后,列车调度员应与司机核对,确认区间空闲无障碍物后,方可发布调度命令开通区间。

4.列车分部运行办法

列车在区间内发生断钩、坡停、制动主管破裂、脱轨等事故被迫停车,不能继续运行,而需分批运行到前方站或后方站的办法,称为列车分部运行。

列车在区间被迫停车后,在不得已的情况下,列车必须分部运行时,司机应使用列车无线调度通信设备报告前方站和列车调度员,并做好遗留车辆的防溜(即对尾部车辆紧贴车轮踏面安放铁鞋或止轮器后,再拧紧不少于规定数量的手制动机)和防护工作。

司机在记明遗留车辆辆数和停留位置后,方可牵引前部车辆运行至前方站。在运行中仍按信号机的显示进行,但在半自动闭塞区间,该列车必须在进站信号机外停车(司机已用列车无线调度通信设备通知车站值班员列车为分部运行时除外),将情况通知车站值班员后再进站。

车站值班员应立即将列车分部运行的情况报告列车调度员。列车调度员应立即向区间停车的两端站发布命令封锁区间,并派出救援单机到停车地点挂取遗留车辆。

遗留车辆拉回车站,车站值班员确认区间空闲后,报告列车调度员。列车调度员接到区间空闲的报告后,向关系区间的两端站发布开通区间的调度命令。

考虑到货物列车上只有两名乘务人员,组织列车分部运行时,对遗留车辆的看守、防护、防溜工作十分困难,极易发生行车事故,对运输造成更大影响,为了安全起见,《铁路技术管理规程》(普速铁路部分)明确规定了下列五种情况下,列车不准分部运行:采取措施后可整列运行时;对遗留车辆未采取防护、防溜措施时;遗留车辆无人看守时;司机与车站值班员及列车调度员均联系不上时;遗留车辆停留在超过6‰坡度的线路上时。

5.列车退行的有关规定

为了保证行车安全,《铁路技术管理规程》(普速铁路部分)对列车在区间因自然灾害、线路故障、坡停等原因被迫停车后不能继续前进时,能否退行以及准许退行时的退行办法,做了如下规定。

1)下列情况时列车不准退行

(1)按自动闭塞法运行时(列车调度员或后方站车站值班员确知区间内无列车,并准许时除外)。其目的是防止退行列车与追踪列车发生冲突。

(2)在降雾、暴风雨雪及其他不良条件下,难以辨认信号时。其原因是瞭望困难,盲目退行可能会危及行车安全。

(3)一切电话中断后发出的列车[持有《铁路技术管理规程》(普速铁路部分)"附件3"通知书1的列车除外]。其目的是防止与一切电话中断后间隔一定时间开出的续行列车发生冲突;持有《铁路技术管理规程》(普速铁路部分)"附件3"通知书1(即第××次列车到达你站后,准接你站发出的列车)的列车,由于后面没有续行列车,故被迫停车后可以退行。

持有因区间内施工不准退行调度命令的列车,不准退行。

挂有后部补机的列车,除上述情况外,是否准许退行,由铁路局集团公司规定。

2)允许退行列车的退行办法

除上述禁止退行的列车外,列车必须退行时,应执行下列要求。

(1)在不得已的情况下,列车必须退行时,车辆乘务人员或随车机械师(无车辆乘务人员或随车机械师时为指派的胜任人员)应站在列车的尾部注视运行前方,发现危及行车或人身安全时,应立即使用紧急制动阀(紧急制动装置)或使用列车无线调度通信设备通知司机,使列车停车。

(2)列车退行速度不得超过15 km/h。退行列车未得到后方站(线路所)车站值班员准许,不得退行到车站最外方预告标或预告信号机(双线区间为邻线预告标或特设的预告标)的内方。

(3)车站接到列车退行的报告后,除立即报告列车调度员外,根据线路占用情况,可开放进站信号机或按引导办法将列车接入站内。

(4)动车组列车在区间被迫停车后须返回后方站时,车站值班员确认动车组列车至后方站间已空闲后,经列车调度员同意后,通知司机返回。司机根据车站值班员的通知,在动车组列车运行方向(折返)前端操作,运行速度不得超过40 km/h,按进站信号机显示进站。

6.其他事故处理

1)列车发生火灾、爆炸的应急处理

(1)列车发生火灾、爆炸时,须立即停车(停车地点应尽量避开特大桥梁、长大隧道等)。电气化区段,现场需停电时,应立即通知供电部门停电。

(2)列车需要分隔甩车时,应根据风向及货物性质等情况而定。一般为先甩下列车后部的未着火车辆,再甩下着火车辆,然后依次将未着火车辆拉至安全地段。

对甩下的车辆,由车站人员(在区间由司机、车辆乘务人员)负责采取防溜措施。

2)汛期暴风雨行车的应急处理

(1)列车通过防洪危险地段时,司机要加强瞭望,并随时采取必要的安全措施。

(2)当洪水漫到路肩时,列车应按规定限速运行;遇有落石、倒树等障碍物危及行车安全时,司机应立即停车,排除障碍并确认安全无误后,方可继续运行。

(3)列车遇到线路塌方、道床冲空等危及行车安全的突发情况时,司机应立即采取应急性安全措施,并立刻通知追踪列车、邻线列车及邻近车站。配备列车防护报警装置的列车,应首先使用列车防护报警装置进行防护。

3)列车运行途中发生车辆故障的应急处理

(1)发现客车车辆轮轴故障、车体下沉(倾斜)、车辆剧烈振动等危及行车安全的情况时,须立即采取停车措施。由司机、车辆乘务人员检查,对抱闸车辆应关闭截断塞门,排除副风缸中的余风,确认安全无误后,方可继续运行;如车轮踏面损坏超过限度或车辆故障不能继续运行时,应甩车处理。

(2)列车调度员接到热轴报告后,应按热轴预报等级要求果断处理。必要时,立即安排停车检查(司机应采用常用制动,列车停车后由车辆乘务人员负责检查,无车辆乘务人员的,由司机确认能否继续安全运行)或就近站甩车处理。

(3)遇客车安全监控系统报警或其他故障需要列车限速运行时,车辆乘务人员应使用列车无线调度通信设备通知司机,由司机报告车站值班员、列车调度员。

重型轨道车上均应备有复轨器,有关乘务人员应掌握复轨器的使用方法。

7.救援列车的开行办法

1)救援列车的请求与派遣

请求:一般由司机或工务、电务、供电等人员报告车站值班员,车站值班员立即报告列车调度员请求救援。

派遣:列车调度员接到请求开行救援列车的报告后,应及时报告领导,根据领导指示,向事故区间两端站发布封锁区间的调度命令,并根据具体情况向有关单位发布调度命令。救援列车依据列车调度员发布的救援列车的出动命令出动,一般规定救援列车在接到救援列车的出动命令后30 min内出动,开往事故现场。

救援列车的出动命令,由铁路局集团公司机车调度员发布;需要邻局出动救援列车时,由国铁集团机车调度员发布。

2)开行救援列车的凭证

救援列车运行在非封锁区间时,仍使用原区间基本闭塞法规定的行车凭证。各站优先办理接发,尽可能使其在站通过,任何人不得耽误和拖延时间。

救援列车进入封锁区间时,不办理行车闭塞手续,以列车调度员的命令作为进入封锁区间的许可。命令中应包括往返车次、运行速度、事故地点、工作任务及注意事项等。当列车调度电话不通时,应由接到救援请求的车站值班员根据救援请求办理,救援列车以车站值班员的命令作为进入封锁区间的许可。司机接到救援命令后,机车乘务员必须认真确认。命令不清、停车位置不明确时,不准动车。

3)救援列车进出封锁区间的联系

救援列车每次进入封锁区间或返回车站,均应报告列车调度员并通知对方车站。其内容为到发时刻、拉回车数、救援进度及要求等,以便列车调度员及对方车站安排救援人力、材料等。

较复杂的事故救援,为了及时与列车调度员联系,加快救援速度,两端车站同时向事故现场开行救援列车时,可在事故现场设立临时线路所。该所值班员即为该区间向两端站办理行车的指挥人。此时,车站每次向线路所开行救援列车时,必须取得线路所值班员的同意,以便及时做好接车前的准备和防护工作。临时线路所值班员每次向两端站发车时,也要征得车站值班员或列车调度员的同意。区间设临时线路所时,列车进入区间的行车凭证仍为调度命令。

4)现场指挥

发往事故现场的第一趟救援列车要有站长或车站值班员随乘(必要时,由列车调度员指定事故区间一端车站站长或车站值班员提前赶赴事故现场),并携带必要的行车备品。其目的是在事故调查处理委员会人员到达前负责指挥有关行车工作。需要成立临时线路所时担任线路所值班员,因为站长或车站值班员熟悉当地厂、矿、企业、农村情况,便于安排、组织事故救援。列车分部运行挂取遗留车辆时,因作业简单,站长或车站值班员不必随乘救援单机到事故现场。

救援列车进入封锁区间后,在接近被救援列车或车列 2 km 时,要严格控制速度。同时,使用列车无线调度电话与请求救援的机车司机进行联系,或以在瞭望距离内能够随时停车的速度运行(最高不得超过 20 km/h),在防护人员处或压上响墩后停车,联系确认,并按要求进行。

5)事故区间开通手续

列车调度员接到事故现场负责人开通区间的请求,并查明区间确已空闲后,方可发布开通区间的调度命令。若调度电话不通时,则由接到事故现场负责人开通区间请求的车站值班员与对方站联系,查明区间确已空闲,可直接与对方站办理区间开通手续。

七、施工及路用列车的开行

1.施工要求

凡影响行车的施工、维修作业,不得利用列车间隔进行(特别规定的慢行施工除外),都必须纳入天窗。线路、桥隧、信号、通信、接触网及其他行车设备的施工、维修,力争开通后不降低行车速度。

2.施工计划的申请与审批

封锁线路、慢行施工和停用信号、联锁、闭塞设备及其他影响行车设备的施工,必须纳入月度施工方案。施工单位应在前一个月提出计划报铁路局集团公司。施工单位上报的施工计划内容应包括施工区间、施工地段起止公里、施工时间、施工项目、对列车运行的影响及要求。运输部门在编排施工方案中,应把各单位在同一地段的施工安排在同一时间内进行平行作业,并明确施工主体单位。施工方案应以局命令下达有关站、段及施工单位。

因封锁区间,跨局列车的停运由有关铁路局集团公司商定,须经由外局线路迂回运输时,由国铁集团批准。

3.封锁区间施工

封锁区间施工时,施工领导人应确认已做好一切施工准备,按批准的施工方案,在车站行车设备检查登记簿内登记,通过车站值班员向列车调度员申请施工。车站值班员应尽快与列车调度员取得联系,并根据封锁或开通命令,在闭塞机或闭塞电话上揭挂或摘下封锁区间表示牌。列车调度员应保证施工时间,并向施工区间的两端站、有关单位的施工领导人及时发出实际施工命令。施工领导人接到调度命令,确认施工起止时刻,设好停车防护后,方可开工,并保证在规定时间内完成。施工单位及设备管理单位应严格掌握开通条件,经检查满足放行列车的条件,且设备达到规定的开通速度要求,办理开通登记后,通过车站值班员通知列车调度员开通区间。如因特殊情况不能按时开通区间或不能按规定的开通速度运行时,应提前通知车站值班员,要求列车调度员延长时间或限速运行。

临时封锁区间施工,施工领导人应通过车站值班员与列车调度员联系。列车调度员应以调度命令将准许施工起止时刻通知两端站车站值班员及施工领导人。施工领导人必须确认施工起止时刻,设好停车防护,并在规定的时刻终止前,将线路恢复到准许放行条件;施工结束后撤除防护信号,由施工负责人通知车站值班员开通线路。

施工封锁前,通过施工地点的最后一趟列车前进方向为坡度不大于6‰的上坡道时,列车调度员可根据施工领导人的要求,在施工命令中规定该次列车通过施工地点后即可开工,列车到站后,再封锁区间。上述命令应抄交司机,该列车不得后退。

遇有施工又必须接发列车的特殊情况时,按以下规定办理。

(1)车站采用固定进路的办法接发列车。施工开始前,车站须将正线进路开通,并对进路上所有道岔按规定加锁(有关道岔密贴的确认及具体的加锁办法,由铁路局集团公司规定)。

(2)引导接车并正线通过时,准许列车司机凭特定引导手信号的显示,以不超过60 km/h的速度进站。

(3)准许车站不向司机递交书面行车凭证和调度命令。但车站仍按规定办理行车手续,并使用列车无线调度电话(其通信记录装置须作用良好)将行车凭证号码(路票为电话记录号码、绿色许可证为编号)和调度命令号码通知司机,得到司机复诵正确后,方可显示通过手信号。列车凭通过手信号通过车站。

在区间或站内线路、道岔上封锁施工作业时,施工单位在车站行车室设驻站联络员,施工地点设现场防护人员。驻站联络员和现场防护人员应由指定的、经过考试合格的人员担任。施工负责人可指派驻站联络员负责在车站办理施工封锁及开通手续,通报列车运行情况,并向车站值班员传达开通线路请求。驻站联络员和现场防护人员在执行防护任务时,应佩戴防护标志,携带通信设备;现场防护人员还应携带必备的防护用品,随时观察施工现场和列车运行情况。发现异常情况时,应及时通报车站值班员和施工负责人。

驻站联络员要随时与防护人员保持联系,如联系中断,防护人员应立即通知施工负责人停止作业,必要时将线路恢复到准许放行列车的条件。

线间距不足 6.5 m 地段施工维修而邻线行车时,邻线列车应限速 160 km/h 及以下,并按规定设置防护。施工单位在提报施工计划时,应提出邻线限速的条件。邻线来车时,现场防护人员应及时通知停止作业人员,机具、物料或人员不得在两线间放置或停留,并应与列车保持安全距离,物料应堆码放置牢固。

凡妨碍行车的施工及故障地点的线路,均应设置防护。

未设好防护,禁止开工。线路状态未恢复到准许放行列车的条件,禁止撤除防护、放行列车。施工防护信号的设置与撤除,由施工负责人决定。

多个单位在同一个区间施工时,原则上应分别按规定进行防护,由施工主体单位负责划分各单位的范围及分界。

4.路用列车的开行

路用列车是专为运输铁路内部自用物资而开行的列车。

路用列车运行在非封锁区间时,仍按该区间的行车闭塞法运行。向施工封锁区间开行路用列车时,列车进入封锁区间的行车凭证为调度命令,该命令中应包括列车车次、运行速度、停车地点、停车时间、到达车站的时刻等有关事项,需限速运行时在命令中一并注明。

注意:向施工封锁区间开行路用列车,原则上每端只准进入一列路用列车,如超过时,其安全措施及运行办法由铁路局集团公司规定。路用列车应由施工单位指派胜任人员携带列车无线调度通信设备值乘,并在区间协助司机作业。路用列车进入施工地段时,应在施工防护人员显示的停车手信号前停车,根据施工负责人的要求,按调车办法进入指定地点。路用列车在区间卸车时,卸车负责人应指挥列车停于指定地点。卸车完毕后,卸车负责人应负责检查装卸货物的装载、堆码状态,确认限界,清好道沿,关好车门后通知司机开车。

八、站内设备的检修及故障处理

1.站内设备的检修

影响设备使用的检修均纳入天窗进行。在车站(包括线路所、辅助所)内及相邻区间、列车调度台检修行车设备,影响其使用时,事先须在行车设备检查登记簿内登记,并经车站值班员(列车调度员)签认,或由扳道员、信号员取得车站值班员同意后签认(检修驼峰、调车场、货场等处不影响接发列车的行车设备时,签认人员在《站细》内规定),方可开始。

车站有关行车人员需要使用正在检修中的设备时,须经检修人员同意。设备检修完毕,检修人员应将其结果记入行车设备检查登记簿。

为了确保行车安全,对处于闭塞状态的闭塞设备和办理进路后处于锁闭状态的信号、联锁设备,严禁进行检修作业。

2.线路设备故障危及行车安全时的处理

沿线工务人员发现线路设备故障危及行车安全时,应立即连续发出停车信号和以停车手信号防护,还应迅速通知就近车站和工长或车间主任,并采取紧急措施修复故障设备;如不能立即修复故障设备时,应封锁区间或限速运行。

车站值班员接到区间发生故障的报告后,应立即通知有关列车停车,并报告列车调度员。

必要时进入该区间的第一趟列车由工务部门的工长或车间主任随乘。列车在故障地点停车后继续运行时,应根据随乘人员的指挥办理。

3.信号、通信设备故障危及行车安全时的处理

车站值班员发现或接到行车设备故障的报告后,应立即通知设备管理单位相关人员,并在行车设备检查登记簿内登记。列车调度员发现或接到调度台设备故障的报告后,应立即通知设备管理单位相关人员,并在行车设备检查登记簿内登记。设备管理单位应在行车设备检查登记簿内签认,并尽快组织修复。对暂时不能修复时,应登记停用内容和影响范围,并注明限制条件。

设备维修人员发现信号、通信设备故障危及行车安全时,应立即通知车站,并积极设法修复;如不能立即修复时,应停止使用,同时报告工长、车间主任或电务段、通信段调度,并在行车设备检查登记簿内登记。

4.铁路职工发现设备故障危及行车安全时的处理

铁路职工或其他人员发现设备故障危及行车和人身安全时,应立即向开来列车发出停车信号,并迅速通知就近车站、工务、电务或供电人员。

引用规章

《铁路技术管理规程》(普速铁路部分)第331条~第407条。

引用规章链接3-2

《铁路技术管理规程》(普速铁路部分)第331条~第407条

案例3-2 掌握列车运行工作的相关规定(列车运行的规定)

案例3-3 掌握列车运行工作的相关规定(接车与发车规定)

案例3-4 掌握列车运行工作的相关规定(列车被迫停车后的处理)

案例3-5

掌握列车运行工作的
相关规定(列车分部
运行及退行规定)

案例3-6

掌握列车运行工作的
相关规定(施工及路用
列车的开行规定)

案例3-7

掌握列车运行工作的
相关规定(救援列车的
开行规定)

拓展提升

一、知识巩固

1. 自动闭塞区间运行方法的列车行车凭证是什么？
2. 半自动闭塞区间运行方法的列车行车凭证是什么？
3. 电话闭塞区间运行方法的列车行车凭证是什么？
4. 列车运行的条件有哪些规定？
5. 货物列车在技术站发车前的主要工作有哪些？
6. 接车与发车的规定有哪些？
7. 列车在区间被迫停车时，如何处理？
8. 施工及路用列车的开行有哪些规定？

二、技能训练

2013 年 4 月 3 日 4：45，南宁铁路局来宾站，车站值班员交待信号员："Ⅱ 道 27016 次列车跟着 K458 次列车开"，然后就去上厕所。其间信号员分别与良江、凤凰站办理好 K458 次列车(办理客运业务)接发车预告手续，并准备好 K458 次 12 道接车进路，5：00，K458 次列车正进入 12 道时，信号员误认为准备进站的 K458 次列车为 K486 次列车(不办理客运业务)，开放 12 道上行出站信号机，并与司机进行行车机联控："客车 K458 次 12 道发车，去凤凰方向。"司机复诵后询问："停车啊"，信号员回答："不停了，计划改了"。K458 次列车于 5：03 过来宾站，车站值班员 5：04 回到信号楼后才发现 K458 次列车已错办通过。

请分析以上事故发生的原因。

三、素养培育

站好最后一班岗的"行车指挥官"

2023 年 12 月 19 日 7：50，身着深蓝色工服的中国铁路哈尔滨局集团公司哈尔滨南站调度车间车站值班员王玲像往常一样参加完点名会后，来到调度大厅第二排左手边第一个工位上坐下，与交班人员简单沟通几句，便开始在计算机上浏览车流情况。

"王姐一退休，咱们值班组就又成'男人帮'了。"同班的工友们亲热地与王玲打着招呼。"今天是最后一个班了，咱得安安全全地站好最后一班岗！"王玲话音未落，一阵急促的电话铃声响起。她抓起电话，发出本班第一道作业指令："电 430 机务段至机待线，确认调车信号。"

2018 年 1 月,由于电子货票全面投入使用,王玲所在的车号员岗位面临大批转岗。别的女职工都倾向于选择食堂服务员、清扫员等相对轻松的岗位,而一向不服输的王玲挑战车站值班员岗位,经过层层选拔后成为哈尔滨南站首位女值班员。

车站值班员是铁路运输接发列车工作的统一组织者,担负着铁路运输行车指挥协调、组织管理的重要职责。特别是在哈尔滨南站,每班 10 多个小时的高强度作业,平均每小时发出五六列车,每间隔 9~10 min 办理一批作业。每批作业大约需要 50 min,漏掉一个作业环节、耽误一分钟、少说一句话都可能造成列车晚点。作业繁忙时,即便上个厕所都要小跑,更别提每顿饭都吃得断断续续。这样高强度、快节奏的工作连许多男职工都望而却步。但王玲不怕,她说:"啥工种不都得有人干,男同志能干的,女同志也一定能干。"

冬运以来,他们的工作异常繁忙,全站日均办理货车 18000 辆左右,加上哈尔滨市连续遭遇两场极端暴雪天气,行车指挥工作分外艰难。王玲每个班都忙得像个陀螺一样,大脑时刻在运转,嗓子喊得直冒烟。

2023 年 12 月 9 日,她与工友们奋战一天一夜,办理货车达 19140 辆,创近 9 年以来货运办理量新高。每日同样的工作并未让王玲觉得平淡枯燥,每发出一列列车,她都会开心一下,每处理一个工作中突发的问题,她都会欣慰。但同时,由于工作压力大,加上长期饮食和睡眠不规律,担任车站值班员 5 年间,王玲不但收获 10 kg"压力肥",还饱受脱发、腰肌劳损困扰,头顶和鬓角处也偷偷冒出了些许白发。

谈起退休后的生活,王玲说:"好好睡觉,好好吃饭,把长期倒班形成的生物钟和坏习惯调整过来。"话虽如此,她知道,在很长一段时间内,她还是会在固定时间醒来,每听到电话铃声就精神一振……

(资料来源:工人日报、中国国家铁路集团有限公司官方网站)

请对上述案例进行讨论,铁路车站行车工作领域的女职工不多,能从事车站值班员岗位的女职工更是凤毛麟角,王玲同志就是其中一位,我们从王玲同志身上能够学到哪些可贵品质?

信号显示的相关规定

项目背景

铁路信号的作用是保证列车运行和调车作业安全、提高运输效率、改善行车工作人员的劳动条件。利用信号的不同显示，向列车或调车车列发出运行条件、线路状况等信息，以便司机和其他行车人员确认，从而操纵列车或掌控调车的速度，指挥列车通过、进站、出站或停车。因此，铁路信号是指挥列车运行及调车工作的命令，有关行车工作人员必须严格执行，不得臆测行车，以免酿成行车事故。

建议学时

12 学时。

任务一　掌握信号显示的基本要求

学习目标

知识目标

1. 掌握铁路信号的分类相关规定。
2. 掌握信号显示的定位相关规定。
3. 掌握信号机的关闭时机相关规定。
4. 掌握停车信号相关规定。
5. 掌握未使用信号机的处理措施相关规定。

能力目标

1. 能够正确执行铁路信号的分类相关规定。
2. 能够正确执行信号显示的定位相关规定。
3. 能够正确执行信号机的关闭时机相关规定。
4. 能够正确执行停车信号相关规定。
5. 能够正确执行未使用信号机的处理措施相关规定。

素质目标

1. 发扬按信号行车、按规章做事的工作作风。
2. 树立"故障—安全"的信号设备设计理念。
3. 增强安全隐患无小事的敏感意识。

任务描述

首先,仔细阅读下文的案例,掌握事故概况,带着任务学习"知识探索"中关于信号显示的基本要求相关内容,掌握铁路信号的分类、信号显示的定位、信号机的关闭时机、停车信号、未使用信号机的处理措施等内容。其次,对应上述内容学习《铁路技术管理规程》(普速铁路部分)相对应的条文,弄清规程原文是如何规定的。最后,根据所学知识分析下文的案例。要求:说明事故作业分类、事故性质分类、风险事项分类、事故主要原因,并说明事故违反规程的哪项条文。

案例导入

2010 年 3 月 29 日 22:47,北京铁路局石塘路站,车站值班员办理 10032 次列车接发车作业,在开放Ⅱ道上行进站信号后,本应在前行列车到达前方站后办理闭塞,排列Ⅱ道上行发车进路,但由于精神不集中,简化作业程序,错误排列了Ⅱ道下行的接车进路,因敌对进路,信号不能开放,在取消进路过程中,又错误将显示正常的上行进站信号关闭,造成 10032 次列车机外停车。

引导提示:该案例提到了"进站信号""接车进路""敌对进路""信号关闭"的概念,这些概念都与信号显示的基本要求内容有关,可见掌握信号显示的基本要求有关知识特别重要。

知识探索

信号是指示列车运行及调车作业的命令,有关行车人员必须严格执行。信号显示方式及使用方法,应按《铁路技术管理规程》(普速铁路部分)规定执行。《铁路技术管理规程》(普速铁路部分)以外的信号显示方式,须经国铁集团批准,方可采用。信号机和表示器的灯光排列、颜色和外形尺寸,必须符合国铁集团规定的标准。地区性联系用的手信号,由铁路局集团公司批准。

一、铁路信号的分类

(一)按感官分类

1.视觉信号

视觉信号是以信号的颜色、形状、位置、显示数目和灯光状态等表示某种意义,如信号机、信号牌、信号表示器、信号标志、火炬及信号旗、信号灯等显示的信号。

视觉信号的基本颜色及要求:红色——停车;黄色——注意或降低速度;绿色——按规定速度运行。

对铁路信号颜色的选择,主要考虑能达到显示明显、易于辨认、便于记忆。在设有调车信号机的车站,为避免调车信号的显示影响列车运行,调车信号采用能区别于普通照明灯光的月白色和蓝色灯光。月白色和蓝色灯光的显示距离较近,但能适应调车速度低的要求,同时也利于区别列车信号灯光的颜色。

红、黄、绿三种颜色,辅以月白色和蓝色构成视觉信号的显示系统。信号颜色对人眼刺激,使人能方便辨认,因此选用不同的颜色表示不同的含义相当重要。光源是电灯发出的灯光,具有红、橙、黄、绿、青、蓝、紫颜色的光带,物理学上称为光谱。各种颜色的波长是不同的,其中红色的波长最长,而紫色的波长最短。波长越长,穿过周围介质的能力越大,在光度相同的条件下,红色比蓝色显示要远得多,同时人们对红色的感觉也较敏感,所以采用红色作为停车信号。

黄色的波长仅次于红色,黄色玻璃透过光线的能力最强,显示距离较远。但由于用黄色信号的辨认正确率差一些,不如橙黄色高,所以信号采用橙黄色作为注意或减速运行的信号。

绿色和红色之间区别很大,易于辨认,其显示距离也远,所以作为按规定速度运行的信号。

蓝色玻璃的透过系数非常低,显示距离近,它和白色一样,只能作为辅助信号颜色用。因此,我国铁路规定红色、黄色、绿色作为信号的基本颜色;月白色和蓝色次之,作为调车信号和辅助信号的颜色。

2.听觉信号

听觉信号是以不同的器具发出的音响及音响长短等表达的信号,如号角、口笛、机车、轨道车及动车的鸣笛以及响墩发出的信号。

(二)按使用时间分类

1.昼间信号

昼间信号根据信号设备的不同形状、数目或位置来表示信号的意义,如信号旗、臂板信号机的臂板等。

2.夜间信号

夜间信号根据信号设备的不同灯光颜色或数量来表示信号的意义,如色灯信号机的灯光显示等。

3.昼夜通用信号

在昼间及夜间,信号显示方式一致,如色灯信号机的灯光显示、灯列式信号机的灯光排列等。

在昼间,由于自然光的照射,能在规定距离外确认信号设备的不同状态、数目或位置时,应使用昼间信号。在夜间或在昼间大雾、暴风雨雪等情况时,昼间信号达不到规定的显示距离时,即停车信号显示距离不足 1000 m,注意或减速信号显示距离不足 400 m,调车信号及手信号显示距离不足 200 m 时,应使用夜间信号。

隧道内光线较暗,只采用夜间或昼夜通用信号。

为了保证信号显示明确,防止误认,在铁路沿线和站内不得设置妨碍确认信号机的红色、黄色、绿色的装饰彩布标语和灯光,如站内已装设妨碍确认信号灯光的设备时,应加以改装或采取遮光措施。

在规定的信号显示距离内,不得种植影响信号显示的树木。电气化区段接触网支柱的设置,也不得影响信号的显示距离。

微课

铁路信号显示的
基本要求

二、信号显示的定位

进站、出站、进路信号机及线路所的通过信号机,均以显示停车信号为定位。自动闭塞区段的通过信号机,以显示进行信号为定位。接近、预告信号机及通过臂板,以显示注意信号为定位。

在自动闭塞区段内的车站(线路所),如将进站、正线出站信号机及其直向进路内的进路信号机转为自动动作时,以显示进行信号为定位。

三、信号机的关闭时机

(1)集中联锁车站的进站信号机、进路信号机、出站信号机、线路所的通过信号机及自动闭塞区段的通过信号机,当机车或车辆第一轮对越过该信号机后自动关闭。

（2）调车信号机在调车车列全部越过调车信号机后自动关闭;当调车信号机外方不设或虽设轨道电路而占用时,应在调车车列全部出清调车信号机内方第一轨道区段后自动关闭,根据需要也可在调车车列第一轮对进入调车信号机内方第一轨道区段后自动关闭。

（3）引导信号应在列车头部越过信号机后及时关闭。

（4）非集中联锁车站的进站信号机及线路所的通过信号机,在列车进入接车线轨道电路后自动关闭;出站信号机应在列车进入出站方面轨道电路后自动关闭。

（5）非集中联锁车站,由手柄操纵的信号机:进站信号机在确认列车全部进入接车线警冲标内方;出站信号机在列车全部越过最外方道岔,并确认列车全部进入出站方面轨道电路区段后,恢复手柄,关闭信号。

（6）特殊站(场)执行上述规定有困难时,由铁路局集团公司规定。

四、停车信号

进站、出站、进路和通过信号机的灯光熄灭、显示不明或显示不正确时,均视为停车信号。接近信号机的灯光熄灭、显示不明或显示不正确时,均视为进站信号机为关闭状态。

五、未使用信号机的处理措施

新设尚未开始使用及应撤除尚未撤掉的信号机,均应装设信号机无效标,并应熄灭灯光;如为臂板信号机,则须将臂板置于水平位置。信号机无效标为白色的十字交叉板,装在色灯信号机柱上或臂板信号机的臂板上。

在新建铁路线上,新设尚未开始使用的信号机(进站信号机暂用作防护车站时除外),可撤下臂板或将色灯机构向线路外侧扭转90°,并熄灭灯光,作为无效。

引用规章

《铁路技术管理规程》(普速铁路部分)第408条~第414条。

引用规章链接4-1	案例4-1

《铁路技术管理规程》(普速铁路部分)第408条~第414条	掌握信号显示的基本要求

任务二　掌握固定信号的运用规定

学习目标

知识目标

1.掌握进站色灯信号机的显示相关规定。

2.掌握出站色灯信号机的显示相关规定。

3.掌握进路色灯信号机的显示相关规定。

4.掌握通过色灯信号机的显示相关规定。

5.掌握预告色灯信号机的显示相关规定。

6.掌握接近色灯信号机的显示相关规定。

7.掌握调车色灯信号机的显示相关规定。

8.掌握驼峰色灯信号机的显示相关规定。

9.掌握驼峰色灯辅助信号机及驼峰色灯复示信号机的显示相关规定。

10.掌握色灯复示信号机的显示相关规定。

能力目标

1.能够根据信号机的显示知晓显示意义。

2.能够根据列车信号机的显示知晓列车运行方向。

3.能够根据列车信号机的显示知晓列车运行路径。

素质目标

1.培养科学严谨、逻辑紧密的职业素养。

2.发扬按规律办事、按规矩做事的工作作风。

3.树立安全第一、安全高于一切的理念。

微课

固定信号的应用规定

任务描述

首先,仔细阅读下文的案例,掌握事故概况,带着任务学习"知识探索"中关于固定信号的相关内容,掌握进站色灯信号机的显示、出站色灯信号机的显示、进路色灯信号机的显示、通过色灯信号机的显示、预告色灯信号机的显示、接近色灯信号机的显示、调车色灯信号机的显示、驼峰色灯信号机的显示、驼峰色灯辅助信号机及驼峰色灯复示信号机的显示、色灯复示信号机的显示等内容。其次,对应上述内容学习《铁路技术管理规程》(普速铁路部分)相对应的条文,弄清规程原文是如何规定的。最后,根据所学知识分析下文的案例。要求:说明事故作业分类、事故性质分类、风险事项分类、事故主要原因,并说明事故违反规程的哪项条文。

案例导入

2009 年 3 月 31 日 5:44,济南铁路局泰山站,车站值班员与洪沟站办理了客车 T178 次接车预告,然后布置内勤助理值班员通知客车 T178 次进 6 道停车,内勤助理值班员没听到车站值班员的命令,车站值班员也没有再次布置。5:49,车站值班员命令南端信号员:"上行 6 道停车",信号员开放了 6 道信号。5:51,T178 次客车洪沟站通过,内勤助理值班员不知道 6 道接的什么车次,列车压上二接近又未听到司机车机联控,看到列车调度指挥系统站场示意图上显示的车次为 33052,于是与列车联控:"33052 泰山 6 道停车"。在未联系清楚的情况下,5:53,车站值班员命令信号员取消了 6 道进路信号,开放了 2 道进路信号后,车站值班员利用闭塞电话联系洪沟站,确定是 T178 次客车后,随即又联系 T178 次客车进路前停车。5:56,利用总人解取消 2 道进路信号,5:59,重新开放了 6 道进路信号。T178 次 5:56 机外停车,5:59 开,6:02 时 6 道停妥。

引导提示:该案例提到了"二接近""进路信号"的概念,这些概念都与固定信号的内容有关,可见掌握固定信号显示的有关知识特别重要。

知识探索

一、进站色灯信号机的显示

进站色灯信号机显示以下信号。

1.三显示自动闭塞、半自动闭塞、自动站间闭塞区段进站色灯信号机

(1)一个绿色灯光——准许列车按规定速度经正线通过车站,表示出站及进路信号机在开放状态,进路上的道岔均开通直向位置,如图 4-1 所示。

(2)一个黄色灯光——准许列车经道岔直向位置进入站内正线准备停车,如图 4-2 所示。

(3)两个黄色灯光——准许列车经道岔侧向位置进入站内准备停车,如图 4-3 所示。

图 4-1　进站色灯信号机的显示 1　　图 4-2　进站色灯信号机的显示 2　　图 4-3　进站色灯信号机的显示 3

(4)一个黄色闪光和一个黄色灯光——准许列车经过 18 号及其以上道岔侧向位置,进入站内越过下一架已经开放的信号机,且该信号机防护的进路,经道岔直向位置或 18 号及

其以上道岔侧向位置,如图 4-4 所示。

(5)一个红色灯光——不准列车越过该信号机,如图 4-5 所示。

(6)一个绿色灯光和一个黄色灯光——准许列车经道岔直向位置,进入站内越过下一架已经开放的接车进路信号机准备停车,如图 4-6 所示。

图 4-4　进站色灯信号机的显示 4　　图 4-5　进站色灯信号机的显示 5　　图 4-6　进站色灯信号机的显示 6

2. 四显示自动闭塞区段进站色灯信号机

(1)一个绿色灯光——准许列车按规定速度经道岔直向位置进入或通过车站,表示运行前方至少有三个闭塞分区空闲,如图 4-1 所示。

(2)一个黄色灯光——准许列车按限速要求越过该信号机,经道岔直向位置进入站内正线准备停车,如图 4-2 所示。

(3)两个黄色灯光——准许列车按限速要求越过该信号机,经道岔侧向位置进入站内准备停车,如图 4-3 所示。

(4)一个黄色闪光和一个黄色灯光——准许列车经过 18 号及其以上道岔侧向位置,进入站内越过次一架已经开放的信号机,且该信号机所防护的进路,经道岔直向位置或 18 号及其以上道岔侧向位置,如图 4-4 所示。

(5)一个红色灯光——不准列车越过该信号机,如图 4-5 所示。

(6)一个绿色灯光和一个黄色灯光——准许列车按规定速度越过该信号机,经道岔直向位置进入站内,表示次一架信号机已经开放一个黄灯,如图 4-6 所示。

进站及接车进路色灯信号机的引导信号显示一个红色灯光和一个月白色灯光——准许列车在该信号机前方不停车,以不超过 20 km/h 的速度进站或通过接车进路,并须准备随时停车,如图 4-7 所示。

二、出站色灯信号机的显示

出站色灯信号机显示以下信号。

1. 三显示自动闭塞区段

(1)一个绿色灯光——准许列车由车站出发,表示运行前方至少有两个闭塞分区空闲,如图 4-8 所示。

(2)一个黄色灯光——准许列车由车站出发,表示运行前方有一个闭塞分区空闲,如

图4-9所示。

图4-7　进站色灯信号机的显示7　　图4-8　出站色灯信号机的显示1　　图4-9　出站色灯信号机的显示2

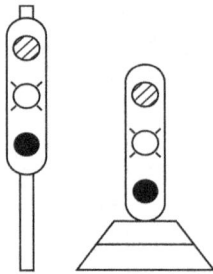

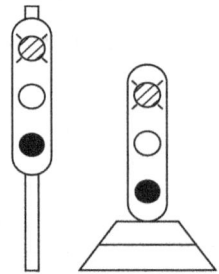

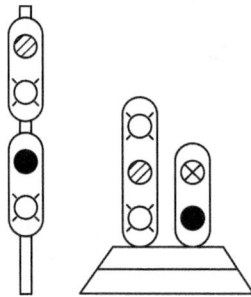

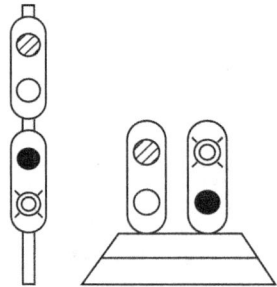

（3）一个红色灯光——不准列车越过该信号机，如图4-10所示。

（4）两个绿色灯光——准许列车由车站出发，开往半自动闭塞或自动站间闭塞区段，如图4-11所示。

（5）在兼作调车信号机时，一个月白色灯光——准许越过该信号机调车，如图4-12所示。

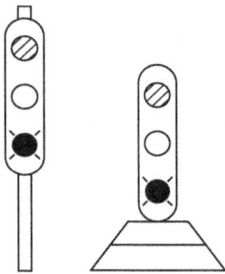

图4-10　出站色灯信号机　　图4-11　出站色灯信号机　　图4-12　出站色灯信号机
　　　　　的显示3　　　　　　　　　　的显示4　　　　　　　　　　的显示5

2. 四显示自动闭塞区段

（1）一个绿色灯光——准许列车由车站出发，表示运行前方至少有三个闭塞分区空闲，如图4-13所示。

（2）一个绿色灯光和一个黄色灯光——准许列车由车站出发，表示运行前方有两个闭塞分区空闲，如图4-14所示。

（3）一个黄色灯光——准许列车由车站出发，表示运行前方有一个闭塞分区空闲，如图4-15所示。

（4）一个红色灯光——不准列车越过该信号机，如图4-16所示。

（5）两个绿色灯光——准许列车由车站出发，开往半自动闭塞或自动站间闭塞区段，如图4-17所示。

（6）在兼作调车信号机时，一个月白色灯光——准许越过该信号机调车，如图4-18所示。

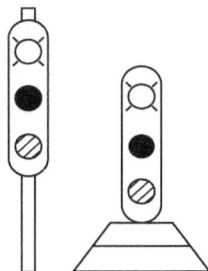

图 4-13　出站色灯信号机的显示 6　　图 4-14　出站色灯信号机的显示 7　　图 4-15　出站色灯信号机的显示 8

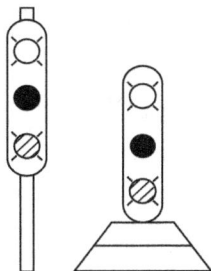

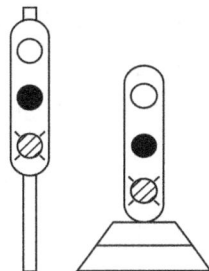

图 4-16　出站色灯信号机的显示 9　　图 4-17　出站色灯信号机的显示 10　　图 4-18　出站色灯信号机的显示 11

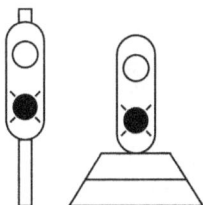

3. 半自动闭塞或自动站间闭塞区段

（1）一个绿色灯光——准许列车由车站出发，如图 4-19 所示。

（2）一个红色灯光——不准列车越过该信号机，如图 4-20 所示。

（3）两个绿色灯光——准许列车由车站出发，开往次要线路，如图 4-21 所示。

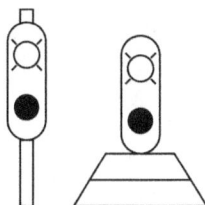

图 4-19　出站色灯信号机的显示 12　　图 4-20　出站色灯信号机的显示 13　　图 4-21　出站色灯信号机的显示 14

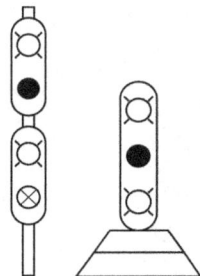

（4）在兼作调车信号机时，一个月白色灯光——准许越过该信号机调车，如图 4-22 所示。

三、进路色灯信号机的显示

（1）接车进路色灯信号机的显示与进站色灯信号机的显示相同。

（2）三显示自动闭塞、半自动闭塞、自动站间闭塞的发车进路色灯信号机显示以下信号（四显示自动闭塞区段除外）。

①一个绿色灯光——准许列车由车站经正线出发,表示出站和进路信号机均在开放状态,如图 4-23 所示。

②一个黄色灯光——准许列车运行到次一架色灯信号机之前准备停车,如图 4-24所示。

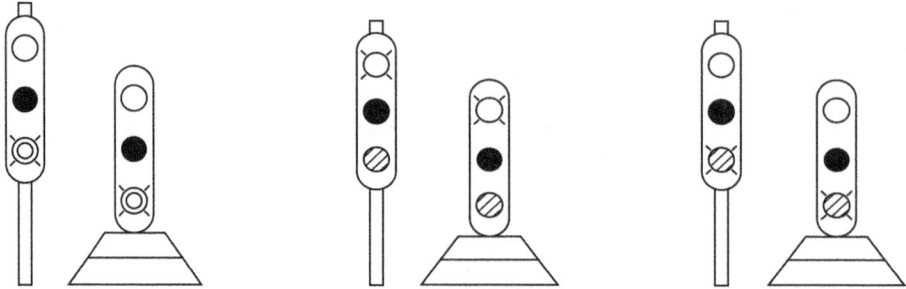

图 4-22　出站色灯信号机的显示 15　　图 4-23　进路色灯信号机的显示 1　　图 4-24　进路色灯信号机的显示 2

③一个绿色灯光和一个黄色灯光——准许列车越过该信号机,表示该信号机列车运行前方次一架进路信号机在开放状态,如图 4-25 所示。

④一个红色灯光——不准列车越过该信号机,如图 4-26 所示。

(3)四显示自动闭塞区段发车进路色灯信号机显示以下信号。

①一个绿色灯光——表示该信号机列车运行前方至少有两架信号机经道岔直向位置在开放状态,如图 4-23 所示。

②一个绿色灯光和一个黄色灯光——表示该信号机列车运行前方,次一架信号机经道岔直向位置在开放状态,如图 4-25 所示。

③一个黄色灯光——准许列车运行到次一架信号机之前准备停车,如图 4-24 所示。

④一个红色灯光——不准列车越过该信号机,如图 4-26 所示。

(4)接车进路、发车进路及接发车进路色灯信号机兼作调车信号机时,一个月白色灯光——准许越过该信号机调车,如图 4-27 所示。

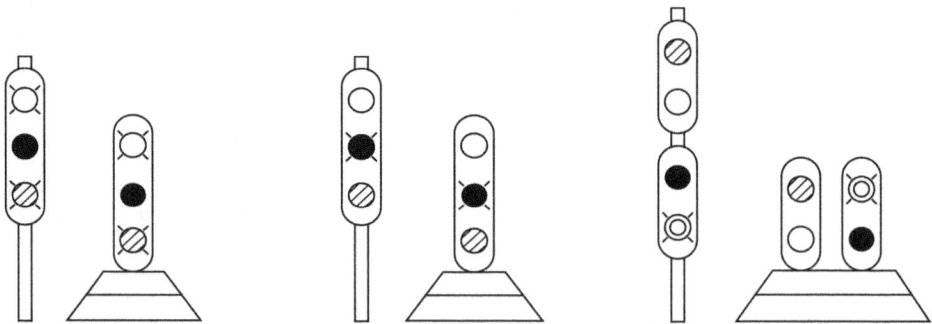

图 4-25　进路色灯信号机
　　　　　的显示 3

图 4-26　进路色灯信号机
　　　　　的显示 4

图 4-27　进路色灯信号机
　　　　　的显示 5

(5)同时具有接车和发车进路功能的接发车进路色灯信号机的显示与接车、发车进路色灯信号机的显示相同。

四、通过色灯信号机的显示

通过色灯信号机显示以下信号。

1. 三显示自动闭塞区段

（1）一个绿色灯光——准许列车按规定速度运行，表示运行前方至少有两个闭塞分区空闲，如图4-28 所示。

（2）一个黄色灯光——要求列车注意运行，表示运行前方有一个闭塞分区空闲，如图4-29所示。

（3）一个红色灯光——列车应在该信号机前停车，如图4-30 所示。

图 4-28　通过色灯信号　　图 4-29　通过色灯信号　　图 4-30　通过色灯信号
机的显示 1　　　　　　机的显示 2　　　　　　机的显示 3

2. 四显示自动闭塞区段

（1）一个绿色灯光——准许列车按规定速度运行，表示运行前方至少有三个闭塞分区空闲，如图4-31 所示。

（2）一个绿色灯光和一个黄色灯光——准许列车按规定速度运行，要求注意准备减速，表示运行前方有两个闭塞分区空闲，如图4-32 所示。

（3）一个黄色灯光——要求列车减速运行，按规定限速要求越过该信号机，表示运行前方有一个闭塞分区空闲，如图4-33 所示。

（4）一个红色灯光——列车应在该信号机前停车，如图4-34 所示。

图 4-31　通过色灯信号　　图 4-32　通过色灯信号　　图 4-33　通过色灯信号　　图 4-34　通过色灯信号
机的显示 4　　　　　　机的显示 5　　　　　　机的显示 6　　　　　　机的显示 7

99

3.半自动闭塞及自动站间闭塞区段

(1)一个绿色灯光——准许列车按规定速度运行(显示方式参照图4-28,但机构为二显示)。

(2)一个红色灯光——不准列车越过该信号机(显示方式参照图4-30,但机构为二显示)。

4.线路所防护分歧道岔的色灯信号机

开放经道岔侧向位置的进路时显示以下信号。

(1)一个黄色闪光和一个黄色灯光:表示分歧道岔为18号及以上,开往半自动闭塞或自动闭塞区间,或开往自动闭塞区间且列车运行前方次一闭塞分区空闲,如图4-4所示。

(2)不满足条件(1)时,显示两个黄色灯光,如图4-3所示。

防护分歧道岔的线路所通过信号机,其机构外形和显示方式应与进站信号机相同,引导灯光应予封闭。该信号机显示红色灯光时,不准列车越过该信号机。

5.容许信号显示一个蓝色灯光

准许列车在通过色灯信号机显示红色灯光的情况下不停车,以不超过20 km/h的速度通过,运行到次一通过色灯信号机,并随时准备停车,如图4-35所示。

6.遮断色灯信号机显示一个红色灯光

不准列车越过该信号机;不着灯时,不起信号作用,如图4-36所示。遮断及其预告信号机采用方形背板,并在机柱上涂有黑白相间的斜线,以区别于一般信号机,如图4-36、图4-37所示。

五、预告色灯信号机的显示

(1)一个绿色灯光——表示主体信号机在开放状态,如图4-37a)所示。
(2)一个黄色灯光——表示主体信号机在关闭状态,如图4-37b)所示。

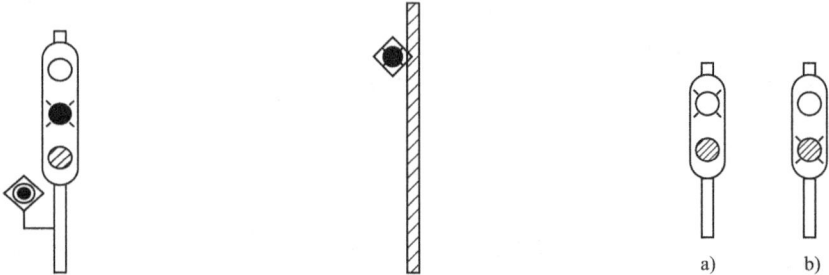

图4-35 通过色灯信号机的显示8　图4-36 通过色灯信号机的显示9　图4-37 预告色灯信号机的显示1

遮断信号机的预告色灯信号机显示一个黄色灯光——表示遮断信号机显示红色灯光;不着灯时,不起信号作用,如图4-38所示。

六、接近色灯信号机的显示

接近色灯信号机显示以下信号。

(1)一个绿色灯光——表示进站信号机开放一个绿色灯光或一个绿色灯光和一个黄色

灯光,如图 4-39 所示。

图 4-38　预告色灯信号机的显示 2　　图 4-39　接近色灯信号机的显示 1

（2）一个绿色灯光和一个黄色灯光——表示进站信号机开放一个黄色灯光,如图 4-40 所示。

（3）一个黄色灯光——表示进站信号机在关闭状态,或表示进站信号机显示两个黄色灯光或一个黄色闪光和一个黄色灯光,如图 4-41 所示。

图 4-40　接近色灯信号机的显示 2　　图 4-41　接近色灯信号机的显示 3

七、调车色灯信号机的显示

调车色灯信号机显示以下信号。

（1）一个月白色灯光——准许越过该信号机调车,如图 4-42 所示。

（2）一个月白色闪光——装有平面溜放调车区集中联锁设备时,准许溜放调车,如图 4-43 所示。

图 4-42　调车色灯信号机的显示 1　　图 4-43　调车色灯信号机的显示 2

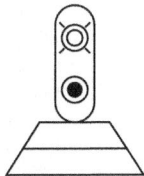

（3）一个蓝色灯光——不准越过该信号机调车,如图 4-44 所示。

不办理闭塞的站内岔线,在岔线入口处设置的调车信号机,可用红色灯光代替蓝色灯光,如图 4-45a）所示。

在尽头式到发线上,设置的起阻挡列车运行作用的调车信号机,应采用矮型三显示机构,用红色灯光代替蓝色灯光,如图 4-45b)所示。当该信号机的红色灯光熄灭、显示不明或显示不正确时,应视为列车的停车信号。

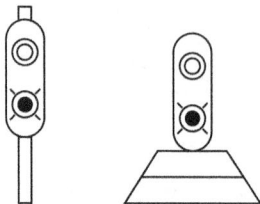

图 4-44 调车色灯信号机的显示 3   图 4-45 调车色灯信号机的显示 4

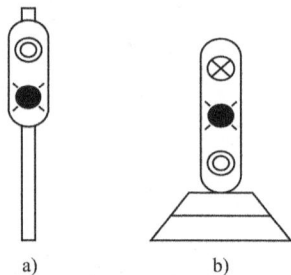

八、驼峰色灯信号机的显示

驼峰色灯信号机显示以下信号。

(1)一个绿色灯光——准许机车车辆按规定速度向驼峰推进,如图 4-46 所示。

(2)一个绿色闪光——指示机车车辆加速向驼峰推进,如图 4-47 所示。

图 4-46 驼峰色灯信号机的显示 1   图 4-47 驼峰色灯信号机的显示 2

(3)一个黄色闪光——指示机车车辆减速向驼峰推进,如图 4-48 所示。

(4)一个红色灯光——不准机车车辆越过该信号机或指示机车车辆停止作业,如图 4-49 所示。

图 4-48 驼峰色灯信号机的显示 3   图 4-49 驼峰色灯信号机的显示 4

(5)一个红色闪光——指示机车车辆自驼峰退回,如图 4-50 所示。

（6）一个月白色灯光——指示机车到峰下，如图 4-51 所示。

（7）一个月白色闪光——指示机车车辆去禁溜线，如图 4-52 所示。

图 4-50　驼峰色灯信号机的显示 5　　　图 4-51　驼峰色灯信号机的显示 6　　　图 4-52　驼峰色灯信号机的显示 7

九、驼峰色灯辅助信号机及驼峰色灯复示信号机的显示

（1）驼峰色灯信号机的复示信号机平时无显示；当办理驼峰推送进路后，其灯光显示方式与驼峰色灯信号机显示方式相同，如图 4-53 所示。

（2）驼峰色灯辅助信号机及驼峰色灯复示信号机显示一个黄色灯光——指示机车车辆向驼峰预先推送，如图 4-54 所示；当办理驼峰推送进路后，其灯光显示方式与驼峰色灯信号机显示方式相同。驼峰色灯辅助信号机平时显示红色灯光，对到达列车起停车信号作用。

图 4-53　驼峰色灯复示　　　图 4-54　驼峰色灯辅助信号机及驼峰色灯
　　　　信号机的显示　　　　　　　　　复示信号机的显示

（3）驼峰色灯辅助信号机的复示信号机平时无显示，如图 4-53 所示；当办理驼峰推送进路或驼峰预先推送进路后，其灯光显示方式与驼峰色灯辅助信号机的显示方式相同。

十、色灯复示信号机的显示

色灯复示信号机的显示分以下几种。

（1）进站、接车进路、接发车进路信号机的色灯复示信号机采用灯列式机构，显示以下信号。

①两个月白色灯光与水平线构成 60°角显示——表示进站信号机显示列车经道岔直向位置向正线接车信号，如图 4-55 所示。

103

②两个月白色灯光水平位置显示——表示进站信号机显示列车经道岔侧向位置接车信号,如图4-56所示。

③无显示——表示进站信号机处于关闭状态,如图4-57所示。

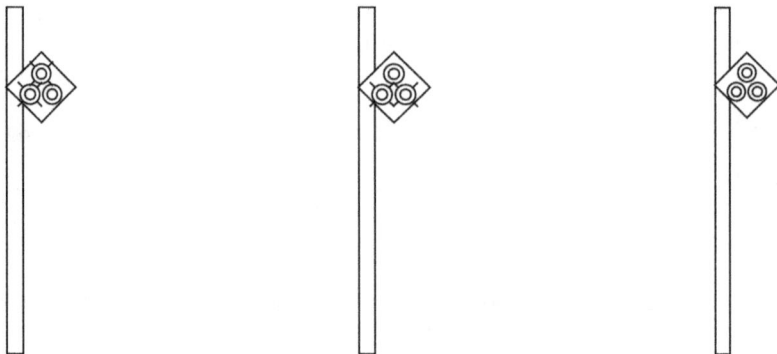

图 4-55　色灯复示信号机的显示 1　　　图 4-56　色灯复示信号机的显示 2　　　图 4-57　色灯复示信号机的显示 3

(2)出站及进路色灯复示信号机显示以下信号。

①一个绿色灯光——表示出站或进路信号机处于开放状态,如图4-58所示。

②无显示——表示出站或进路信号机处于关闭状态。

(3)调车色灯复示信号机显示以下信号。

①一个月白色灯光——表示调车信号机处于开放状态,如图4-59所示。

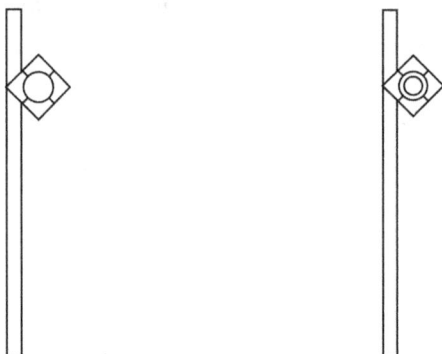

图 4-58　色灯复示信号机的显示 4　　　图 4-59　色灯复示信号机的显示 5

②无显示——表示调车信号机处于关闭状态。

进站、出站、进路、驼峰及调车色灯复示信号机均采用方形背板,以区别于一般信号机。

引用规章

《铁路技术管理规程》(普速铁路部分)第 415 条 ~ 第 435 条。

引用规章链接4-2

《铁路技术管理规程》
(普速铁路部分)第415条~
第435条

案例4-2

掌握固定信号的运用
规定

任务三　掌握移动信号及手信号的运用规定

🞂 学习目标

知识目标

1. 掌握移动信号的显示相关规定。
2. 掌握响墩及火炬信号的显示相关规定。
3. 掌握无线调车灯显信号的显示相关规定。
4. 掌握手信号的显示相关规定。

能力目标

1. 能够正确执行移动信号的显示相关规定。
2. 能够正确执行响墩及火炬信号的显示相关规定。
3. 能够正确执行无线调车灯显信号的显示相关规定。
4. 能够正确执行手信号的显示相关规定。

素质目标

1. 树立精益求精、注重细节的理念。
2. 弘扬精益求精的大国工匠精神。
3. 树立安全第一、安全高于一切的理念。

🞂 任务描述

首先,仔细阅读下文的案例,掌握事故概况,带着任务学习"知识探索"中关于移动信号的相关内容,掌握移动信号的显示、响墩及火炬信号的显示、无线调车灯显信号的显示、手信号的显示等内容。其次,对应上述内容学习《铁路技术管理规程》(普速铁路部分)相对应的条文,弄清规程原文是如何规定的。最后,根据所学知识分析下文的案例。要求:说明事故作业分类、事故性质分类、风险事项分类、事故主要原因,并说明事故违反规程的哪项条文。

🞂 案例导入

2009 年 8 月 30 日 23:20,上海铁路局亳州站,45401 次列车计划进站Ⅰ道进行调车作业,当作业到第二钩 H2-13 时,由于调车人员没有严格执行无线电调车作业纪律,在机控器无电不能使用的情况下,未按规定改为手信号指挥调车,在推进作业中,调车长得到连结员呼叫"十车"距离信号后,不能集中精力,掌握调车进程,在车列继续前行一段距离仍未得到连结员回报"五车"距离信号时,没有意识到异常情况,臆测行车,未及时采取果断停车措施,造成车列前端碰上车挡,并造成第一位车辆第一位轮对脱轨。

引导提示:该案例提到了"十车""五车"的概念,这些概念指的都是移动信号,可见掌握移动信号显示的有关知识特别重要。

知识探索

一、移动信号的显示

移动信号的显示方式如下。

1. 停车信号

昼间——红色方牌;夜间——柱上红色灯光,如图4-60所示。

2. 减速信号

(1)表面有反光材料的黄底黑字圆牌,标明列车限制速度,如图4-61所示。

图 4-60　停车信号　　　　　　　　图 4-61　减速信号 1

(2)施工及其限速区段,在减速信号牌外方增设特殊减速信号牌,为表面有反光材料的黄底黑"T"字圆牌,如图4-62所示。

3. 减速防护地段终端信号

表面有反光材料的绿色圆牌,如图4-63所示。在单线区段,司机应能看到线路右侧减速信号牌背面的绿色圆牌。在有1万t或2万t(含1.5万t)货物列车运行的线路增设的1万t或2万t(含1.5万t)减速防护地段终端信号牌为表面有反光材料的绿底黑"W"字(1万t)或黑"L"字(1.5万t和2万t)圆牌,如图4-64所示。

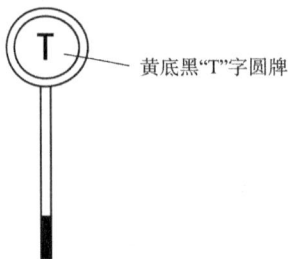

图 4-62　减速信号 2　　　　　　　图 4-63　减速防护地段终端信号 1

4. 站内线路上检修车辆时,两端来车方向的防护

在站内线路上检查、修理、整备车辆时,应在列车两端来车方向的左侧钢轨上,设置带有

脱轨器的固定或移动信号牌(灯)进行防护,前后两端的防护距离均应不小于 20 m,如图 4-65 所示;不足 20 m 时,应将道岔锁闭在不能通往该线的位置。

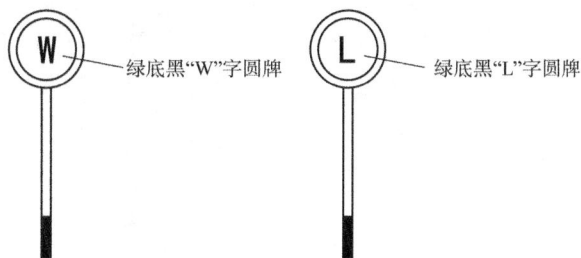

绿底黑"W"字圆牌 绿底黑"L"字圆牌

图 4-64 减速防护地段终端信号 2

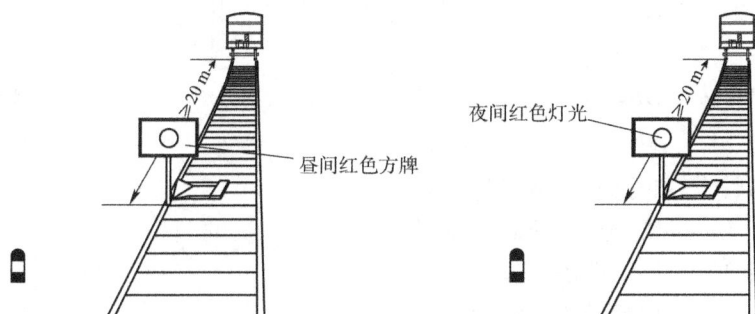

夜间红色灯光
昼间红色方牌

图 4-65 带有脱轨器的固定或移动信号牌(灯)

二、响墩及火炬信号的显示

响墩设置与显示:响墩爆炸声及火炬信号的火光,如图 4-66 和图 4-67 所示,均要求紧急停车。停车后如无防护人员,机车乘务人员应立即检查前方线路,如无异状,列车以在瞭望距离内能随时停车的速度继续运行,但最高不得超过 20 km/h。在自动闭塞区间,运行至前方第一个通过(进站)信号机前,如无异状,即可按该信号机显示的要求执行,在半自动闭塞或自动站间闭塞区间,经过 1 km 后,如无异状,可恢复正常速度运行。

三、无线调车灯显信号的显示

无线调车灯显制式的信号显示,如图 4-68 所示。
使用无线调车灯显制式的信号显示方式如下。
(1)一个红灯——停车信号。
(2)一个绿灯——推进信号。
(3)绿灯闪数次后熄灭——起动信号。
(4)绿、红灯交替后绿灯长亮——连结信号。
(5)绿、黄灯交替后绿灯长亮——溜放信号。

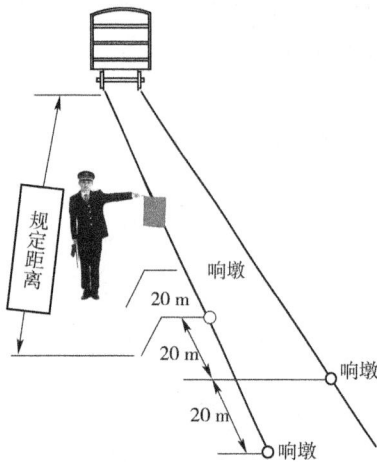

图 4-66 响墩爆炸声   图 4-67 火炬信号的火光   图 4-68 无线调车灯显制
                                                              式的信号显示

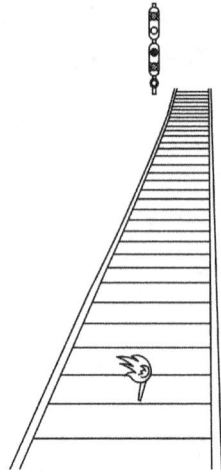

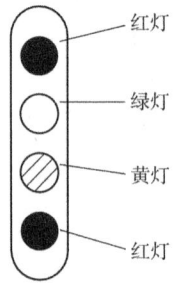

(6)黄灯闪后绿灯长亮——减速信号。

(7)黄灯长亮——十、五、三车距离信号。

①十车距离信号(加辅助语音提示)。

②五车距离信号(加辅助语音提示)。

③三车距离信号(加辅助语音提示)。

(8)两个红灯——紧急停车信号。

(9)先两个红灯,后熄灭一个红灯——解锁信号。

四、手信号的显示

1.列车运行时,有关人员应遵守的手信号显示

(1)停车信号:要求列车停车。

昼间——展开的红色信号旗;夜间——红色灯光,如图 4-69 所示。

昼间无红色信号旗时,两臂高举过头顶向两侧急剧摇动;夜间无红色灯光时,用白色灯光上下急剧摇动,如图 4-70 所示。

图 4-69 手信号 1   图 4-70 手信号 2

（2）减速信号：要求列车降低到要求的速度。

昼间——展开的黄色信号旗；夜间——黄色灯光，如图4-71所示。

昼间无黄色信号旗时，用绿色信号旗下压数次；夜间无黄色灯光时，用白色或绿色灯光下压数次，如图4-72所示。

图4-71　手信号3　　　　　　　　　　图4-72　手信号4

（3）发车信号：要求司机发车。

昼间——用展开的绿色信号旗上弧线向列车方面作圆形转动；夜间——用绿色灯光上弧线向列车方面作圆形转动，如图4-73所示。

在设有发车表示器的车站，按发车表示器显示发车。

（4）通过手信号：准许列车由车站（场）通过。

昼间——展开的绿色信号旗；夜间——绿色灯光，如图4-74所示。

图4-73　手信号5　　　　　　　　　　图4-74　手信号6

（5）引导手信号：准许列车进入车场或车站。

昼间——用展开的黄色信号旗高举过头顶左右摇动；夜间——用黄色灯光高举过头顶左右摇动，如图4-75所示。

（6）特定引导手信号显示方式：昼间——用展开的绿色信号旗高举过头顶左右摇动；夜间——用绿色灯光高举过头顶左右摇动，如图4-76所示。

图4-75　手信号7　　　　　　　　　　图4-76　手信号8

2.调车手信号的显示

调车手信号的显示方式如下。

(1)停车信号。

昼间——展开的红色信号旗;夜间——红色灯光,如图4-69所示。

昼间无红色信号旗时,两臂高举过头顶向两侧急剧摇动;夜间无红色灯光时,用白色灯光上下急剧摇动,如图4-70所示。

(2)减速信号。

昼间——用展开的绿色信号旗下压数次;夜间——用绿色灯光下压数次(显示方式参照图4-72)。

(3)指挥机车向显示人方向来的信号。

昼间——用展开的绿色信号旗在下部左右摇动;夜间——用绿色灯光在下部左右摇动,如图4-77所示。

(4)指挥机车向显示人方向稍行移动的信号。

昼间——用拢起的红色信号旗直立平举,再用展开的绿色信号旗左右小动;夜间——用绿色灯光下压数次后,再左右小动,如图4-78所示。

图4-77 手信号9   图4-78 手信号10

(5)指挥机车向显示人反方向去的信号。

昼间——用展开的绿色信号旗上下摇动;夜间——用绿色灯光上下摇动,如图4-79所示。

(6)指挥机车向显示人反方向稍行移动的信号。

昼间——用拢起的红色信号旗直立平举,再用展开的绿色信号旗上下小动;夜间——用绿色灯光上下小动,如图4-80所示。

图4-79 手信号11   图4-80 手信号12

对显示第(2)、(3)、(4)、(5)、(6)项中转信号时,昼间可用单臂,夜间可用白色灯光依次中转。

3.联系用手信号的显示

联系用手信号的显示方式如下。

(1)道岔开通信号:表示进路道岔准备妥当。

昼间——用拢起的黄色信号旗高举过头顶左右摇动;夜间——高举白色灯光过头顶,如图4-81所示。

机车出入段进路道岔准备妥当后,显示如下道岔开通信号。

昼间——用展开的黄色信号旗高举过头顶左右摇动;夜间——用黄色灯光高举过头顶左右摇动,如图4-82所示。

图4-81　手信号13　　　　　　　　　　　图4-82　手信号14

(2)股道号码信号:要道或回示股道开通号码。

一道:昼间——两臂左右平伸;夜间——用白色灯光左右摇动,如图4-83所示。

二道:昼间——右臂向上直伸,左臂下垂;夜间——用白色灯光左右摇动后,从左下方向右上方高举,如图4-84所示。

图4-83　手信号15　　　　　　　　　　　图4-84　手信号16

三道:昼间——两臂向上直伸;夜间——用白色灯光上下摇动,如图4-85所示。

四道:昼间——右臂向右上方、左臂向左下方各斜伸45°角;夜间——用白色灯光高举过头顶左右小动,如图4-86所示。

图 4-85 手信号 17

图 4-86 手信号 18

五道：昼间——两臂交叉于头上；夜间——用白色灯光作圆形转动，如图 4-87 所示。

六道：昼间——左臂向左下方、右臂向右下方各斜伸 45°角；夜间——用白色灯光作圆形转动后，再左右摇动，如图 4-88 所示。

图 4-87 手信号 19

图 4-88 手信号 20

七道：昼间——右臂向上直伸，左臂向左平伸；夜间——用白色灯光作圆形转动后，左右摇动，然后再从左下方向右上方高举，如图 4-89 所示。

八道：昼间——右臂向右平伸，左臂下垂；夜间——用白色灯光作圆形转动后，再上下摇动，如图 4-90 所示。

图 4-89 手信号 21

图 4-90 手信号 22

九道:昼间——右臂向右平伸,左臂向右下斜45°角;夜间——用白色灯光作圆形转动后,再高举过头顶左右小动,如图4-91所示。

十道:昼间——左臂向左上方、右臂向右上方各斜伸45°角;夜间——用白色灯光左右摇动后,再上下摇动作成十字形,如图4-92所示。

图4-91 手信号23　　　　　　　　　　　　图4-92 手信号24

十一至十九道,须先显示十道股道号码,再显示所要股道号码的个位数信号。

二十道及其以上的股道号码,各站根据需要自行规定,并纳入《站细》。

(3)连结信号。

连结信号表示连挂作业。

昼间——两臂高举过头顶,使拢起的手信号旗杆成水平末端相接;夜间——用红、绿色灯光(无绿色灯光的人员,用白色灯光)交互显示数次,如图4-93所示。

(4)溜放信号。

溜放信号表示溜放作业。

昼间——用拢起的手信号旗两臂高举过头顶交叉后,急向左右摇动数次;夜间——用红色灯光作圆形转动,如图4-94所示。

图4-93 手信号25　　　　　　　　　　　　图4-94 手信号26

(5)停留车位置信号。

停留车位置信号表示车辆停留地点。

夜间——用白色灯光左右小摇动,如图4-95所示。

(6)十、五、三车距离信号。

十、五、三车距离信号表示推进车辆的前端距被连挂车辆的距离。

昼间——用展开的绿色信号旗单臂平伸;夜间——绿色灯光。在距离停留车十车(约110 m)时连续下压三次,在距离停留车五车(约55 m)时连续下压二次,在距离停留车三车(约33 m)时下压一次,如图4-96所示。

图4-95　手信号27　　　　　　　　　　图4-96　手信号28

(7)取消信号。

取消信号是通知将前发信号取消。

昼间——用拢起的手信号旗两臂于前下方交叉后,急向左右摇动数次;夜间——用红色灯光作圆形转动后,上下摇动,如图4-97所示。

(8)要求再度显示信号。

要求再度显示信号是前发信号不明,要求重新显示。

昼间——用拢起的手信号旗右臂向右方上下摇动;夜间——用红色灯光上下摇动,如图4-98所示。

图4-97　手信号29　　　　　　　　　　图4-98　手信号30

(9)告知显示错误的信号。

告知显示错误的信号,是告知对方信号显示错误。

昼间——用拢起的手信号旗两臂左右平伸,同时上下摇动数次;夜间——用红色灯光左右摇动,如图4-99所示。

4.信号旗持旗规定

在显示手信号时,凡昼间持有手信号旗的人员,应将信号旗拢起,左手持红色信号旗,右手持绿色信号旗(扳道员右手持黄色信号旗);不持信号旗的人员徒手按各条规定方式显示信号。

5. 试验列车自动制动机的手信号显示

试验列车自动制动机的手信号显示方式如下。

（1）制动。

昼间——用检查锤高举过头顶；夜间——用白色灯光高举，如图4-100所示。

图4-99　手信号31　　　　　　　图4-100　手信号32

（2）缓解。

昼间——用检查锤在下部左右摇动；夜间——用白色灯光在下部左右摇动，如图4-101所示。

（3）试验结束。

昼间——用检查锤作圆形转动；夜间——用白色灯光作圆形转动，如图4-102所示。

图4-101　手信号33　　　　　　　图4-102　手信号34

车站人员显示上述信号时，昼间可用拢起的信号旗代替。司机应注意瞭望试验信号，并按规定鸣笛回答。

如列车制动主管未达到规定压力，试验人员要求司机继续充风时，按照缓解的信号同样显示。

6. 突发故障时的手信号显示

突然发现接触网故障，需要机车临时降弓通过时，发现的人员应在规定地点显示下列手信号。

（1）降弓手信号。

昼间——左臂垂直高举，右臂前伸并左右水平重复摇动；夜间——用白色灯光上下左右重复摇动，如图4-103所示。

（2）升弓手信号。

昼间——左臂垂直高举，右臂前伸并上下重复摇动；夜间——用白色灯光作圆形转动，如图 4-104 所示。

图 4-103　手信号 35　　　　　　　　图 4-104　手信号 36

引用规章

《铁路技术管理规程》(普速铁路部分) 第 436 条 ~ 第 445 条。

引用规章链接4-3

《铁路技术管理规程》
(普速铁路部分)第436条~
第445条

案例4-3

掌握移动信号及手
信号的运用规定

任务四　掌握信号表示器及标志的使用规范

学习目标

知识目标

1.掌握道岔表示器的显示相关规定。

2.掌握脱轨表示器的显示相关规定。

3.掌握进路表示器的显示相关规定。

4.掌握发车线路表示器的显示相关规定。

5.掌握调车表示器的显示相关规定。

6.掌握车挡表示器的显示相关规定。

7.掌握线路标志及信号标志的设置相关规定。

8.掌握线路安全保护标志的设置相关规定。

9.掌握列车标志的设置相关规定。

能力目标

1.能够识别信号表示器及标志的显示意义。

2.能够正确设置信号表示器及标志。

素质目标

1.发扬按规律办事、按规矩做事的工作作风。

2.发扬严肃、认真、细致的工作作风。

3.树立安全第一、安全高于一切的理念。

任务描述

首先,仔细阅读下文的案例,掌握事故概况,带着任务学习"知识探索"中关于信号表示器及标志的使用规范相关内容,掌握道岔表示器的显示、脱轨表示器的显示、进路表示器的显示、发车线路表示器的显示、调车表示器的显示、车挡表示器的显示、线路标志及信号标志的设置、线路安全保护标志的设置、列车标志的设置等内容。其次,对应上述内容学习《铁路技术管理规程》(普速铁路部分)相对应的条文,弄清规程原文是如何规定的。最后,根据所学知识分析下文的案例。要求:说明事故作业分类、事故性质分类、风险事项分类、事故主要原因,并说明事故违反规程的哪项条文。

案例导入

2008 年 8 月 29 日 7:05,成都铁路局成都北站,东运转车间四班 4 调车作业至计划第 5 钩东郊选车场东头作业东选 6 +8 辆时,机车牵引 3 辆上牵出线过 10 号道岔后,扳道员按下局控盘上的 10 号道岔反位按钮,将 10 号道岔扳至反位后,未按规定用锁闭按钮锁闭 10 号道岔,且未将局控盘的箱盖关闭加锁。机车推进 3 辆进入 9 道加挂 7 辆,过 10 号道岔区段绝缘节后,由于扳道员误动局控盘上的 10 号道岔定位按钮,导致 10 号道岔转换至定位。司机要道后,扳道员未对线路进行检查确认,盲目显示道岔开通手信号,加之 10 号道岔为电动控制,既无信号显示又无标志,机车挤坏道岔后,司机和调车员均不知道。过 10 号道岔停车后,机后第 3、4 位车辆停于 10 号道岔尖轨处,机车推进车辆经 10 号道岔原返上 6 道挂车时,运行前方第 1 位车辆车轮进入 10 号道岔尖轨四开位置,造成该车前台第 1、2 轮对及机车第 4 位轮对脱轨。

引导提示:该案例提到了"既无信号显示又无标志"的内容,这里所说的"标志"就是"信号表示器及标志"的一种,可见掌握信号表示器及标志的有关知识特别重要。

知识探索

一、道岔表示器的显示

道岔表示器的显示方式如下。

(1)昼间无显示;夜间为紫色灯光——表示道岔位置开通直向,如图 4-105 所示。

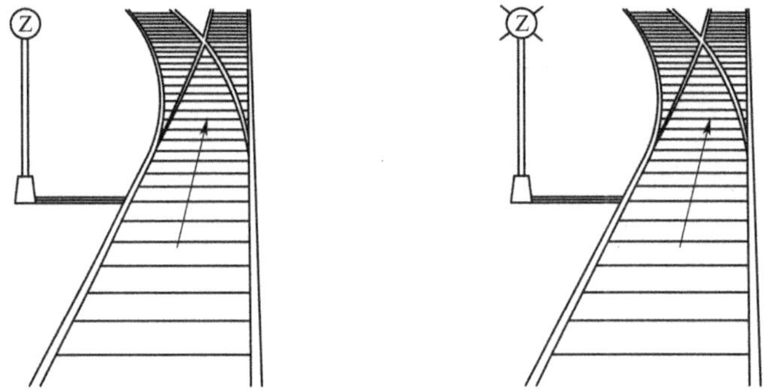

图 4-105　道岔表示器的显示 1

(2)昼间为中央画有一条鱼尾形黑线的黄色鱼尾形牌;夜间为黄色灯光——表示道岔位置开通侧向,如图 4-106 所示。

图 4-106　道岔表示器的显示 2

（3）在调车区为集中联锁时，进行连续溜放作业的分歧道岔应有道岔表示器，平时无显示。当进行溜放作业时，其显示方式如下。

①紫色灯光——表示道岔位置开通直向，如图4-107a）所示。

②黄色灯光——表示道岔位置开通侧向，如图4-107b）所示。

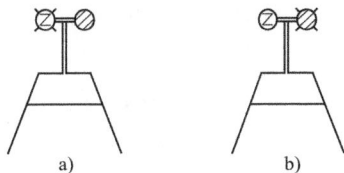

图4-107　道岔表示器的显示3

二、脱轨表示器的显示

脱轨表示器的显示方式如下。

（1）带白边的红色长方牌及红色灯光——表示线路在遮断状态，如图4-108所示。

（2）带白边的绿色圆牌及月白色灯光——表示线路在开通状态，如图4-109所示。

图4-108　脱轨表示器的显示1　　图4-109　脱轨表示器的显示2

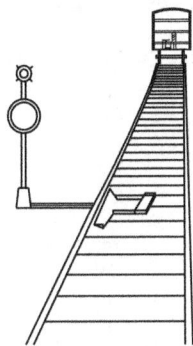

三、进路表示器的显示

进路表示器仅在其主体信号机开放后，才能着灯，用于区别进路开通方向或双线区段反方向发车，不能独立构成信号显示。

（1）两个发车方向，当信号机在开放的条件下，分别按左、右两个白色灯光区别进路开通方向，如图4-110所示。

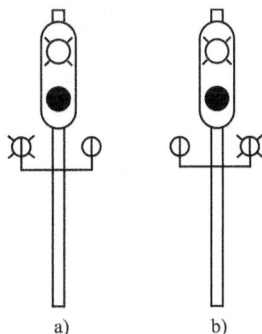

图4-110　进路表示器的显示1

（2）三个发车方向，其显示方式如下。

①信号机在开放状态及机柱左方显示一个白色灯光——表示进路开通，准许列车向左侧线路发车，如图4-111所示。

②信号机在开放状态及机柱中间显示一个白色灯光——表示进路开通，准许列车向中间线路发车，如图4-112所示。

③信号机在开放状态及机柱右方显示一个白色灯光——表示进路开通，准许列车向右侧线路发车，如图4-113所示。

（3）四个及其以上发车方向，进路表示器按灯光排列表示。

四个发车方向（A、B、C、D方向），其显示方式如下。

图 4-111　进路表示器的显示 2　　图 4-112　进路表示器的显示 3　　图 4-113　进路表示器的显示 4

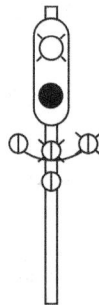

①信号机在开放状态及表示器左方横向显示两个白色灯光——表示进路开通,准许列车向左侧 A 方向线路发车,如图 4-114 所示。

②信号机在开放状态及表示器左方斜向显示两个白色灯光——表示进路开通,准许列车向左侧 B 方向线路发车,如图 4-115 所示。

图 4-114　进路表示器的显示 5　　图 4-115　进路表示器的显示 6

③信号机在开放状态及表示器右方斜向显示两个白色灯光——表示进路开通,准许列车向右侧 C 方向线路发车,如图 4-116 所示。

④信号机在开放状态及表示器右方横向显示两个白色灯光——表示进路开通,准许列车向右侧 D 方向线路发车,如图 4-117 所示。

图 4-116　进路表示器的显示 7　　图 4-117　进路表示器的显示 8

(4)五个发车方向(A、B、C、D、E 方向),其显示方式如下。

①同四个发车方向的第①项——表示进路开通,准许列车向左侧 A 方向线路发车,如图 4-114 所示。

②同四个发车方向的第②项——表示进路开通,准许列车向左侧 B 方向线路发车,如图 4-115 所示。

③信号机在开放状态及表示器中间竖向显示两个白色灯光——表示进路开通,准许列车向中间 C 方向线路发车,如图 4-118 所示。

④同四个发车方向的第③项——表示进路开通,准许列车向右侧 D 方向线路发车,如图 4-116 所示。

⑤同四个发车方向的第④项——表示进路开通,准许列车向右侧 E 方向线路发车,如图 4-117 所示。

(5)六个发车方向(由左至右 A、B、C、D、E、F 方向),其显示方式如下。

①信号机在开放状态及表示器左方竖向显示两个白色灯光——表示进路开通,准许列车向左侧 A 方向线路发车,如图 4-119 所示。

②信号机在开放状态及表示器左方横向显示两个白色灯光——表示进路开通,准许列车向左侧 B 方向线路发车,如图 4-120 所示。

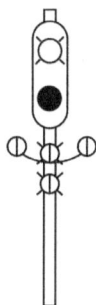

图 4-118　进路表示器的显示 9　　图 4-119　进路表示器的显示 10　　图 4-120　进路表示器的显示 11

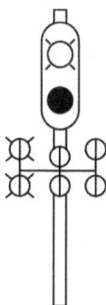

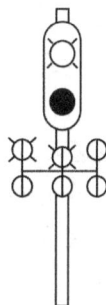

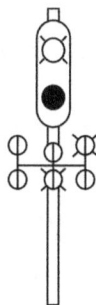

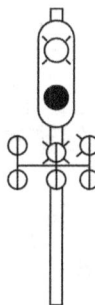

③信号机在开放状态及表示器左方斜向显示两个白色灯光——表示进路开通,准许列车向左侧 C 方向线路发车,如图 4-121 所示。

④信号机在开放状态及表示器右方斜向显示两个白色灯光——表示进路开通,准许列车向右侧 D 方向线路发车,如图 4-122 所示。

⑤信号机在开放状态及表示器右方横向显示两个白色灯光——表示进路开通,准许列车向右侧 E 方向线路发车,如图 4-123 所示。

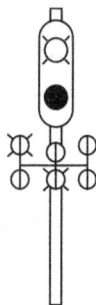

图 4-121　进路表示器的显示 12　　图 4-122　进路表示器的显示 13　　图 4-123　进路表示器的显示 14

⑥信号机在开放状态及表示器右方竖向显示两个白色灯光——表示进路开通,准许列

车向右侧 F 方向线路发车,如图 4-124 所示。

(6)七个发车方向(由左至右 A、B、C、D、E、F、G 方向),其显示方式如下。

①同六个发车方向的第①项——表示进路开通,准许列车向左侧 A 方向线路发车,如图 4-119 所示。

②同六个发车方向的第②项——表示进路开通,准许列车向左侧 B 方向线路发车,如图 4-120 所示。

③同六个发车方向的第③项——表示进路开通,准许列车向左侧 C 方向线路发车,如图 4-121 所示。

④信号机在开放状态及表示器中间竖向显示两个白色灯光——表示进路开通,准许列车向中间 D 方向线路发车,如图 4-125 所示。

⑤同六个发车方向的第④项——表示进路开通,准许列车向右侧 E 方向线路发车,如图 4-122 所示。

⑥同六个发车方向的第⑤项——表示进路开通,准许列车向右侧 F 方向线路发车,如图 4-123 所示。

⑦同六个发车方向的第⑥项——表示进路开通,准许列车向右侧 G 方向线路发车,如图 4-124 所示。

(7)双线区段仅用于区分反方向发车,其显示方式如下。

①信号机在开放状态且表示器不着灯——准许列车正方向发车,如图 4-126a)所示。

②信号机在开放状态及表示器显示一个白色灯光——准许列车反方向发车,如图 4-126b)所示。

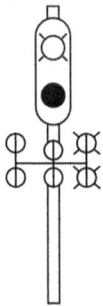

图 4-124 进路表示器的显示 15　　图 4-125 进路表示器的显示 16　　图 4-126 进路表示器的显示 17

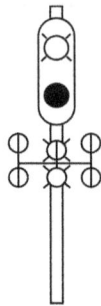

四、发车线路表示器的显示

(1)发车线路表示器在线群出站信号机开放后显示一个白色灯光——准许该线路上的列车发车,如图 4-127 所示。

不准许发车的线路,所属该线路的发车线路表示器不着灯。

发车线路表示器可用于驼峰调车场,作为调车线路表示器,显示一个白色灯光——准许调车。

（2）发车线路表示器经常不着灯；显示一个白色灯光——表示车站人员准许发车，如图 4-128 所示。

图 4-127　发车线路表示器的显示 1　　　　图 4-128　发车线路表示器的显示 2

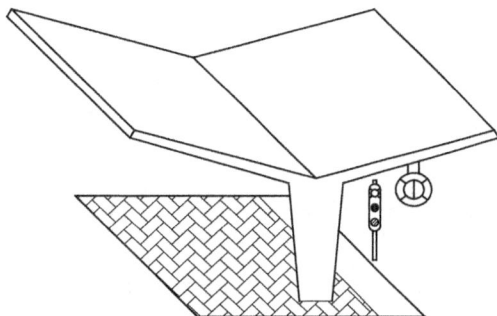

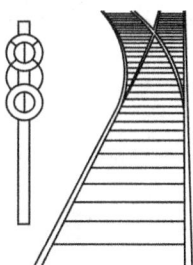

五、调车表示器的显示

调车表示器的显示方式如下。

（1）向调车区方向显示一个白色灯光——准许机车车辆自调车区向牵出线运行，如图 4-129 所示。

（2）向牵出线方向显示一个白色灯光——准许机车车辆自牵出线向调车区运行，如图 4-130 所示。

（3）向牵出线方向显示两个白色灯光——准许机车车辆自牵出线向调车区溜放，如图 4-131 所示。

图 4-129　调车表示器的显示 1　　图 4-130　调车表示器的显示 2　　图 4-131　调车表示器的显示 3

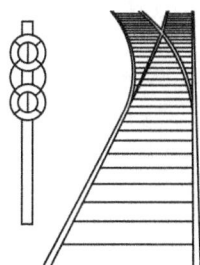

六、车挡表示器的显示

车挡表示器设置在线路终端的车挡上，昼间显示一个红色方牌；夜间显示一个红色灯光，如图 4-132 所示。

安全线及避难线可不设置车挡表示器。

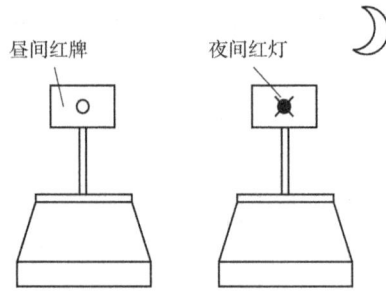

图 4-132　车挡表示器的显示

七、线路标志及信号标志的设置

线路标志:公里标、半公里标、曲线标、圆曲线和缓和曲线的始(终)点标、桥梁标、隧道(明洞)标、坡度标,以及铁路局集团公司、工务段、线路车间、线路工区和供电段的管界标。

信号标志:警冲标、站界标、预告标、引导员接车地点标、司机鸣笛标、电力机车禁停标、电气化区段的断电标、禁止双弓标合电标、接触网终点标、准备降下受电弓标、升起受电弓标、作业标、减速地点标、补机终止推进标、机车停车位置标、四显示区段机车信号接通标、四显示区段机车信号断开标、四显示区段调谐区标、级间转换标、通信模式转换标,以及通知操纵除雪机人员的临时信号标志等。

线路、信号标志内侧设在距线路中心不小于3.1 m处(警冲标除外)。

(1)线路标志,按计算公里方向设在线路左侧。双线区段须另设线路标志时,应设在列车运行方向左侧。

①公里标、半公里标,设在一条线路自起点计算每一整公里、半公里处,如图4-133所示。

②曲线标,设在曲线中点处,标明曲线中心里程、半径大小、曲线与缓和曲线长度,如图4-134所示。

图 4-133　公里标、半公里标、百米标的设置

图 4-134　曲线标的设置

③圆曲线与缓和曲线始(终)点标,设在直缓、缓圆、圆缓、缓直各点处,标明所向方向为

直线、圆曲线或缓和曲线,如图 4-135 所示。

④桥梁标,设在桥梁两端桥头处,标明桥梁编号、中心里程和长度,如图 4-136 所示。

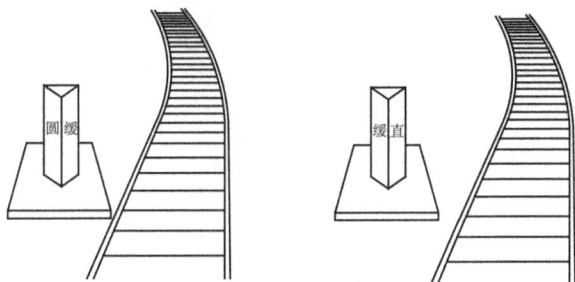

图 4-135　圆曲线与缓和曲线始(终)点标的设置　　　图 4-136　桥梁标的设置

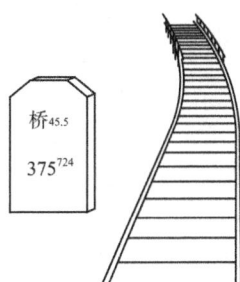

⑤隧道(明洞)标,直接标注在隧道(明洞)两端洞门端墙上,标明隧道号或名称、中心里程和长度,如图 4-137 所示。

⑥坡度标,设在线路坡度的变坡点处,两侧各标明其所向方向的上、下坡度值及其长度,如图 4-138 所示。

⑦铁路局集团公司、工务段、线路车间、线路工区和供电段的管界标,设在各单位管辖地段的分界点处,两侧标明所向的单位名称,如图 4-139 所示。

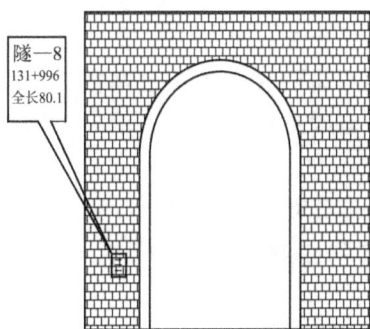

图 4-137　隧道(明洞)标的设置　　　图 4-138　坡度标的设置　　　图 4-139　管界标的设置

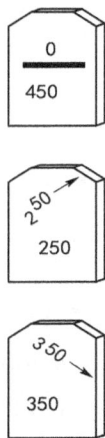

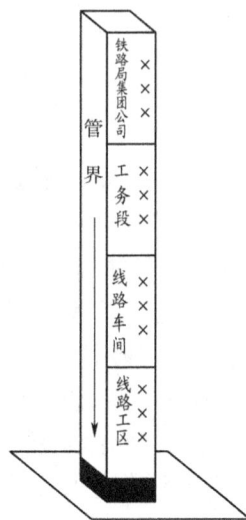

(2)信号标志,设在列车运行方向左侧(警冲标除外)。

①警冲标,设在两会合线路线间距离为 4 m 的中间。线间距离不足 4 m 时,设在两线路中心线最大间距的起点处,如图 4-140 所示。在线路曲线部分所设道岔附近的警冲标与线路中心线间的距离,应按限界的加宽增加。

②站界标,设在双线区间列车运行方向左侧最外方顺向道岔(对向出站道岔的警冲标)外不小于 50 m 处,或邻线进站信号机相对处,如图 4-141 所示。

图 4-140　警冲标的设置

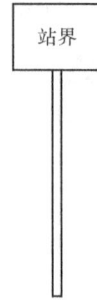

图 4-141　站界标的设置

③预告标，设在进站信号机外方 900 m、1000 m 及 1100 m 处，如图 4-142 所示，但在设有预告信号机及自动闭塞的区段，均不设预告标。

在双线区间，退行的列车看不见邻线的预告标时，在距站界外 1100 m 处特设一个预告标，如图 4-143 所示。

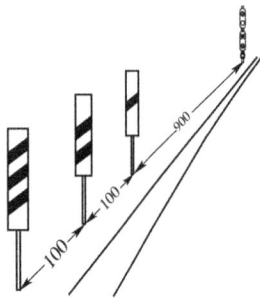

图 4-142　进站信号机外方的预告标
（尺寸单位:m）

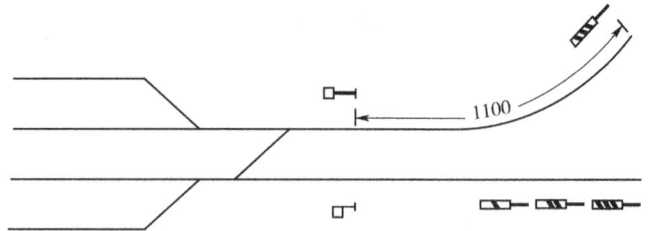

图 4-143　双线区间,设在站界外方的
预告标(尺寸单位:m)

④引导员接车地点标，列车在距站界 200 m 以外，不能看见引导人员在进站信号机或站界标处显示的手信号时，须在列车距站界 200 m 外能清晰地看见引导人员手信号的地点设置，如图 4-144 所示。

⑤司机鸣笛标，设在道口、大桥、隧道及视线不良地点的前方 500 ~ 1000 m 处。在非限鸣区域，司机见此标志须长声鸣笛，如图 4-145 所示。在限鸣区域内，司机见此标志应开启灯显示警设备，除危及行车安全等情况外，限制鸣笛。

图 4-144　引导员接车地点标的设置

图 4-145　司机鸣笛标的设置

⑥电力机车禁停标,设在站场、区间接触网不同供电臂间的电分段两端,电力机车在此标志提示的禁停区域内不得停留,如图4-146所示。

⑦在电气化区段分相绝缘器前方,分别设断电标(见图4-147)、禁止双弓标(见图4-148)。对于最高运行速度大于120 km/h的旅客列车、特快货物班列及最高运行速度为120 km/h的货物列车、快速货物班列运行的线路,在断电标的前方增设特殊断电标(见图4-147)。在接触网电分相后方设合电标(见图4-149)。断电标、禁止双弓标、合电标等的设置位置如图4-150所示。在双线电气化区段,在"合""断"电标背面,可分别加装"断""合"字标,作为反方向行车的"断""合"电标使用。

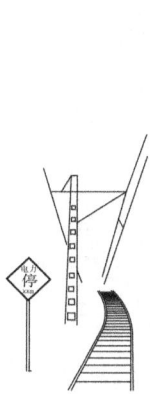

图4-146　电力机车禁停标的设置　　　　图4-147　断电标的设置

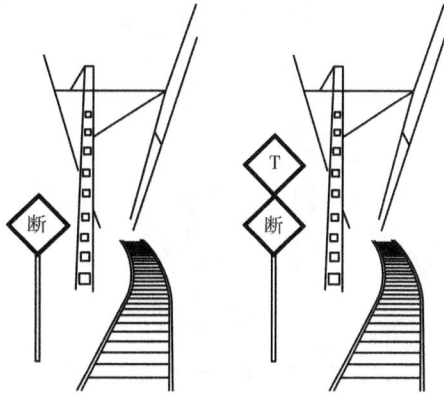

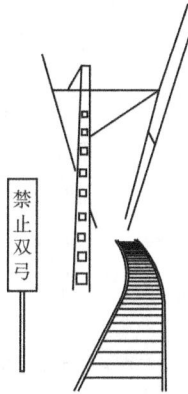

图4-148　禁止双弓标的设置　　　图4-149　合电标的设置

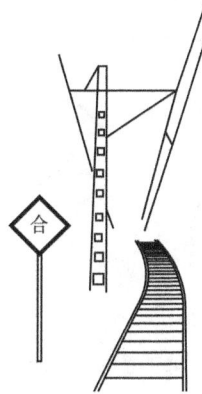

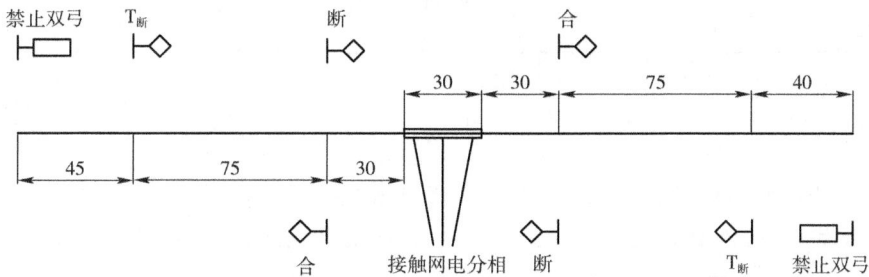

图4-150　断电标、禁止双弓标、合电标等的设置位置(尺寸单位:m)

127

⑧接触网终点标,设在站内接触网边界,如图 4-151 所示。

⑨在电气化线路接触网故障降弓地段前方,分别设准备降下受电弓标(见图 4-152)、降下受电弓标(见图 4-153);对于最高运行速度大于 120 km/h 的旅客列车、特快货物班列及最高运行速度为 120 km/h 的货物列车、快速货物班列运行的线路,在降下受电弓标的前方增设特殊降弓标(见图 4-153)。在降弓地段后方,设升起受电弓标(见图 4-154)。准备降下受电弓标、降下受电弓标、升起受电弓标的设置位置如图 4-155 所示。

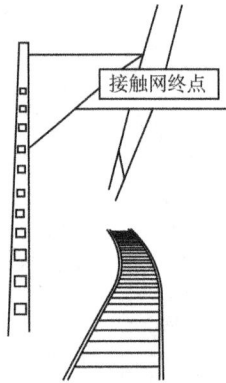

图 4-151　接触网终点标的设置　　图 4-152　准备降下受电弓标的设置

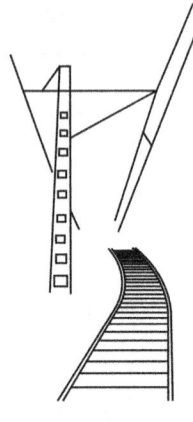

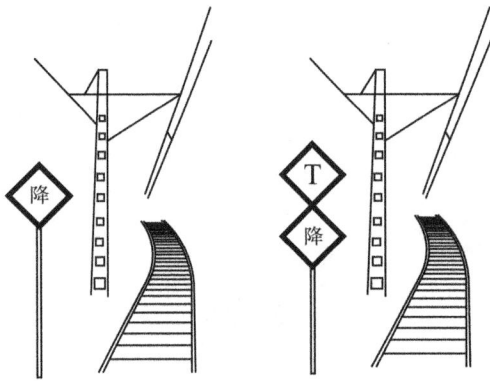

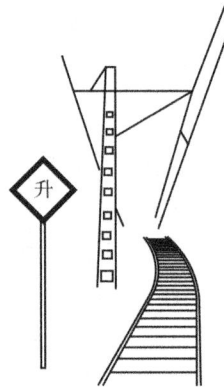

图 4-153　降下受电弓标的设置　　图 4-154　升起受电弓标的设置

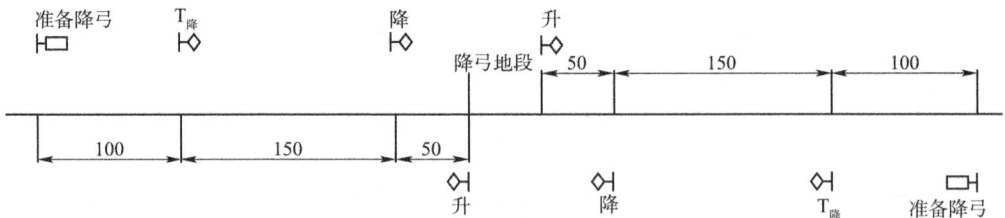

图 4-155　准备降下受电弓标、降下受电弓标、升起受电弓标的设置位置(尺寸单位:m)

⑩作业标,设在施工线路及其邻线距施工地点两端 500~1000 m 处,如图 4-156 所示。司机见此标志须提高警惕,长声鸣笛。

⑪减速地点标,设在需要减速地点的两端各 20 m 处。正面表示列车应按规定限速通过

地段的始点;背面表示列车应按规定限速通过地段的终点,如图 4-157 所示。

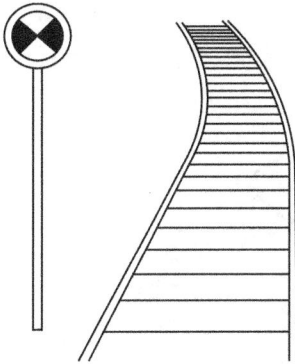

图 4-156 作业标的设置

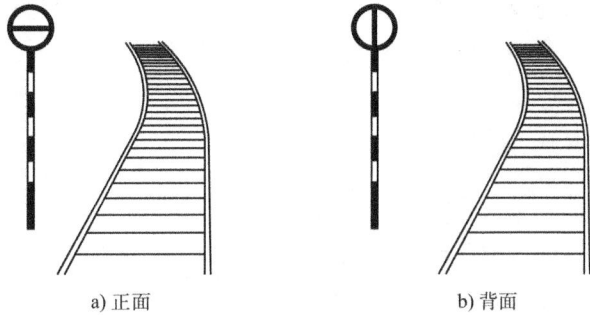

a) 正面   b) 背面

图 4-157 减速地点标的设置

⑫补机终止推进标(见图 4-158)、机车停车位置标(见图 4-159)的设置位置由铁路局集团公司决定。

图 4-158 补机终止推进标的设置

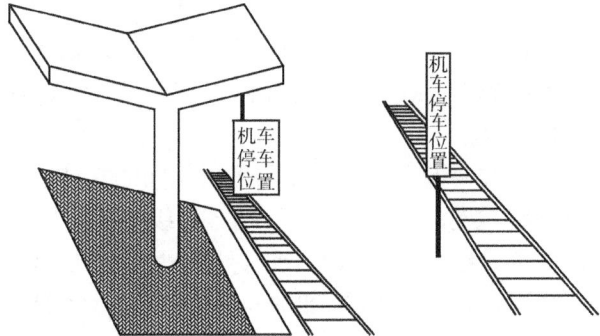

图 4-159 机车停车位置标的设置

⑬四显示区段机车信号接通标(机车信号接通标),即涂有白底色、黑竖线、黑框的反光菱形板及黑白相间的立柱标志,如图 4-160 所示。

⑭四显示区段机车信号断开标,即涂有白底色、中间断开的黑横线、黑框的反光菱形板及黑白相间的立柱标志,如图 4-161 所示。

图 4-160 四显示区段机车信号接通标的设置

图 4-161 四显示区段机车信号断开标的设置

⑮四显示区段调谐区标志。

Ⅰ型为反向区间停车位置标,涂有白底色、黑框、黑"停"字、斜红道,标明调谐区长度的反光菱形板标志,如图4-162所示。

Ⅱ型为反方向行车困难区段的容许信号标,涂有黄底色、黑框、黑"停"字、斜红道,标明调谐区长度的反光菱形板标志,如图4-163所示。

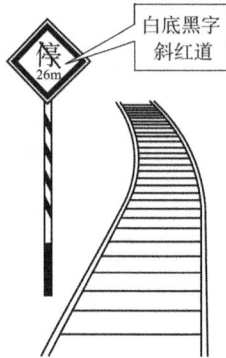

图4-162　反向区间停车位置标的设置　　　图4-163　反方向行车困难区段的容许信号标的设置

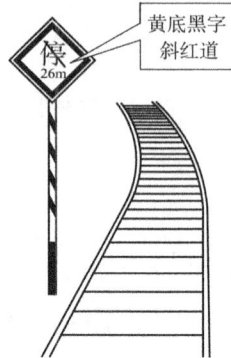

Ⅲ型用于反方向运行合并轨道区段之间的调谐区或因轨道电路超过允许长度而设立分隔点调谐区标志,涂有蓝底色、白"停"字、斜红道,标明调谐区长度的反光菱形板标志,如图4-164所示。

以上三种调谐区标志均使用黑白相间的立柱。

⑯级间转换标:在CTCS-0/CTCS-2级转换边界一定距离前方的级间转换应答器组对应的线路左侧设级间转换标志。该标志采用涂有白底色、黑框,写有黑"C0""C2"标记的反光菱形板及黑白相间的立柱,如图4-165和图4-166所示。

图4-164　分隔点调谐区标志的设置　　图4-165　级间转换标的设置1　　图4-166　级间转换标的设置2

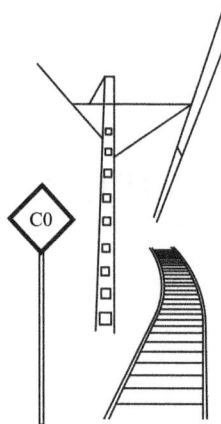

⑰通信模式转换标:在始发站列车停车标内方或需要转换通信模式的相应地点设机车综合无线通信设备通信模式转换提示标志,标志牌顶边距轨面2.5 m。该标志面采用涂有白底色、黑框,写有黑"通信转换"字样的方形板,如图4-167所示。

⑱通知操纵除雪机人员的临时信号标志如下。

a.除雪机工作阻碍标——表示前面有道口、道岔、桥梁等建筑物,妨碍除雪机在工作状态下通过。

b.除雪机工作阻碍解除标——表示已通过阻碍地点。

操纵除雪机人员的临时信号标志的设置如图4-168所示。

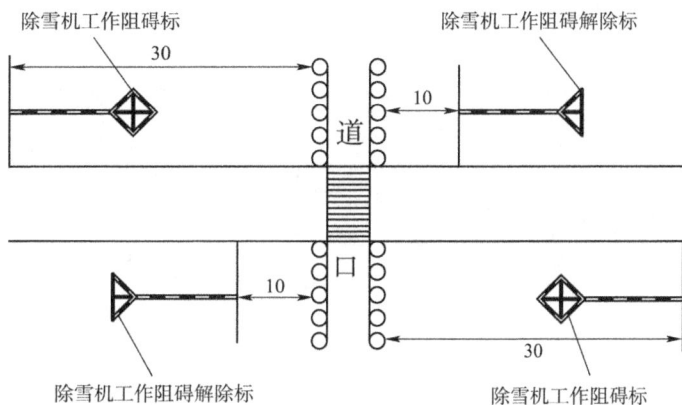

图4-167　通信模式转换标的设置　　图4-168　操纵除雪机人员的临时信号标志的设置(长度单位:m)

八、线路安全保护标志的设置

1.安全保护区标桩

铁路线路安全保护区的范围,按《铁路安全管理条例》的规定执行。线路安全保护区标桩分为A型[见图4-169a)]和B型[见图4-169b)]两种。

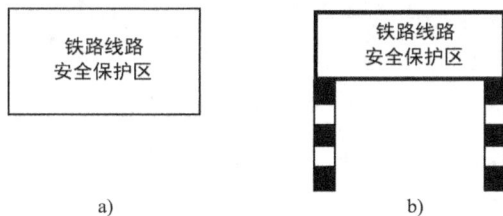

图4-169　线路安全保护区标桩的设置

A型标桩为基本型,沿铁路线路安全保护区边界每200 m左右设置一个,在特殊地段可增加或减少设置数量,人烟稀少地区可不设置。

B型标桩为辅助型,适用于在人员活动频繁地段的道口、桥隧两端、公路立交桥附近醒目地点、居民区附近和人身伤害事故多发地段的铁路线路安全保护区边界设置。

标桩在铁路线路两侧规定距离设置时,应与线路另一侧标桩相错埋设。

2.警示、保护标志

在下列地点应设置警示、保护标志。

(1)在未完全封闭的铁路桥梁、隧道的两端,设严禁通过标,如图4-170a)所示。

(2)在铁路桥梁跨越河道上下游规定的地点,设严禁采砂标,如图4-170b)所示。

（3）在铁路信号、通信光(电)缆埋设、铺设地点,设电缆标,如图4-170c)所示。

（4）在电气化铁路接触网、自动闭塞供电线路和电力贯通线路等电力设施附近易发生危险的地方,设严禁进入标,如图4-170d)所示。

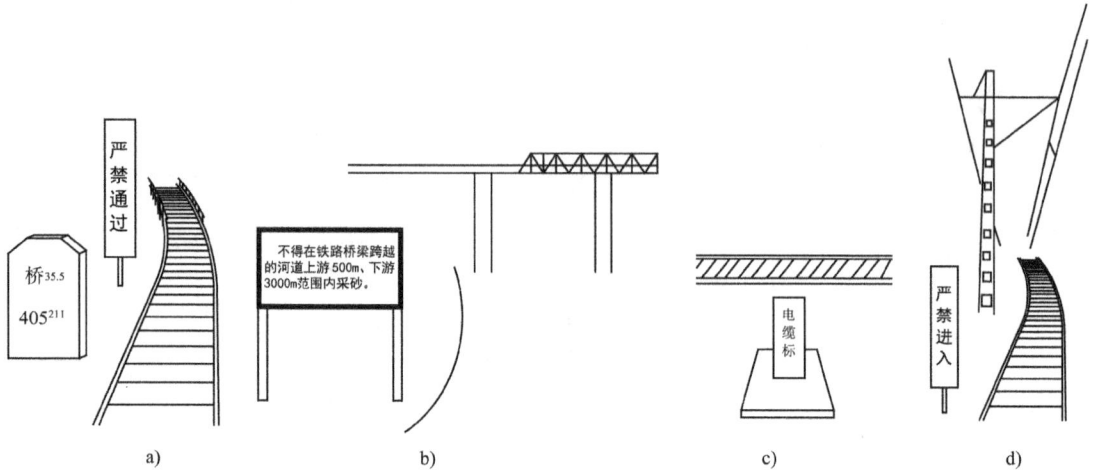

图4-170　警示、保护标志的设置

3.人行过道路障桩

在铁路线路允许行人、自行车通过,禁止机动车通过的人行过道应设置人行过道路障桩,如图4-171所示。

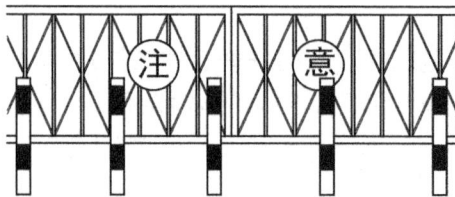

图4-171　人行过道路障桩的设置

九、列车标志的设置

列车应根据其种类及运行的线路和方向,在头部和尾部分别显示不同的列车标志。列车标志的显示方式,昼间与夜间相同,但昼间不点灯,其显示方式如下。

（1）列车在双线区段正方向及单线区段运行时,机车前端一个头灯及中部右侧一个白色灯光,如图4-172所示。列车尾部两个侧灯,向后显示红色灯光,向前显示白色灯光;挂有列尾装置时,为列尾装置向后显示红白相间的反射标志和一个红色闪光灯光,如图4-173所示。

（2）列车在双线区段反向运行时,机车前端一个头灯及中部右侧一个红色灯光,如图4-174所示;列车尾部标志与本条第(1)项同。

（3）列车推进运行时,列车前端两个侧灯,向前显示红色灯光,向后显示白色灯光;挂有列尾装置时,为列尾装置向前显示红白相间的反射标志和一个红色闪光灯光,如图4-175所示。

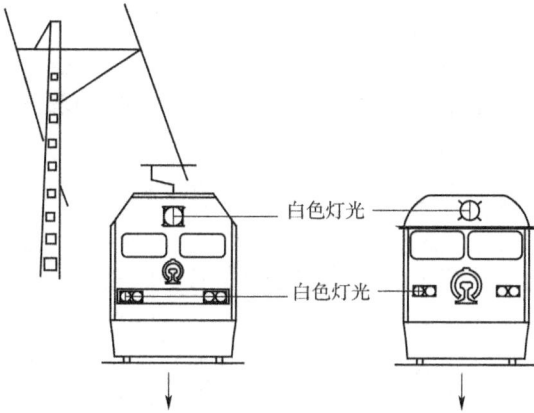

图 4-172　列车标志的设置 1

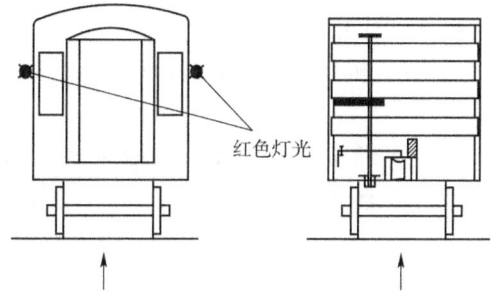

图 4-173　列车标志的设置 2

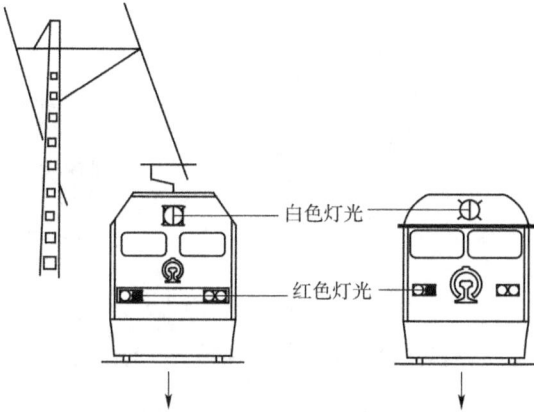

图 4-174　列车标志的设置 3

图 4-175　列车标志的设置 4

机车后端中部左侧一个红色灯光,如图 4-176 和图 4-177 所示。

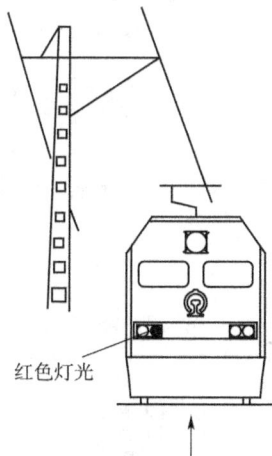

图 4-176　列车标志的设置 5

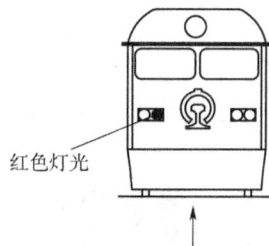

图 4-177　列车标志的设置 6

列车在双线区段正向推进运行时,列车前端向前显示左侧一个红色灯光,右侧一个白色灯光,向后显示左侧一个白色灯光;挂有列尾装置时,为列尾装置显示红白相间的反射标志和一个红色闪光灯光,如图 4-178 所示。

(4)列车后部挂有补机时,机车后部标志与第(3)项同。

(5)单机在双线区段正方向及单线区段运行时,机车前端标志与第(1)项同;后部标志与第(3)项同。

(6)单机在双线区段反方向运行时,机车前端标志与第(2)项同;后部标志与第(3)项同。

(7)调车机车及机车出入段时,机车前端标志与第(1)项同;机车后端中部左侧一个白色灯光,如图 4-179 所示。

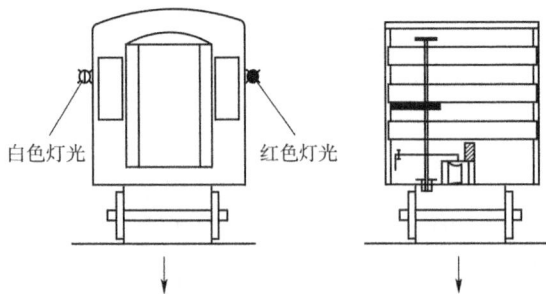

图 4-178　列车标志的设置 7

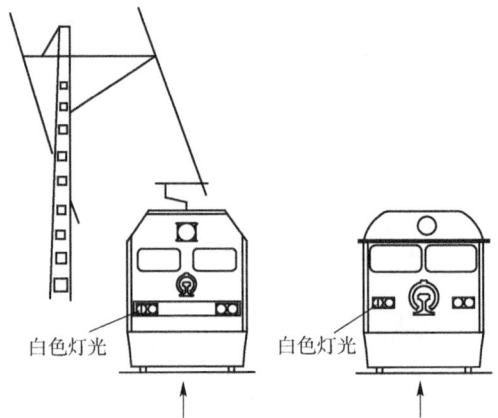

图 4-179　列车标志的设置 8

(8)重型轨道车运行时,前端一个白色灯光,如图 4-180 所示;后端一个红色灯光,如图 4-181 所示。

图 4-180　列车标志的设置 9

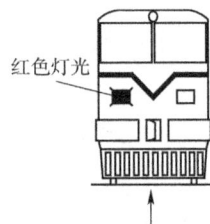

图 4-181　列车标志的设置 10

引用规章

《铁路技术管理规程》(普速铁路部分)第 446 条～第 459 条。

引用规章链接4-4

《铁路技术管理规程》(普速铁路部分)第446条~第459条

案例4-4

掌握信号表示器及标志的使用规范

任务五　掌握听觉信号的使用规范

🌀 学习目标

知识目标

1. 掌握机车、轨道车鸣笛鸣示方式。

2. 掌握口笛、号角鸣示方式。

能力目标

1. 能够正确进行机车、轨道车鸣笛鸣示。

2. 能够正确进行口笛、号角鸣示。

素质目标

1. 发扬"严谨细致,认真负责"的工作作风。

2. 发扬按规律办事、按规矩做事的工作作风。

3. 树立安全第一、安全高于一切的理念。

✿ 任务描述

首先,仔细阅读下文的案例,掌握事故概况,带着任务学习"知识探索"中关于听觉信号的相关内容,掌握机车、轨道车鸣笛鸣示方式,掌握口笛、号角鸣示方式等内容。其次,对应上述内容学习《铁路技术管理规程》(普速铁路部分)相对应的条文,弄清规程原文是如何规定的。最后,根据所学知识分析下文的案例。要求:说明事故作业分类、事故性质分类、风险事项分类、事故主要原因,并说明事故违反规程的哪项条文。

❀ 案例导入

2010 年 4 月 23 日 3:48:58,广州铁路局郴州站,车站执行 A103 号调车计划,调车长给推进信号,执行第 13 钩计划推进 21 辆南 17 道-10。3:48:59,司机提手柄,3:49:54,走行 119 m,车列速度为 14 km/h,司机将手柄回到零位。3:51:24,走行 415 m,车列速度为 10 km/h,司机见调车长仍未给"十、五、三"车距离信号,采取制动措施。3:51:34,车列从制动开始走行 23 m,以 7 km/h 的速度与 17 道存车连挂上,3:51:42,4 号调车长打紧急停车信号,3:51:45 停车。停车后检查,推进车列与 17 道存车连挂后撞上土挡,车辆南头第一轮对脱轨。其原因是连结员推进运行过程中没有认真确认停留车位置,中断瞭望,在电台发生故障的情况下,没有使用手信号和音响信号显示"十、五、三"车距离信号,也没有发出停车信号。

引导提示:该案例提到了"音响信号"的内容,这里所说的"音响信号"就是"口笛、号角鸣示方式"的一种,可见掌握口笛、号角鸣示方式的有关知识特别重要。

🔧 知识探索

听觉信号,长声为 3 s,短声为 1 s,音响间隔为 1 s。重复鸣示时,须间隔 5 s 以上。

一、机车、轨道车鸣笛鸣示方式

机车、轨道车鸣笛鸣示方式如表 4-1 所示。

机车、轨道车鸣笛鸣示方式　　　　　　　　　　　　　　　　　　表 4-1

名称	鸣示方式	使用时机
起动注意信号	一长声 —	(1)列车起动或机车车辆前进时(双机牵引或使用补机时,本务机车鸣笛后,补机应回答,本务机车再鸣笛一长声后起动); (2)接近鸣笛标、道口、桥梁、隧道、行人、施工地点或天气不良时; (3)电力机车、自轮运转特种设备在检修及整备中,准备降下或升起受电弓时
退行信号	二长声 — —	列车、机车车辆、单机开始退行时
召集信号	三长声 — — —	要求防护人员撤回时
牵引信号	一长一短声 — ·	途中本务机车要求补机牵引运行时(补机应以同样信号回答)
惰行信号	一长二短声 — · ·	本务机车要求补机惰力推进或要求补机断开主断路器时(补机应以同样信号回答)
途中降弓信号	一短一长声 · —	(1)电力机车双机牵引中,本务机车司机要求补机降下受电弓时(补机须以同样信号回答); (2)电力机车司机在途中发现降弓手信号时,应鸣此信号回示
途中升弓信号	一短二长声 · — —	(1)电力机车双机牵引中,本务机车司机要求补机升起受电弓时(补机须以同样信号回答); (2)电力机车司机在途中发现升弓手信号时,应鸣此信号回示
呼唤信号	二短一长声 · · —	(1)机车要求出入段时; (2)在车站要求显示信号时
警报信号	一长三短声 — · · ·	发现线路有危及行车安全的不良处所时
试验自动制动机及复示信号	一短声 ·	(1)试验制动机开始减压时; (2)接到试验制动结束的手信号,回答试风人员时; (3)调车作业中,表示已接受调车长所发出的手信号时

名称	鸣示方式	使用时机
缓解及溜放信号	二短声 · ·	(1)试验制动机缓解时; (2)要求列车乘务组缓解人力制动机时; (3)复示溜放调车信号时
拧紧人力制动机信号	三短声 · · ·	(1)要求列车乘务组拧紧人力制动机时; (2)要求就地制动时
紧急停车信号	连续短声 · · · · · · · ·	司机发现(或接到通知)邻线发生障碍,向邻线上运行的列车发出紧急停车信号时;邻线列车司机听到此种信号后,应紧急停车

二、口笛、号角鸣示方式

口笛、号角鸣示方式如表4-2所示。

口笛、号角鸣示方式　　　　　　　　　　　　表4-2

用途及时机		鸣示方式	
发车、指示机车向显示人反方向移动		一长声	—
指示机车向显示人方向移动		一短一长声	· —
指示发车		一长一短声	— ·
试验制动机减压		一短声	·
试验制动机缓解		二短声	· ·
试验制动机结束及安全信号		一短一长二短声	· — · ·
一道		一短声	·
二道		二短声	· ·
三道		三短声	· · ·
四道		四短声	· · · ·
五道		五短声	· · · · ·
六道		一长一短声	— ·
七道		一长二短声	— · ·
八道		一长三短声	— · · ·
九道		一长四短声	— · · · ·
十道		二长声	— —
二十道		二短两长声	· · — —
十、五、三车距离信号	十车	三短声	· · ·
	五车	二短声	· ·
	三车	一短声	·

用途及时机		鸣示方式	
连结及停留车位置		一长一短一长声	— · —
停车		连续短声	· · · · ·
要求司机鸣笛		二长三短声	— — · · ·
试拉		一短声	·
减速		连续二短声	· ·
溜放		三长声	— — —
取消		二长一短声	— — ·
再显示		二长二短声	— — · ·
列车接近通报信号	上行	二长声	— —
	下行	一长声	—

引用规章

《铁路技术管理规程》(普速铁路部分)第 460 条～第 462 条。

引用规章链接4-5

《铁路技术管理规程》
(普速铁路部分)第460条~
第462条

案例4-5

掌握听觉信号的使用
规范

拓展提升

一、知识巩固

1. 信号显示定位有哪些规定？
2. 信号机的关闭时机有哪些规定？
3. 简述进站色灯信号机显示及意义。
4. 简述出站色灯信号机显示及意义。
5. 移动信号显示有哪些规定？
6. 调车手信号显示有哪些规定？
7. 脱轨表示器显示有哪些规定？
8. 进路表示器显示有哪些规定？
9. 机车、轨道车鸣笛鸣示方式有哪些规定？

二、技能训练

2009 年 11 月 24 日 3∶52，哈尔滨铁路局独立屯站，48709 次列车在车站挂车作业后，在列车运行方向右侧列检防护信号未撤除情况下，车站值班员命令信号员开放 10 道 48709 次列车出站信号。3∶53，助理值班员指示 48709 次列车司机 10 道发车。3∶53，列车起动后，车站值班员接到站内 3 道 6488 号机车司机通知：48709 次列车运行方向右侧列检防护信号未撤，车站值班员立即呼叫司机停车，列车于 3∶55 停车，此时列车头部已越过出站信号机。

请分析以上事故发生的原因。

三、素养培育

火车司机生活报告

司机是驾驭车辆的人，由于车辆的种类不同，司机们的工作性质也就不同。火车司机在驾车这个行业里与其他种类的司机都差不多，也是驾驭着能移动的车辆，把货物或人进行位移，使之达到目的地。火车司机与其他司机所不同的就是操纵龙一样身躯的列车，走行千里万里，不仅责任重大，操纵起来自然也没有汽车那样方便。

列车是由多个车辆组成的，载人的叫作旅客列车，拉货的叫作货物列车，各自在操纵上都有相同与不同。相同的就是不管你是载人的列车，还是拉货的列车，必须按信号行驶，对信号的显示要绝对服从。绝对不能像少数行人或机动车辆过十字路口，看看没有交警，没有摄像,信号没变绿就偷摸溜过去,开火车这样是绝对不行的,必须按信号显示去做,不服从信号的司机,轻者撤职,严重的追究刑事责任。

列车在正常情况下都是在车站内开车或停车,所以要求司机在开车或停车的过程中,必须遵守规定,按标准操作,控制好速度,把列车稳稳地停在站内。停车时货物列车的头部既不能越过出站信号,尾部也不能侵占别的线路。旅客列车的头部要在停车标位置停车,长长的列车要在指定地点停下,难度应该挺大,不像汽车司机一踩刹车,停车位置基本就差不多了。

由此可见,让火车停下不是简单的事情,也是一门技术。蒸汽机车年代,除去上述在车站停车的要求外,在给水站停车也是一个技术活,因为停车后要对准水鹤,停下后没对上水鹤,不能上水,那就要重新起动列车。货物列车牵引三十几辆车,前拉后退的,没几分钟停不下来,结果站停的那点时间都耽误到对水鹤上了。

旅客列车要是一闸没有对准水鹤停下,那可就惨了,车是一动都不能动,因为列车停下来,列车员就把车门打开了,随后就是旅客上下车。这时你要是动了车,把哪个旅客整到车底下,这开火车的工作算是干到头了。所以,蒸汽机车年代,开旅客列车的司机,停车对水鹤应该是具有技术含量的活儿,就那一闸,尽显司机的水平。

更新换代为内燃机车后,机车没有补水这件事了,这样司机的停车压力似乎减轻了不少,但规章还是必须执行,停车质量也必须提高,所以要求又不一样了。货物列车依旧遵循着不能越过信号机,尾部不能侵占别的线路。旅客列车还是要求对标停车,但准确度有了很大的提高。

现在机车都安装了黑匣子,黑匣子有显示前方距离的功能,每个车站根据停车标设定出停车距离,司机下闸停车,质量的好坏,对标的准确,完全依照数据说话,进入允许范围停车的为良好,与设定的距离相符为优秀,这样取消了以往那种“差不多就行”的理念,这样停车“零”误差是操纵旅客列车司机的追求和目标。

当然,绝对的“零”误差停车,对司机来说确实很难,以往的停车是靠目测距离和制动力的强弱来找下闸的地点,现在完全根据数字的变化来决定下闸时机,这个感觉就像穿针引线时,线必须进入针眼中,差一点都不行。

看似“零”误差停车挺难,但有很多乘务员已经开始尝试,再加上对“零”误差停车给予一定奖励,这样推动了大家学习技术的热情,他们相互交流经验,研究操作方法,现在很多司机实现“零”误差停车已经不是天方夜谭,他们的目标是全程每次下闸都是“零”误差。

让火车停下来看似简单,但这里面包含着许多道理,这些道理讲述了火车司机的责任,讲述了一个真正的火车司机必须稳妥开车,稳妥停车,让旅客在车上感到的运动与静止都是一样的。

（资料来源:中国国家铁路集团有限公司官方网站　作者:齐毅浩）

请对上述案例进行讨论,我们可从案例中学习哪些火车运行的知识?从火车司机身上能够学到哪些可贵品质?

铁路技术设备的运用和管理

⊛ 项目背景

铁路作为一种重要的交通运输方式,其车站设施与设备的管理至关重要。铁路车站设施与设备的管理对于铁路的运输安全和效率起着至关重要的作用。通过科学合理的管理方法,可以保障铁路车站设施与设备的正常运行,提高传统运输方式的效率和竞争力。铁路车站管理部门应加强对设施与设备管理的重视,完善管理制度,提升服务水平,以满足旅客的需求,为广大旅客提供安全、便捷、舒适的出行体验。

铁路车站设施与设备主要包括车站建筑、站台设施、线路设备、集装箱和货物设施等。铁路车站设施与设备管理应遵循以下原则:①安全性原则。设施与设备的管理首要原则是确保安全,铁路车站作为公共交通设施,安全问题的重要性不言而喻,因此,必须定期检修、维护和更新设施和设备,以确保其安全可靠。②效率原则。设施与设备管理的目标之一是提高运输效率,通过合理规划车站布局,优化服务流程,利用先进的技术手段,可以提高操作效率,减少停车时间,提高列车运行速度。③经济性原则。有效的设施与设备管理需要在经济可承受的范围内进行,合理评估设施和设备的使用寿命,制订维护与更新计划,合理配置人力资源和物资,从而降低成本,提高管理效率。

铁路车站设施与设备的管理方法包括:①维护与养护。定期进行设施与设备的检修、养护工作,确保其正常运行。②更新与升级。随着科技的不断进步,旧有的设施与设备可能无法适应新的需求,需要进行更新与升级,采用更高效、更环保、更智能的设备,可以提高运营效率,降低能耗。③故障管理。设施与设备的故障是不可避免的,铁路车站需要建立健全的故障处理机制,及时响应旅客的反馈,派遣专业人员进行故障排除,确保设施和设备能够尽快恢复正常运行。④安全管理。安全是设施与设备管理的核心,铁路车站应建立健全的安全管理制度,定期开展安全检查和隐患排查,加强对设施与设备的监控和维护,确保旅客的人身和财产安全。

⊛ 建议学时

10 学时。

任务一 认知铁路技术设备

学习目标

知识目标

1. 掌握限界的定义和作用相关规定。
2. 掌握铁路建筑限界及机车车辆限界相关规定。
3. 掌握线路中心线间距离相关规定。

能力目标

1. 能够正确执行限界的定义和作用相关规定。
2. 能够正确执行铁路建筑限界及机车车辆限界相关规定。
3. 能够正确执行线路中心线间距离相关规定。

素质目标

1. 发扬严肃、认真、细致的工作作风。
2. 增强生命价值高于一切的意识。
3. 树立安全第一、安全高于一切的理念。

任务描述

首先,仔细阅读下文的案例,掌握事故概况,带着任务学习"知识探索"中关于铁路技术设备的相关内容,掌握限界的定义和作用、铁路建筑限界及机车车辆限界、线路中心线间距离等内容。其次,对应上述内容学习《铁路技术管理规程》(普速铁路部分)相对应的条文,弄清规程原文是如何规定的。最后,根据所学知识分析下文的案例。要求:说明事故作业分类、事故性质分类、风险事项分类、事故主要原因,并说明事故违反规程的哪项条文。

案例导入

2023 年 6 月 8 日 12:33,广州铁路局集团公司艮山口站,广州铁路局集团公司怀化车务段艮山口站执行 C001 号调车作业,计划 14 钩。13:47 至 13:51 执行第 7 钩石 1+6 时,2 号连结员对石 1 线线路、车辆等进行了检查,情况正常,此时肇事汽车停在石 1 线旁,距钢轨外侧 8 m,第 7 钩作业完毕后石 1 线为空线。15:32 作业至第 12 钩,调机带车 17 辆(重车,货物品名:煤)由北往南以7 km/h 的速度推进运行时,1 号连结员(男,23 岁,2022 年 10 月 1 日定岗连结员)站在推进车列最前端车辆(C70)1 位端的车梯上,发现一辆汽车停在石 1 线旁,且汽车尾部车厢侵限。1 号连结员呼"减速""停车"后使用紧急停车键,随即身体与汽车侧面发生撞击。17:30,120 现场急救无效后死亡。其主要原因是肇事汽车司机14:38(第 7 钩作业以后)为后续装车而倒车,侵入铁路限界;作业线路连续弯道,瞭望距离短,推进车列前端1 号连结员发现侵限汽车时距离只有20 m左右,1号连结员安全带挂在车梯上,应急处置不及。

引导提示:该案例提到了"侵限""限界"的概念,这些概念都与限界及线路间距有关,可见掌握限界等铁路技术设备的有关知识特别重要。

知识探索

一、限界的定义和作用

1. 限界的定义

铁路限界是为了确保机车车辆在铁路线路上运行的安全,防止机车车辆撞击邻近线路的建筑物和设备,而对机车车辆和接近线路的建筑物、设备所规定的不允许超越的轮廓尺寸线。铁路基本限界包括机车车辆限界和建筑限界。

(1)机车车辆限界是机车车辆横断面的最大极限,也就是机车车辆不同部位的宽度、高度的最大尺寸和底部零件至轨面的最小距离。具体来说,就是当机车车辆停留在平直铁道上,车体的纵向中心线和线路的纵向中心线重合时,其任何部分不得超出规定的极限轮廓线。机车车辆无论空、重状态,均不得超出机车车辆限界。

(2)建筑限界是一个与线路中心线垂直的横断面,其规定了保证机车车辆安全通行所必需的横断面的最小尺寸。一切建筑物、设备,均不得侵入铁路建筑限界。

2. 限界的作用

规定建筑限界以后,在铁路沿线修建的房屋及安设的相关设备都要遵守建筑限界的规定;规定了机车车辆限界后,在制造铁路机车、车辆装备时都要遵守机车车辆限界的规定,同时在装载货物时也要遵守机车车辆限界的规定,也可以根据机车车辆限界的规定来确定超限货物的等级。

二、铁路建筑限界及机车车辆限界

1. 铁路建筑限界

2014版《铁路技术管理规程》(普速铁路部分)对铁路建筑限界做了详尽的规定,根据不同的线路条件分为$v \leqslant 160$ km/h客货共线铁路建筑限界、$v > 160$ km/h客货共线铁路建筑限界、双层集装箱运输装载限界及双层集装箱运输铁路建筑限界三大类。对于$v \leqslant 160$ km/h客货共线铁路建筑限界具体分为基本建筑限界图、基本建筑限界图(车库门等)、隧道建筑限界图(内燃牵引区段)、隧道建筑限界图(电力牵引区段)、桥梁建筑限界图(内燃牵引区段)、桥梁建筑限界图(电力牵引区段)六类;对于$v > 160$ km/h客货共线铁路建筑限界,具体分为基本建筑限界图、桥隧建筑限界图(内燃牵引区段)、桥隧建筑限界图(电力牵引区段)三类;双层集装箱运输装载限界及双层集装箱运输铁路建筑限界,具体分为双层集装箱运输装载上部限界图、双层集装箱运输基本建筑限界图、双层集装箱运输桥隧建筑限界图(内燃牵引区段)、双层集装箱运输桥隧建筑限界图(电力牵引区段)四类。现以$v \leqslant 160$ km/h客货共线铁路建筑限界基本建筑限界图来说明建筑限界知识,如图 5-1 所示。

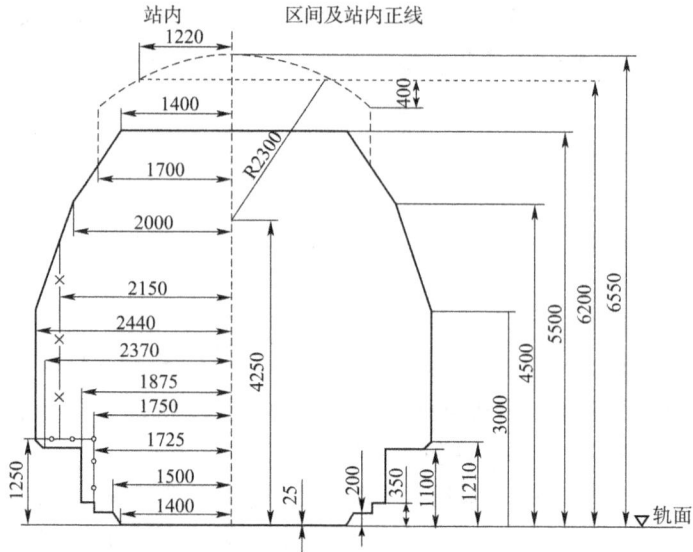

—×— 信号机、高架候车室结构柱和接触网、跨线桥、天桥、电力照明、雨棚等杆柱的建筑限界(正线不适用);
—○— 站台建筑限界(正线不适用);
—— 各种建(构)筑物的基本限界;
---- 适用于电力牵引区段的跨线桥、天桥及雨棚等建筑物;
····· 电力牵引区段的跨线桥在困难条件下的最小高度

图 5-1　基本建筑限界图(单位:mm)

旅客站台上柱类建(构)筑物距站台边缘不小于 1500 mm,建(构)筑物距站台边缘不小于2000 mm。旅客站台分为低站台、高站台,低站台高度为 300 mm、500 mm,高站台高度为1250 mm。货物站台的高度为 900~1100 mm。在非电气化区段的车站上,车辆调动频繁的站场内,天桥的高度不小于5800 mm。

货物高站台边缘(只适用于线路的一侧)在高出轨面的 1100~4800 mm 范围,距线路中心线距离可按 1850 mm 设计。

当机车车辆通过曲线时,机车车辆长度方向中心位置会向曲线圆心方向(内侧)产生偏移,这就要求曲线内侧上建筑限界相应加宽;同样,当机车车辆通过曲线时,机车车辆端部会向曲线外侧偏移,这就要求曲线外侧上建筑限界相应加宽。曲线上建筑限界加宽办法如下。

曲线内侧加宽(mm):

$$W_1 = \frac{40500}{R} + \frac{H}{1500}h$$

曲线外侧加宽(mm):

$$W_2 = \frac{44000}{R}$$

曲线内外侧加宽共计(mm):

$$W = W_1 + W_2 = \frac{84500}{R} + \frac{H}{1500}h$$

式中:R——曲线半径(m);

　H——计算点自轨面算起的高度(mm);

　h——外轨超高(mm)。

$\dfrac{H}{1500}h$ 的值也可以用内侧轨顶为轴,将有关限界旋转 θ 角 $\left(\theta=\arctan\dfrac{h}{1500}\right)$ 求得。

曲线上建筑限界的加宽范围包括全部圆曲线、缓和曲线和部分直线。加宽方法可采用图 5-2 所示的阶梯形方式,或采用曲线圆顺方式。

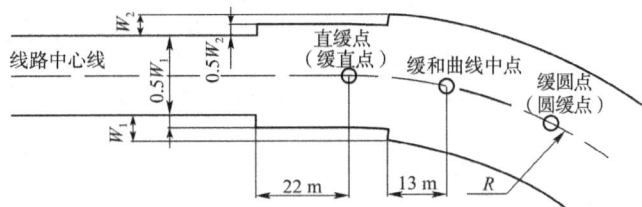

图 5-2　曲线加宽方法

2.机车车辆限界

2014 版《铁路技术管理规程》(普速铁路部分)规定了机车车辆上部限界图、机车车辆下部限界图、通过驼峰车辆减速器(顶)(制动或工作位置)的货车下部限界图、通过驼峰车辆减速器(顶)(缓解位置)的调车机车下部限界图,本书以前两项为例进行说明。

(1)机车车辆上部限界图(见图 5-3)

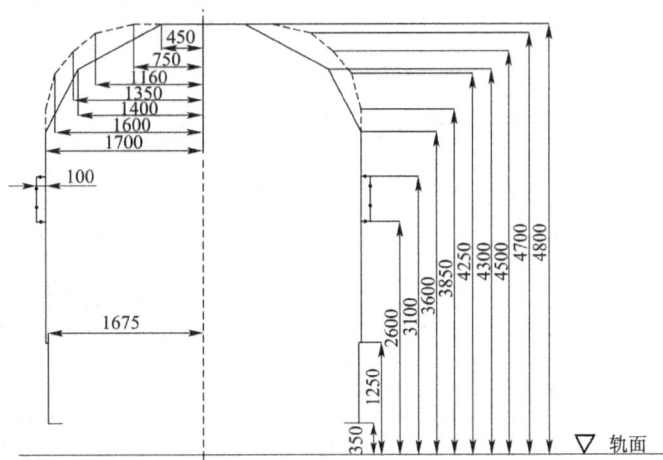

————机车车辆限界基本轮廓;

--------电力机车限界轮廓;

———列车信号、后视镜装置限界轮廓

图 5-3　机车车辆上部限界图(尺寸单位:mm)

(2)机车车辆下部限界图(见图 5-4)

三、线路中心线间距

线间距:是两条线路中间线之间的距离。不同用途的线路要求与其相邻线路间的距离也是不同的,线间距的大小取决于两条线路通过列车的速度、通过列车的种类、线路间是否有关系设备、是否有人员作业等因素。反过来说,当某个车站的线间距固定以后,也从某种程度上决定了线路的用途,车站就可以在此基础上规定各条线路的使用限制。铁路线间距如表5-1所示。

图5-4　机车车辆下部限界图(尺寸单位:mm)

铁路线间距

表5-1

顺序	名称			线间最小距离(mm)
1	区间双线	$v \leqslant 120$ km/h		4000
		120 km/h $< v \leqslant 160$ km/h		4200
		160 km/h $< v \leqslant 200$ km/h		4400
2	三线及四线区间的第二线与第三线			5300
3	站内正线			5000
4	站内正线与相邻到发线	无列检作业		5000
		有列检作业或上水作业	$v \leqslant 120$ km/h 一般	5500
			$v \leqslant 120$ km/h 改建特别困难	5000
			120 km/h $< v \leqslant 160$ km/h 一般	6000
			120 km/h $< v \leqslant 160$ km/h 改建特别困难	5500
			160 km/h $< v \leqslant 200$ km/h 一般	6500
			160 km/h $< v \leqslant 200$ km/h 改建特别困难	5500
5	到发线间或到发线与其他线			5000
6	站内线间设有高柱信号机时,相邻两线(含正线)均需通行超限货物列车			5300
7	站内线间设有高柱信号机时,相邻两线(含正线)只有一条通行超限货物列车			5000
8	牵出线与其相邻线	调车作业繁忙车站		6500
		改建困难或仅办理摘挂取送作业		5000

注:线间有建(构)筑物或有影响限界的设施,最小线间距按建筑限界计算确定。既有线列车最高运行速度提速到140～160 km/h时,可保持4 m线间距。

146

1. 直线部分

站内正线须保证能通过超限货物列车。此外,在编组站、区段站及区段内选定的 3 ~ 5 个中间站上,单线铁路应另有一条线路,双线铁路上、下行各另有一条线路,须能通行超限货物列车。

2. 曲线部分

《铁路技术管理规程》(普速铁路部分)规定:曲线地段的中心线间的水平距离和线间设施(含站台边缘)至线路中心线的最小距离,均按曲线半径大小,根据规定的 $v \leqslant 160$ km/h 客货共线铁路的曲线上建筑限界加宽办法计算确定。

引用规章

《铁路技术管理规程》(普速铁路部分)第 14 条和第 15 条、附图 1 和附图 2。

引用规章链接5-1

《铁路技术管理规程》(普速铁路部分)第14条和第15条、附图1和附图2

案例5-1

认知铁路技术设备

任务二　认知铁路线路设备

学习目标

知识目标

1. 掌握铁路线路相关规定。
2. 掌握路基及轨道相关规定。

能力目标

1. 能够正确运用铁路线路设备。
2. 能够正确运用路基及轨道设备。

素质目标

1. 弘扬各司其职、各负其责的职业担当精神。
2. 树立尊重科学、运用科学的科学主义理念。
3. 树立安全第一、安全高于一切的理念。

任务描述

首先,仔细阅读下文的案例,掌握事故概况,带着任务学习"知识探索"中关于铁路线路设备的相关内容,掌握铁路线路、路基及轨道等内容。其次,对应上述内容学习《铁路技术管理规程》(普速铁路部分)相对应的条文,弄清规程原文是如何规定的。最后,根据所学知识分析下文的案例。要求:说明事故作业分类、事故性质分类、风险事项分类、事故主要原因,并说明事故违反规程的哪项条文。

案例导入

2009年1月16日0:41,广州铁路局牛马司站,列车41061次到站调车作业,0:52,扳道员准备第一钩调车进路时,没有操作进路上原开通安全线的8号道岔,就盲目向车站值班员汇报调车进路已经备好。当调车组和司机要道时,未再次确认调车进路是否正确,便向调车长和司机显示了进路开通信号。1:06,1+18牵出时,由于8号道岔位置开通不正确,机车及机后13位车辆(第13位前台车)挤过8号道岔,作业人员未发现。1:10,2-2推进运行时,机后第12、13位车辆脱轨,其中机后第12位进入安全线,撞上土挡后,前台车两个轮对脱轨,机后第13位前台车进入2道位置、后台车进入安全线,前后台车均脱轨。

引导提示:该案例提到了"安全线""土挡"的概念,这些概念都与铁路线路设备有关,可见掌握铁路线路设备的有关知识特别重要。

⚙ 知识探索

一、铁路线路

1.铁路线路的种类

铁路线路分为正线、站线、段管线、岔线、安全线及避难线。

(1)正线是指连接车站并贯穿或直股伸入车站的线路。

(2)站线是指到发线、调车线、牵出线、货物线及站内指定用途的其他线路。

(3)段管线是指机务、车辆、工务、电务、供电等段专用并由其管理的线路。

(4)岔线是指在区间或站内接轨,通向路内外单位的专用线路。

(5)安全线是指为防止列车或机车车辆从一进路进入另一列列车或机车车辆占用的进路而发生冲突的一种安全隔开设备。

①岔线、段管线与正线、到发线接轨时,均应铺设安全线。但岔线与站内到发线接轨,当站内有平行进路、隔开设备及隔开道岔并有联锁装置时,可不设安全线。安全线示意图如图 5-5a)所示。

②在进站信号机外制动距离内进站方向为超过6‰的下坡道的车站,应在正线或到发线的接车方向末端设置安全线,如图 5-5b)所示。

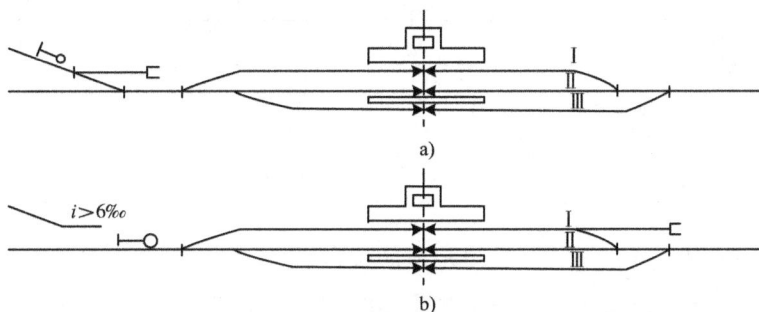

思政案例

"五一"坚守岗位牙林铁路上的工务人

图 5-5　安全线示意图

③合资铁路、地方铁路及专用铁路与国家铁路车站接轨,其接轨处或接车线末端应设隔开设备(设有平行进路并有联锁时除外)。

④安全线向车挡方向不应采用下坡道,其有效长度一般不小于 50 m。

(6)避难线是指在陡长下坡道上能使失控列车安全进入的线路。在山丘或丘陵陡峻地区,区间线路纵断面特殊不利时,为了防止在陡长下坡道上失去控制的列车发生冲突或颠覆,应根据线路情况,按牵引计算确定在区间或站内设置避难线。避难线的类型有以下三种。

①尽端式避难线,主要是依靠逐步升高的坡度来抵消失控列车的动能,迫使其停车。其优点是线路建筑长度较短,结构简单,易于养护,安全性好;其缺点是失控列车在较陡的避难线上停车后,可能发生倒遛,易造成区间堵塞,影响线路通行能力。

②环形避难线,是装有弹簧道岔的圆形线路,依靠线路曲线阻力来抵消失控列车的动

能,使进入圆形线路的失控列车在圆形线路内运行,直至完全停车。其优点是可适应较平坦的地形,失控列车进入环线不堵塞区间,不影响线路通行能力;其缺点是线路建筑长度较长,且曲线半径小,列车速度高,安全性较差。

③砂道避难线,是依靠砂道阻力来抵消失控列车的动能。其主要优点是造价低;其缺点是对线路通行能力或到发线的使用影响较大,维修养护困难。

2. 铁路线路的曲线半径的要求

曲线半径是线路的重要因素之一,曲线半径的大小影响线路最高通行速度。通行速度越高,要求线路的最小曲线半径越大,所以高速铁路线路的曲线半径要大于普速铁路线路的曲线半径。

普通铁路规定:Ⅰ、Ⅱ级铁路区间线路最小曲线半径及最大限制坡度规定,如表5-2和表5-3所示。

铁路区间线路最小曲线半径(m)　　　　　　　　　　　　　　表 5-2

铁路等级	Ⅰ			Ⅱ	
路段设计行车速度(km/h)	200	160	120	120	80
一般	3500	2000	1200	1200	600
困难	2800	1600	800	800	500

铁路区间线路最大限制坡度(‰)　　　　　　　　　　　　　　表 5-3

铁路等级		Ⅰ		Ⅱ	
		一般	困难	一般	困难
牵引种类	电力	6.0	15.0	6.0	20.0
	内燃	6.0	12.0	6.0	15.0

限速地段曲线半径,应符合有关设计规范的规定。

一般条件下,区间线路最大坡度不宜大于20‰;困难条件下,区间线路最大坡度不应大于35‰。动车组走行线的最大坡度不宜大于30‰,特殊困难条件下不应大于35‰;当动车组走行线最大坡度大于30‰时,宜铺设无砟轨道。

中间站、越行站应设在直线上。始发站宜设在直线上,困难条件下设在曲线上时,曲线半径不应小于相应路段设计速度的最小曲线半径。站坪宜设在平道上,当设在坡道上时,坡度一般不大于1‰。

3. 车站曲线半径的要求

车站应设在线路平道、直线的宽阔处。困难条件下,车站必须设在坡道上时,其坡度不应超过1‰;在地形特别困难的条件下,会让站、越行站可设在坡度不大于6‰的坡道上,且不应连续设置,并保证列车的起动。车站必须设在曲线上时,到发线有效长范围内不得设在反向曲线上,其曲线半径不得小于该区段内的最小曲线半径,且不得小于表5-4中规定的数值。

车站平面最小曲线半径　　　　　　表 5-4

路段设计行车速度（km/h）	最小曲线半径（m）		
	区段站	中间站、会让站、越行站	
		一般	困难
80	800	600	600
120	800	1200	800
160	1600	2000	1600
200	2000	3500	2800

二、路基及轨道

1.路基

路基是轨道的基础,它直接承受轨道及机车车辆的压力,路基的状态直接影响线路的质量,《铁路技术管理规程》(普速铁路部分)对路基的宽度、路肩的宽度、路肩高程、路基的保护等做了规定。

(1)路基面的宽度,应考虑远期发展的铁路等级、维修和机械化作业,并根据路拱断面、轨道类型、道床标准形式及尺寸、线间距、电缆槽、接触网支柱、路肩宽度等计算确定。

有砟轨道路肩宽度:线路设计速度为 200 km/h 区段的路肩宽度不小于 1.0 m;线路设计速度为 160 km/h 及以下的铁路路堤不应小于 0.8 m,位于路堑上的路肩宽度不应小于 0.6 m。牵出线的中心线至路肩边缘的宽度不得小于 3.5 m。曲线地段路基外侧加宽办法,按铁路有关规定规范执行。路基应避免高堤深堑。路肩高程受洪水或潮水位控制时,其路肩高程不低于设计洪水位加波浪侵袭高加壅水高再加 0.5 m。

路基两侧应留有足够宽度的铁路用地,保证路基稳定,满足维修检查通道、栅栏设置、绿色通道建设及防沙工程的要求。

(2)路基应按铁路等级采用优质填料填筑坚实,基床及过渡段应强化处理,并设置良好的防排水设备和完善的防排水系统,以及安全可靠的防护设施和支挡结构,工后沉降应满足相应的限值要求。对不良地质条件、特殊土及特殊环境等地段的路基,应采取可靠的加固处理措施,困难时应以桥梁等结构物代替。应及时、彻底加固和整治路基病害,对于一时难以彻底整治的病害,应加强路基监视和检查,并分期整治。在路基范围内埋设电缆和接触网支柱基础时,必须保证路基的稳定和坚固及排水等设施的正常使用。

（微课　道床）

（微课　轨枕）

路基宜优先采用有利于环保的植物(以灌木为主)保护,并结合混凝土、土工合成材料等其他防护措施进行防护,但不能影响列车司机瞭望,倒树不应侵入限界和接触网的安全距离。

2.轨道

轨道由钢轨、轨枕、连接零件、防爬设备、道床、道岔等组成。下面主要介绍钢轨和道岔。

1)钢轨

(1)重量规定。

钢轨重量每延米重量是表示钢轨类型与强度的指标。新建、改建铁路正线采用 60 kg/m 钢轨的跨区间无缝线路;重载铁路正线宜采用 60 kg/m 及以上类型钢轨的无缝线路。钢轨优先采用 100 m(60 kg/m)、75 m(75 kg/m)长定尺轨。对于高速铁路、正线及到发线轨道应采用一次铺设跨区间无缝线路,正线钢轨应采用 100 m 长定尺的 60 kg/m 钢轨。

设计速度 120 km/h 以上铁路正线有砟轨道应采用Ⅲ型轨枕和与轨枕配套的弹条扣件、一级碎石道砟。新建 300 km/h 及以上铁路、长度超过 1 km 的隧道及隧道群地段,可采用无砟轨道。

(2)轨距规定。

轨距是钢轨头部踏面下 16 mm 范围内两股钢轨工作边之间的最小距离。轨距对于行车安全有直接影响,我国铁路采用的是国际标准轨距,直线轨距标准为 1435 mm,由于机车车辆在曲线上会产生横向偏移,故要求曲线部分轨距要相应加宽,如表 5-5 所示的规定。

曲线轨距加宽值 表 5-5

曲线半径 R(m)	加宽值(mm)	曲线半径 R(m)	加宽值(mm)
$R \geq 295$	0	$245 > R \geq 195$	10
$295 > R \geq 245$	5	$R < 195$	15

注:曲线轨距加宽值不符合上述规定时,应有计划地进行改造。

在实际工作中,轨距不可避免地会与标准产生一定的偏差,这在一定限度内是允许的,验收线路时,线路、道岔轨距相对于上述标准的静态允许偏差规定如表 5-6 所示。

线路、道岔轨距静态允许偏差 表 5-6

线路允许速度(km/h)	$v \leq 120$	$120 < v \leq 160$	$160 < v \leq 200$
线路(mm)	+6 −2	+4 −2	±2
道岔(mm)	+3 −2	+3 −2	±2

(3)水平规定。

在直线地段,线路两股钢轨顶面应保持在同一水平上。但机车车辆通过曲线部分时会产生离心力,这时曲线外轨会承受这样的离心力,为了平衡离心力,曲线部分的外轨会适当超高,超高部分应按有关规定的办法和标准确定。最大实设超高:双线地段不得超过 150 mm,单线地段不得超过 125 mm。

验收线路时,线路两股钢轨水平较上述标准的静态允许偏差规定如表 5-7 所示。

(4)轨缝规定。

钢轨接头的预留轨缝应根据钢轨长度,当地历史最高、最低轨温,以及更换钢轨或调整轨缝时的轨温经计算确定。

钢轨水平静态允许偏差　　　　　表 5-7

线路允许速度(km/h)	$v \leqslant 120$	$120 < v \leqslant 160$	$160 < v \leqslant 200$
正线及到发线(mm)	4	4	3
道岔(mm)	4	4	3

绝缘接头的最小轨缝为 6 mm，最大轨缝为构造轨缝。长度大于或等于 25 m 的钢轨铺设在历史最高、最低轨温差大于 100 ℃ 的地区时，预留轨缝应进行个别设计。

2) 道岔

(1) 铺设要求。道岔应铺设在直线上，正线道岔不得与竖曲线重叠，其他道岔应尽量避免与竖曲线重叠。正线道岔钢轨应与线路上的钢轨采用同一类型。其他道岔钢轨在不得已的情况下采用与线路钢轨不同类型时，须保证道岔钢轨的强度不低于线路钢轨的强度，并在道岔前后各铺一节与道岔同轨型的钢轨。

(2) 道岔辙叉号数。道岔辙叉号数等于辙叉角的余切值，道岔辙叉号数的大小直接影响机车车辆侧向通过该道岔的限制速度，道岔辙叉号数越大，允许侧向通过速度越大。道岔辙叉号数的选择应符合下列规定。

①正线道岔的直向通过速度不应小于路段设计行车速度。

②用于侧向通过列车的单开道岔的辙叉号数，应根据列车侧向通过的最高速度合理选用。

③侧向接发停车旅客列车的单开道岔，不得小于 12 号。

④侧向接发停车货物列车并位于正线的单开道岔，在中间车站不得小于 12 号，在其他车站不得小于 9 号。

⑤列车轴重大于 25 t 的铁路正线单开道岔不得小于 12 号。

⑥其他线路的单开道岔不得小于 9 号。

⑦狭窄的站场采用交分道岔不得小于 9 号，但尽量不用于正线，必须采用时不得小于 12 号。

⑧峰下线路的对称道岔不得小于 6 号，三开道岔不得小于 7 号。

⑨段管线的对称道岔不得小于 6 号。

既有道岔的类型及辙叉号数不符合上述规定时，应按该道岔的号数限制行车速度，且应有计划地进行改造。

(3) 可动心轨道岔的采用。按辙叉心轨是否可动，道岔可分为固定型辙叉道岔和可动心轨道岔两种。线路允许速度 120 km/h 及以下区段的正线道岔，采用固定型辙叉道岔；线路允许速度 120 km/h 以上至 160 km/h 及以下，或货车轴重 25 t 及以上区段的正线道岔，采用可动心轨道岔或固定型辙叉道岔；线路允许速度 160 km/h 以上区段的正线道岔，须采用可动心轨道岔。

(4) 道岔编号规定。

①车站根据需要应划分道岔组、道岔区，道岔组、道岔区范围的划分应在《站细》内规定。

②道岔编号，从列车到达方向起顺序编号，上行编为双号，下行编为单号。

③尽头线上向终点方向顺序编号。

④划分车场的车站，每个车场的道岔应单独编号。

⑤一个车站的道岔不得有相同的编号。

（5）道岔管理规定。

①站内线路的道岔及车站与其他单位所管线路相衔接的道岔（包括防护道岔），由车站负责管理。

②人工扳动的道岔或道岔组，应由值班扳道员一人负责管理。个别道岔无专人负责的，由指定的人员兼管。根据需要，可将数个道岔组成道岔区，设扳道长领导道岔区的工作。

③车站集中操纵的道岔，应由车站值班员负责管理，未设车站值班员的由信号长（员）负责管理，驼峰集中操纵的道岔，应由驼峰值班员负责。

④日常应对道岔进行清扫。人工扳动道岔的清扫分工，应在《站细》内规定；集中操纵道岔的清扫分工由铁路局集团公司规定。

⑤集中操纵的道岔联锁失效时，改用手摇把人工操纵，手摇把要实行统一编号、集中管理，建立登记签认制度；电动转辙机手摇把管理办法应在《站细》内规定。联锁道岔应配备紧固、加锁装置，以备联锁失效时用以锁闭道岔。

⑥联锁失效时防止扳动的办法，应在《站细》内规定。未设联锁而需加锁的道岔也应安装加锁装置。加锁装置包括锁板、勾锁器、闭止把加锁、带柄标志加锁。道岔加锁的钥匙管理办法应在《站细》内规定。

（6）道岔定位的规定。

道岔的定位是指道岔除使用、清扫、检查、修理时外，经常向某一方向开通的位置。车站道岔的定位应在《站细》内记明。道岔定位的原则有以下几项。

①单线车站正线进站道岔，为由车站两端向不同线路开通的位置。

②双线车站正线进站道岔，为各该正线开通的位置。

③区间内正线道岔及站内正线上其他道岔（引向安全线、避难线的除外），为正线开通的位置。

④引向安全线、避难线的道岔，为安全线、避难线开通的位置。

⑤到发线上的中岔，为到发线开通的位置。

⑥其他由车站负责管理的道岔由车站规定。

⑦段管线的道岔的定位由各段自行规定。

集中操纵的道岔及不办理接发列车的非集中联锁的道岔可不保持定位（到发线上的中岔和引向安全线、避难线的道岔除外）。

✿ 引用规章

《铁路技术管理规程》（普速铁路部分）第32条～第37条、第41条～第49条。

引用规章链接5-2

《铁路技术管理规程》
(普速铁路部分)第32条～
第37条、第41条～第49条

案例5-2

认知铁路线路设备

任务三　掌握信号、通信设备的运用及管理要求

学习目标

知识目标

1. 掌握信号、通信设备的一般要求相关规定。

2. 掌握信号设备相关规定。

3. 掌握联锁设备相关规定。

4. 掌握闭塞设备相关规定。

5. 掌握通信相关规定。

能力目标

1. 能够正确执行信号、通信设备的一般要求相关规定。

2. 能够正确执行信号设备相关规定。

3. 能够正确执行联锁设备相关规定。

4. 能够正确执行闭塞设备相关规定。

5. 能够正确执行通信相关规定。

素质目标

1. 树立精益求精、注重细节的理念。

2. 树立尊重科学、运用科学的科学主义理念。

3. 树立安全第一、安全高于一切、质量为先的理念。

任务描述

首先,仔细阅读下文的案例,掌握事故概况,带着任务学习"知识探索"中关于信号、通信设备的运用及管理要求的相关内容,掌握信号、通信设备的一般要求,信号设备,联锁设备,闭塞设备,通信等内容。其次,对应上述内容学习《铁路技术管理规程》(普速铁路部分)相对应的条文,弄清规程原文是如何规定的。最后,根据所学知识分析下文的案例。要求:说明事故作业分类、事故性质分类、风险事项分类、事故主要原因,并说明事故违反规程的哪项条文。

案例导入

2015 年 7 月 11 日 14:46,广州铁路局衡阳站,K6507 次列车在衡阳站 9 道办理营业开车前,机车乘务员在出站信号开放后与车机联控,助理值班员在与机车乘务员执行车机联控时,用语不简练,且未按规定冠以车次和使用普通话,而是使用衡阳方言。同时,在司机多次反复询问是否可以发车的情况下,产生了腻烦情绪,在电台里讲了很多与作业无关的用语,

在一定程度上影响了司机的判断,导致司机未认真确认助理值班员通过无线调度通信设备显示的发车信号而擅自开车,造成185名旅客和5名列车乘务员人员漏乘。追究衡阳车务段同等主要责任。

引导提示:该案例提到了"电台""无线调度通信设备"的概念,这些概念都是铁路通信设备中的内容,可见掌握铁路通信设备的有关知识特别重要。

知识探索

一、信号、通信设备的一般要求

《铁路技术管理规程》(普速铁路部分)中对信号、通信设备提出的一般要求有以下几项。

(1)为保证信号、通信设备的质量,应设电务段、通信段等电务维修机构。电务段、通信段管辖范围应根据信号、通信设备等条件确定。

(2)电务维修机构应具备设备检修、修配、测试场所,配置相应的仪器仪表、工装机具以及交通工具、应急通信设备等。在动车组、机车和轨道车的检修地点应设列控车载设备、机车信号、列车运行监控装置(LKJ)、轨道车运行控制设备(GYK)及车载无线通信设备等的检修与测试场所。设有车辆减速器的驼峰调车场应设驼峰机械修配场所。铁路电务设备维护工作应按设备技术状态进行维修,并按周期进行中修和大修。电务车载设备结合动车组、机车和轨道车各级检修修程,同步进行检修。

(3)对设有加锁加封的信号设备,应加锁加封,必要时可设置计数器,使用人员应负责其完整。对加封设备启封使用或对设有计数器的设备每计数一次时,使用人员均须在行车设备检查登记簿内登记,写明启封或计数原因。加封设备启封使用后,应及时通知信号部门加封。使用计算机技术控制的信号设备实现加锁加封功能时,应使用密码方式操作。

(4)集中联锁车站和自动闭塞区段,信号集中监测系统对信号设备运用状态进行实时监测,实现故障及超限告警。

(5)信号、通信设备及机房,应采取综合防雷措施,设置机房专用空调。信号及通信设备,应装有防止强电及雷电危害的浪涌保护器等保安设备,电子设备应符合电磁兼容有关规定。

(6)机车信号设备、列车运行监控装置(LKJ)、轨道车运行控制设备(GYK)和车载无线通信设备等的电源,均应取自车上直流控制电源系统;直流输出电压为110 V时,电压波动允许范围为 -20% ~ +5% 。

二、信号设备

1.信号装置的分类

信号装置一般分为信号机和信号表示器两类。

信号机按类型分为色灯信号机、臂板信号机和机车信号机。信号机按用途分为进站信号机、出站信号机、通过信号机、进路信号机、预告信号机、接近信号机、遮断信号机、驼峰信号机、驼峰辅助信号机、复示信号机、调车信号机。

信号表示器分为道岔表示器、脱轨表示器、进路表示器、发车表示器、发车线路表示器、调车表示器及车挡表示器。

各种信号机的类型在前文中已有表述。

2. 显示距离的要求

各种信号机及表示器在正常情况下的显示距离具体如下。

(1)进站信号机、通过信号机、接近信号机、遮断信号机,显示距离不得小于1000 m。

(2)高柱出站信号机、高柱进路信号机,显示距离不得小于800 m。

(3)预告信号机、驼峰信号机、驼峰辅助信号机,显示距离不得小于400 m。

(4)调车信号机、矮型出站信号机、矮型进路信号机、复示信号机,容许、引导信号及各种表示器,显示距离不得小于200 m。

在地形、地物影响视线的地方,进站信号机、通过信号机、接近信号机、预告信号机、遮断信号机的显示距离,在最坏的条件下,不得小于200 m。

3. 采用矮型信号机的情况

铁路信号机应采用色灯信号机。色灯信号机应采用高柱信号机,在下列处所可采用矮型信号机。

(1)不办理通过列车的到发线上的出站信号机、发车进路信号机。

(2)道岔区内的调车信号机及驼峰调车场内的线束调车信号机。

(3)自动闭塞区段,隧道内的通过信号机。

特殊情况需设矮型信号机时,须经铁路局集团公司批准。

4. 信号机、位置的设置要求

(1)信号机设在列车运行方向的左侧或其所属线路的中心线上空。反方向运行进站信号机可设在列车运行方向的右侧;其他特殊地段因条件限制,需设于右侧时,须经铁路局集团公司批准。

在确定设置信号机位置时,除满足信号显示距离的要求外,还应考虑到该信号机不致被误认为邻线的信号机。

(2)车站必须装设进站信号机。进站信号机应设在距进站最外方道岔尖轨尖端(顺向为警冲标)不小于50 m的位置,因调车作业或制动距离需要延长时,一般不超过400 m。

双线自动闭塞区间反方向进站信号机前方应设置预告标。

(3)在车站的正线和到发线上,应装设出站信号机。出站信号机应设在每一发车线的警冲标内方(对向道岔为尖轨尖端外方)适当位置。

在调车场的编发线上,必要时可设线群出站信号机。

(4)通过信号机应设在闭塞分区或所在区间的分界处。自动闭塞区段的通过信号机,不应设在停车后可能脱钩、牵引供电分相的处所,也不应设在起动困难的位置。

自动闭塞区段信号机的设置位置和显示关系应根据列车牵引计算确定,并应满足列车运行速度规定的制动距离和线路通过能力的要求。

在自动闭塞区段内，当货物列车在设于上坡道上的通过信号机前停车后起动困难时，在该信号机上应装设容许信号。在进站信号机前方第一架通过信号机上，不得装设容许信号。

在三显示自动闭塞区段的进站信号机前方第一架通过信号机柱上，应涂三条黑斜线；在四显示自动闭塞区段的进站信号机前方第一架、第二架通过信号机的机柱上，应分别涂三条、一条黑斜线，以与其他通过信号机相区别。

5. 各类型信号机的设置条件

(1)在有人看守的道口设遮断信号机；在有人看守的桥隧建筑物及可能危及行车安全的坍方落石地点，根据需要设遮断信号机。该信号机距防护地点不得小于 50 m。

(2)半自动闭塞、自动站间闭塞区段，进站信号机为色灯信号机时，设色灯预告信号机或接近信号机。

(3)遮断信号机和半自动闭塞、自动站间闭塞区段线路所通过信号机，设预告信号机。

列车运行速度超过 120 km/h 的区段，设置两段接近区段；在第一接近区段和第二接近区段的分界处，设接近信号机；在第一接近区段入口内 100 m 处，设机车信号接通标。

(4)出站信号机有两个及以上的运行方向，而信号显示不能分别表示进路方向时，在信号机上装设进路表示器。

发车进路兼出站信号机，根据需要可装设进路表示器，区分进路方向。

在双线自动闭塞区段，有反方向运行条件时，出站信号机设进路表示器。

(5)发车信号辨认困难的车站，在便于司机瞭望的位置可装设发车表示器。

(6)为满足调车作业的需要，设调车色灯信号机。

在作业繁忙的调车场上，因受地形、地物影响，调车机车司机看不清调车指挥人的手信号时，设调车表示器。

(7)设有线群出站信号机时，在线群每一条发车线路的警冲标内方适当位置装设发车线路表示器。

(8)设有两个及以上车场的车站，转场进路设进路色灯信号机。

(9)进站及接车进路色灯信号机，均设引导信号。

(10)驼峰应装设驼峰色灯信号机。驼峰色灯信号机可装设驼峰色灯辅助信号机。驼峰色灯信号机或辅助信号机的显示距离不能满足推峰作业要求时，根据需要可再装设驼峰色灯复示信号机。

驼峰色灯辅助信号机可兼作出站或发车进路信号机，并根据需要装设进路表示器。

(11)进站、出站、进路信号机及线路所通过信号机，因受地形、地物影响，达不到规定的显示距离时，设复示信号机。

设在车站岔线入口处的调车色灯信号机，达不到规定的显示距离时，根据需要可装设调车复示信号机。

(12)非集中操纵的接发车进路上的道岔，装设道岔表示器，而集中操纵的道岔、调车场及峰下咽喉的道岔，不装设道岔表示器；其他道岔根据需要装设道岔表示器。

集中联锁调车区进行连续溜放作业的分歧道岔，设道岔表示器。

集中联锁以外的脱轨器及引向安全线或避难线的道岔,设脱轨表示器。

6. 信号机装设距离不足时的处理

特殊地段因条件限制,同方向相邻两架指示列车运行的信号机(预告、遮断、复示信号机除外)间的距离小于制动距离时,按下列方式处理。

(1)在列车运行速度不超过 120 km/h 的区段,当两架信号机间的距离小于 400 m 时,前架信号机的显示,必须完全重复后架信号机的显示;当两架信号机间的距离在 400 m 及以上,但小于 800 m 时,后架信号机在关闭状态时,则前架信号机不准开放。

(2)在列车运行速度超过 120 km/h 的区段,两架有联系的信号机间的距离小于列车规定速度级差的制动距离时,应采取必要的降级或重复显示措施。

三、联锁设备

1. 联锁设备的分类及设置

联锁设备分为集中联锁(计算机联锁和继电联锁)和非集中联锁(色灯电锁器联锁和臂板电锁器联锁)。

编组站、区段站和电源可靠的其他车站,采用集中联锁。列车调度指挥系统(TDCS)和调度集中系统(CTC)区段,车站应设集中联锁。

2. 联锁设备应满足的条件

站内正线及到发线上的道岔,均须与有关信号机联锁。区间内正线上的道岔,须与有关信号机或闭塞设备联锁。各种联锁设备(驼峰除外)应满足下列条件。

(1)当进路上的有关道岔开通位置不对或敌对信号机未关闭时,防护该进路的信号机不能开放;信号机开放后,该进路上的有关道岔不能扳动,其敌对信号机不能开放。

(2)半自动闭塞、自动站间闭塞及三显示自动闭塞区段,正线上的出站信号机未开放时,进站信号机不能开放通过信号;主体信号机未开放时,预告信号机不能开放。

(3)装有转换锁闭器,电动、电液转辙机的道岔,当第一连接杆处(分动外锁闭道岔为锁闭杆处)的尖轨与基本轨间、心轨与翼轨间有 4 mm 及其以上水平间隙时,不能锁闭或开放信号机。

(4)区间辅助所内正线上的道岔,未开通正线时,两端站不能开放有关信号机。设在辅助所内的闭塞设备与有关站的闭塞设备应联锁。

3. 联锁设备应保证的技术要求

(1)集中联锁设备应保证以下技术要求:当进路建立后,该进路上的道岔不能转换;当道岔区段有车占用时,该区段的道岔不能转换;列车进路向占用线路上开通时,有关信号机不能开放(引导信号除外);能监督是否挤岔,并于挤岔的同时,使防护该进路的信号机自动关闭,被挤道岔未恢复前,有关信号机不能开放;集中联锁设备,在控制台(或操纵、表示分列式的表示盘及监视器)上应能监督线路与道岔区段是否占用、进路开通及锁闭,复示有关信号机的显示。

(2)非集中联锁设备应保证以下技术要求:非集中联锁设备,应保证车站值班员能控制接、发车进路和信号机的开放与关闭;非集中联锁设备,在控制台上应有接、发列车的进路开通表示;采用色灯电锁器联锁时,还应有进站信号机的开放、关闭和出站信号机、引导信号的开放表示;到发线设有轨道电路时,应有到发线的占用表示。

四、闭塞设备

为防止同向运行的列车在区间内追尾及对向列车在单线区间迎面冲突,必须保证在一个区间内同时只能有一列列车占用,实现这个条件的信号设备就是闭塞设备。

1. 闭塞设备的分类

闭塞设备分为自动闭塞、自动站间闭塞和半自动闭塞。

2. 各种闭塞的设置条件

(1)在单线区段,应采用半自动闭塞或自动站间闭塞,在繁忙区段可根据情况采用自动闭塞。

(2)在双线区段,应采用自动闭塞。

在一个区段内,原则上应采用同一类型的闭塞方式。

在列车运行速度超过 120 km/h 的双线区段,采用速差式自动闭塞,列车紧急制动距离由两个及两个以上闭塞分区长度保证。

五、通信

铁路通信网是覆盖铁路的统一、完整的专用通信网,为运输生产和经营管理提供语音、数据和图像通信业务。铁路通信应符合国家、铁道行业的有关技术标准和质量要求,确保全程全网安全、可靠、迅捷、畅通。

思政案例

战斗在铁路电话所的女英雄

铁路通信应根据下列主要通信业务,配置相应的通信设备:普通电话(固定、移动);专用电话(固定、移动),包括调度电话、车站(场)电话、站间行车电话等;会议电话;广播;数据承载;数据终端(铁路电报、列车调度命令信息无线传送、车次号校核信息无线传送、列车尾部风压信息传送、列车安全防护预警信息传送等);图像通信(会议电视、综合视频监控等);应急通信;时钟、时间同步基准信号。

1. 各类通信设备的通话权限

(1)列车(有线)调度电话系统准许列车调度员、机车(动车组)调度员、车辆调度员、机务段(客运段)调度员(值班员)、客运调度员、车站值班员(车站调度员)、供电(电力)调度员、电力牵引变电所值班人员、道口看守员加入通话;根据需要允许动车组随车机械师(简称随车机械师)、车辆乘务员、机车(动车组)司机、列车长、自轮运转特种设备司机、救援列车主任和施工负责人及巡守人员利用区间通信设施加入通话。站间行车电话及扳道电话,禁止其他电话接入。

(2)在无线列调区段,列车无线调度电话系统准许列车调度员、机车(动车组)调度员、车站值班员、助理值班员、机车(动车组)司机、自轮运转特种设备司机、列车长、纳入联控的道口看守人员、随车机械师(车辆乘务员)加入通话;允许救援列车主任在执行救援任务时,临时加入通话;未纳入联控的道口看守员、防护人员、车站客运值班员和巡守人员在紧急情况下,可临时加入通话。

(3)在 GSM-R 移动通信区段,根据调度指挥的需要设置组呼。列车 GSM-R 无线调度电话系统准许列车调度员、车站值班员、助理值班员、信号员、机车(动车组)司机、自轮运转特种设备司机、纳入联控的道口看守员加入组呼通话,根据需要允许列车长、随车机械师(车辆乘务员)、客运值班员、救援列车主任加入组呼通话;未纳入联控的道口看守员、防护人员和巡守人员在紧急情况下,可加入组呼通话。

2. 各类通信设备的设置要求

(1)铁路各调度区段应设置调度通信系统,提供调度电话、车站(场)电话、站间行车电话等专用电话业务,满足铁路运输组织和生产指挥的需要。调度通信系统应保持相对独立和专用。

(2)应配置语音记录装置,对列车调度电话、列车无线调度通信设备(车站台、调度台、机车台等)、站间行车电话进行录音。

(3)机车、动车组及自轮运转特种设备,根据运行区段装备相应的车载无线通信设备。司机、随车机械师、列车长、乘警均应配备无线对讲设备,在 GSM-R 区段运行时还应配备 GSM-R 手持终端,动车组列车停靠的车站,车站客运值班员应配备与司机通信联络用的无线对讲设备。

(4)在编组站、区段站,应装设平面调车、驼峰调车等站场无线通信设备。列车无线调度通信系统的场强覆盖、服务质量应符合铁路相关技术标准、规范的规定,并满足车载无线通信设备检修、维护的需要。在铁路运输生产中,凡设置使用无线电设备的单位,都必须遵守国家和铁路无线电管理的有关规定。对铁路专用无线电频率,应采取必要的监测和保护措施。铁路自动电话网的本地网设置应与铁路局集团公司设置相适应。

(5)根据需要,设置综合视频监控系统。综合视频监控系统的结构和质量,应符合铁路相关技术标准、规范的规定。铁路应急通信由国铁集团、铁路局集团公司应急通信中心设备和现场设备组成。应急通信应充分利用既有的各种通信资源和手段,在处理突发事件时,提供事件现场与指挥中心的语音、数据、图像通信。

(6)区间通信柱(通话柱)的设置,由铁路局集团公司根据运用需要和实际情况确定。区间通话柱应尽量靠近线路,并安装在防护网内,与线路中心的水平距离应能保证使用人员的人身安全和养路机械的施工作业要求,每隔 1.5 km 左右安装一个;在自动闭塞区段,其安装位置尽量与通过信号机的位置相对应。

引用规章

《铁路技术管理规程》(普速铁路部分)第 62 条 ~ 第 94 第、第 120 条 ~ 第 137 条。

任务四 掌握车站站场、客运、货运设备的运用及管理要求

学习目标

知识目标

1. 掌握车站的分类相关规定。

2. 掌握站场设备的运用与管理相关规定。

3. 掌握客运设备的运用与管理相关规定。

4. 掌握货运设备的运用与管理相关规定。

能力目标

1. 能够正确对车站进行分类。

2. 能够正确运用车站站场设备。

3. 能够正确运用车站客运设备。

4. 能够正确运用车站货运设备。

素质目标

1. 践行"人民铁路为人民"宗旨,增强服务意识。

2. 树立大局观念,增强大局意识。

3. 树立安全第一、安全高于一切的理念。

任务描述

首先,仔细阅读下文的案例,掌握事故概况,带着任务学习"知识探索"中关于车站站场、客运、货运设备的相关内容,掌握车站的分类、站场设备的运用与管理、客运设备的运用与管理、货运设备的运用与管理等内容。其次,对应上述内容学习《铁路技术管理规程》(普速铁路部分)相对应的条文,弄清规程原文是如何规定的。最后,根据所学知识分析下文的案例。要求:说明事故作业分类、事故性质分类、风险事项分类、事故主要原因,并说明事故违反规程的哪项条文。

案例导入

2021 年 5 月 23 日 23:18,青藏铁路局集团公司拉萨西站运转丁班在执行 D101 号调车作业计划(1 道西出、H5 + 10、H6-2、H5 + 16、H1 + 29、7-34、8-19、6 + 33、Q1 + 14、H1-37、H5-10……)第 10 钩 H1-37 时,学习连结员由推进车列第一位平车闸台上掉落至车体与站间遭挤压,经 120 现场抢救无效后死亡。事故原因为学习连结员在推进车列第一位平车闸台上领车,调车长在调车列进入货物线高站台作业前,未按规定一度停车,当调车车列推进运行至 D71 信号机前方约 100 m 处停车要道时,因列车减速使学习连结员从闸台上掉落至车

体与站台间遭挤压致死。

引导提示:该案例提到了"货物线高站台"的概念,货物线高站台是车站货运设备的一种,可见掌握车站站场、客运、货运设备的有关知识特别重要。

知识探索

一、车站的分类

(1)车站按技术作业分为编组站、区段站、中间站。

(2)车站按业务性质分为营业站、非营业站,其中营业站分为客运站、货运站、客货运站。

二、站场设备的运用与管理

车站应设有配线,并办理接发车、会让和客货运业务。编组站、区段站和较大的中间站,可根据线路的配置状况及用途划分车场。

1. 车站需要设置的主要设备

车站根据业务性质、运量大小及技术作业的需要,设置下列主要设备。

(1)到发线。

(2)调车线。

(3)牵出线。

(4)机车运转整备线、车辆站修线及救援列车停留线、自轮运转特种设备停留线等。

①机车运转整备线,是指站内供机车上水、上砂、给油、检查等整备作业的线路。

②车辆站修线,是指站内供车辆部门施行货车辅修和摘车轴检、临修的线路。

③救援列车停留线,是指固定停留救援列车的线路,设在国铁集团指定的车站上。救援列车停留线应与正线或到发线贯通,并不得停放其他机车车辆,使用时无须转线即可出动。

④自轮运转特种设备停留线,是指固定停放工务、电务、接触网等带有运行动力的维修专用车辆的线路。

(5)办理货物装卸作业的车站,应有货物装卸线,并根据需要设置高架货物线、换装线、轨道衡线、货车洗刷线、油罐列车整备线、机械冷藏车加油线及特殊危险货物车辆停留线。

对大量卸粗杂、溜散货物的车站应设高架货物线;货物发送量较大的车站应有检查货物装载量的轨道衡线;办理大量牲畜、畜产品、水产鲜食品及危险货物的卸车站,一般应设货车洗刷线;油罐车基地应有专门整备油罐列车的整备线;调车场内应有专门停留装载爆炸品、气体类危险货物车辆的线路,以及机械冷藏车加油线等。

(6)机务段所在地车站,应设有机车出入段专用的机车走行线和机待线。

机车走行线应按照机车出入段与接发列车、调车作业干扰最小原则设置;机待线用于出段列车等待挂头或入段机车等待入段。

(7)与动车组运用所(简称动车所)、动车段相连接的车站,应设动车组走行线(当设有机车走行线并具有相同进路时,可以合设)。

(8)动车组长期停放的车站,应设动车组存车线。

(9)通信、信号、联锁、闭塞设备。

(10)编组站、区段站应根据作业需要,修建简易驼峰、半自动化驼峰或自动化驼峰,设置车辆减速器、减速顶、加速顶等调速设备。

(11)根据接发列车、调车作业的需要设置隔开设备等安全设施。

隔开设备是指为确保接发列车和调车作业不发生交叉干扰,保证行车和车站作业安全的设备。

(12)调车作业繁忙的车站,应设置站场扩音设备、站场无线通信设备、货运票据和调车作业通知单传递(输)装置,车场内线路间、牵出线和推峰线调车人员经常走行区域应填平(不得高于道床),并设有排水和高架照明设备,车场间应有硬路面的通道。

(13)列车预确报、现在车管理等信息系统设备。

(14)无线调车灯显设备、无线调车机车信号和监控系统(STP)。

(15)设置货物列车尾部安全防护装置(简称货物列车列尾装置)主机的维修、检测设备等。

(16)编组站、区段站和开行动车组列车的客货混跑线路入口车站,应设超偏载检测设备、轨道衡、超限检测仪、货车装载视频监控设备等货运安全检测设备。

(17)机车乘务组、动车组司机及随车机械师、客运乘务组进行中途换乘作业的车站,应配备值班室、休息室和必要的配套设施。

(18)有货物列车列检作业的编组站到发线间地面应具备方便作业条件。

某站平面示意图如图5-6所示。

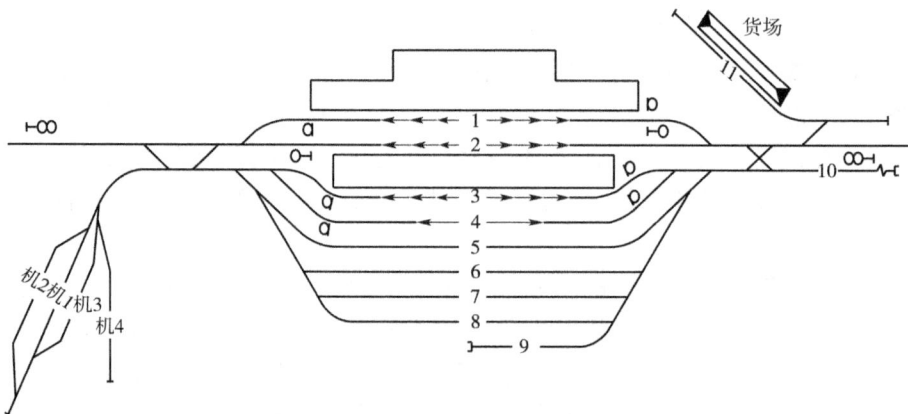

1、3、4-到发线;2-正线;5、6、7、8-调车线;9-站修线;10-牵出线;11-货物线;机1-机车走行线;机2、机3-整备线;机4-卸油线

图5-6　某站平面示意图

2.股道的编号

为便于日常维修、管理与使用,车站各条线路要统一进行编号。编号的原则如下。

(1)单线区段内的车站,从靠近站舍的线路起,向远离站舍方向顺序编号。

(2)双线区段内的车站,从正线起顺序编号,上行一侧编为双号,下行一侧编为单号。

（3）尽头式车站，向终点方向由左侧开始顺序编号，如站舍位于线路一侧时，从靠近站舍的线路起，向远离站舍方向顺序编号。

（4）一个车站（分场时为一个车场）的股道不准有相同的编号。

三、客运设备的运用与管理

1. 车站应设置的客运设备

（1）客运站房，应根据客运量设有便于购买车票、办理行李包裹、候车、问询、引导、广播、时钟、携带品寄存，以及为旅客服务的文化、卫生及生活上的必要设备。

（2）根据规定还应设置实名制验证和制证设备、安全检查设备、客运信息查询设备、视频监控设备、行李包裹到达查询设备、垃圾存放设备、消防设备等。根据需要设置电梯、自动扶梯、无障碍通道和相应的助残设施与污物处理、自动售检票及取票设备等。

（3）办理客运业务的车站应设旅客站台，并应有照明、引导、广播、时钟和视频监控设备。

（4）车站应设置围墙或栅栏。

（5）办理行李包裹业务的车站应设行包通道，站台长度应满足行包装卸作业需要。

（6）大、中型客运站站前应有广场，站台应有雨棚，跨越线路应采用天桥或地道。

（7）在国铁集团指定的空调发电车加油点，动车组、客车卸污点所在车站，应设置加油车、吸污车、垃圾运送车走行通道，也可与其他通道合设。

2. 客运站台距线路中心线距离及安全标线

（1）旅客列车停靠的高站台边缘距线路中心线的距离为 1750 mm，安全标线距站台边缘 1000 mm。

（2）非高站台安全线与站台边缘距离：列车通过速度不大于 120 km/h 时为 1000 mm；列车通过速度为 120～160 km/h 时为 1500 mm；列车通过速度为 160～200 km/h 时为 2000 mm。也可在距站台边缘 1200 mm（困难条件下 1000 mm）处设置防护设施。

3. 车站上水和排污设备

（1）旅客列车始发终到站、客运枢纽站和上水站，应在到发线间设置列车上水设施和节水装置。

（2）根据需要在始发终到站及客运枢纽站设置动车组、客车地面排污设施和移动卸污设备。地面排污设施应防止泄漏和污染，排污能力满足动车组、客车停留时间的要求。

四、货运设备的运用与管理

1. 车站应设置的货运设备

（1）办理货运的车站，应设有办理托运、检斤、制票、收款、问询、交付等必要设备，并应根据需要设有货物站台、仓库及货位、堆场、集装箱装卸场地、雨棚、排水、消防、照明、通路及围墙、货运安全检测及防护、视频集中监控、信息化系统等设备。

（2）货物装卸作业量较大的车站，应分设综合性货场和专业性货场；根据需要设爆炸品、剧毒品的专用货场和仓库,轨道衡、货车洗刷、散堆装货物抑尘等设备。

(3)办理集装箱的车站,根据需要配备集装箱专用装卸设备和超偏载检测设备。

(4)货车洗刷除污地点,应设有处理污染及排泄设备。

(5)在尽头站台处应设有车钩缓冲装置。

(6)货物装卸作业应采用机械化设备。

2.重载铁路编组站应设置的设备

(1)列车组合车场和空车分解车场。

(2)根据需要设置机车整备、车辆检修、线路维护、通信信号设备维修、供电设备维修、应急救援等设施。

3.集装箱中心站应设置的设备

(1)应按整列装车的要求设置线路有效长及配套设施。

(2)根据需要设置集装箱装卸、储存、称重、交付、检修、清洗、多式联运、综合物流等设备及信息管理。

引用规章

《铁路技术管理规程》(普速铁路部分)第154条~第161条。

引用规章链接5-4
《铁路技术管理规程》(普速铁路部分)第154条~第161条

案例5-4
运用及管理车站站场、客运、货运设备

任务五　掌握机车车辆设备的运用及管理要求

🌀 学习目标

知识目标

1. 掌握机车设备和机车相关规定。

2. 掌握车辆设备和车辆相关规定。

3. 掌握动车组设备相关规定。

4. 掌握自轮运转特种设备相关规定。

能力目标

1. 能够正确执行机车设备和机车相关规定。

2. 能够正确执行车辆设备和车辆相关规定。

3. 能够正确执行动车组设备相关规定。

4. 能够正确执行自轮运转特种设备相关规定。

素质目标

1. 践行"多拉快跑"的铁路机务系统企业文化。

2. 树立尊重科学、运用科学的科学主义理念。

3. 树立安全第一、安全高于一切的理念。

🌸 任务描述

首先,仔细阅读下文的案例,掌握事故概况,带着任务学习"知识探索"中关于机车车辆设备的运用及管理要求的相关内容,掌握机车设备和机车、车辆设备和车辆、动车组设备、自轮运转特种设备等内容。其次,对应上述内容学习《铁路技术管理规程》(普速铁路部分)相对应的条文,弄清规程原文是如何规定的。最后,根据所学知识分析下文的案例。要求:说明事故作业分类、事故性质分类、风险事项分类、事故主要原因,并说明事故违反规程的哪项条文。

🌀 案例导入

2008 年 11 月 16 日 00:25,哈尔滨铁路局恒山站,调车机编组 46124 次列车调车作业,当作业到第 5 钩 9 道 -1 溜放作业时,制动员使用人力制动时发现人力制动机出现故障,减速不明显,溜放车辆大约以 20 km/h 的速度与 9 道停留车组(9 辆)连挂,造成 9 道停留的西侧第一辆车车钩丛板座铆钉折损 12 根。

引导提示:该案例提到了"人力制动机"的概念,人力制动机是车辆上的部件,可见掌握机车车辆设备的有关知识特别重要。

🌀 知识探索

一、机车设备和机车

1.机车设备

(1)为保证机车良好的技术状态,应有进行检修和整备作业的机务段、机车检修段等机务维修机构。

机务段宜设置在客、货列车始发终到较多,车流大量集散的枢纽地区,有利于机车的集中配置使用。段内停放机车和整备作业的线路应平直,线路纵断面的坡度不得超过1‰。

(2)机务段、机车检修段根据承担机车运用、整备、检修的范围,配备必要的机车运用、整备、检查、检测、修理设施和设备。

机车整备根据需要应有股道管理自动化系统和整备库(棚)、检测棚、整备线检查坑和作业平台等设施,设置机车补充砂、水、润滑油、燃料及转向、检查、检测、清洗、保养、卸污、化验等机车整备设备;配备机车检修必要的设施、设备;电力机车整备线的接触网应有分段绝缘器、隔离开关设备及联锁标志灯等。

机车检查、检测、修理,根据需要应有机车检修库和配件修理、辅助加工、动力、起重、运输、检测、试验、存储等厂房及设备,应设置行车安全设备检测、维修的设施和设备。

配属、支配使用内燃机车的机务段,根据运用整备需要,还应有1~2个月的机车燃料储存油库。

(3)机车车辆轮渡应有船舶、栈桥、墩架、船舶整备和检修等设备,并应经常保持良好状态。轮渡船舶应按国家规定进行检验和检修。

2.机车

(1)机车按牵引动力方式分为电力机车、内燃机车;传动方式主要有交流传动和直流传动。

(2)机车应按规定设有识别的标记:路徽、配属局段简称、车型、车号、最高运行速度、制造厂名及日期。在机车主要部件上应有铭牌,在监督器上应有检验标记。电气化区段运行的机车应有"电化区段严禁攀登"的标识。内燃机车燃料箱上应标明燃料油装载量。

机车须配备机车信号、列车运行安全监控系统(LKJ、列车运行状态信息车载设备 TAX 箱、机车语音记录装置、列车运行状态信息系统车载设备、机车车号识别设备)、车载无线通信设备、机车列尾控制设备等。机车应逐步配备机车车载安全防护系统、机车限鸣示警系统及空气防滑装置等。机车应向车辆的空气制动装置提供风源,具有双管供风装置的机车应向车辆空气弹簧等其他用风装置提供风源;具有直供电设备的机车应向车辆提供电源。

电力机车还应配备自动过分相装置,并根据需要装设弓网检测装置等。

根据需要,机车还可配备车内通信、空调、卫生及供氧等设备。

(3)机车应实行计划预防修,实施主要零部件的专业化集中修和定期检测状态修。检修周期应根据机车实际技术状态和走行公里或使用时间确定;机车检修周期及技术标准按国铁集团机车检修规程执行。

交流传动机车定期检修的修程分为六年检、二年检、年检、半年检、季检、月检。直流传动机车定期检修的修程分为大修、中修、小修和辅修。

（4）机车实行年度鉴定。

根据鉴定办法的规定对所有机车进行每年一次的检查、整修和评比。机务段应根据机车年度鉴定的结果进行全面分析，制定改善机车技术状态的有效措施。

（5）机车乘务制度分为包乘制和轮乘制。机车乘务制度由铁路局集团公司确定。

（6）牵引列车的机车在出段前必须达到运用状态，主要部件和设备必须作用良好，符合国铁集团有关机车运用、维修的规定，并符合下列要求。

①车钩中心水平线距钢轨顶面高度为 815 ~ 890 mm。

②轮对：

a. 轮对内侧距离为 1353 mm，允许偏差为 ±3 mm。

b. 轮箍或轮毂不松弛。

c. 轮箍、轮毂、辐板（辐条）、轮辋无裂纹。

d. 轮缘的垂直磨耗高度不超过 18 mm，并无碾堆。

e. 车轮踏面擦伤深度不超过 0.7 mm。

f. 车轮踏面上的缺陷或剥离长度不超过 40 mm，深度不超过 1 mm。

g. 轮缘厚度在距踏面基线向上 H 距离处测量应符合表 5-8 的规定（轮缘原设计厚度在 25 mm 及以下时，由铁路局集团公司规定）。

机车轮缘厚限度　　　　　　　　　　　　　　　表 5-8

序号	车轮踏面类型	测量点与踏面基线之间的距离 H（mm）	轮缘厚限度（mm）
1	JM2、JM3	10	34 ~ 23
2	JM	12	33 ~ 23

h. 车轮踏面磨耗深度不超过 7 mm；采用轮缘高度为 25 mm 磨耗型踏面时，磨耗深度不超过 10 mm。

（7）机务段对入段机车按规定进行整备、检测、维修。机车信号、列车运行监控装置、车载无线通信设备、机车列尾控制设备等须由相关专业维修机构进行检测，并及时互通信息。

各相关单位应对机车车载安全防护系统等行车安全设备记录的运行信息进行转储、分析。

二、车辆设备和车辆

1. 车辆设备

（1）为了保证车辆良好的技术状态，应有进行检修和整备作业的车辆修理工厂、车辆段。

车辆段应设在编组站、国境站和枢纽，以及货车大量集散和始发终到旅客列车较多的地区。车辆段应有车辆修理库、油漆库、配件检修库和预修库、车辆停留线和轮对存放库，并按车辆检修作业要求配备相应的起重、动力、配件处理等检修、储油、压力容器、试验、化验、探伤、照明及废油、污水和污物处理等设施和设备,以及检测、维修车辆运行安全监测系统,轴温报警、客车尾部安全防护装置,车辆信息化系统、车辆集中空调及管道清洗消毒设施和设备。段内的车辆检修、整备、停留的线路应平直,线路纵断面的坡度不得超过1‰。

(2)车辆运用维修机构还有客车技术整备场所、车辆技术检查作业场所、站修场所、探测站、翻车机、散装货物解冻库等。

①客车技术整备场所须有车辆停留线、整备库、临修库、材料配件库,并有相应的检修地沟、地面电源、污水和污物处理、车顶空调作业等满足检修要求的设施和设备,根据需要还须有带动力电源的空调检修库、轮对镟修、暖气预热等设施和设备。设置电动脱轨器、微机控制列车制动机试验设备和客车尾部安全防护装置检测设施。

②车辆技术检查作业场所须设有值班室、动态检车室、待检室、待班室、材料配件库及站场对讲、广播、地面试风系统、集控联锁安全防护装置;客列检还须设置列车预确报、现在车管理等信息系统设备终端。有货车技术检查作业的车站或枢纽应设站修场所。

③站修场所须有修车库、材料配件库、轮对存放库,并有满足车辆检修作业要求的设备及风管路、水管路、电焊回路、照明等设施;根据需要还应有轮对镟修设备。

④配备车辆运行安全监测系统的线路按规定设置探测站。国铁集团设全路车辆运行安全监管中心,铁路局集团公司设车辆运行安全中心监测站和行车调度复示终端,车辆段设车辆运行安全管理工作站,货车技术作业场所设车辆运行安全中心复示站,根据需要设置动态检车室。

⑤翻车机、散装货物解冻库应进行定期检修和测试。新设、大修及重大技术改造的翻车机、散装货物解冻库应符合规定的技术条件,并经检测合格后方可投入使用。其他装卸设备应满足爱护铁路车辆的有关要求。

2. 车辆

(1)车辆按用途分为客车、货车及特种用途车(如试验车、发电车、轨道检查车、检衡车、除雪车等)。货车按用途分为通用货车(敞车、棚车、平车)、专用货车(粮食车等)、特种货车(除雪车等)。铁路货车是指在我国铁道上用于运送货物和特殊需要,在货物列车中使用的单元工具,在国民经济发展中起着重要的作用。铁路货车转向架、车钩缓冲装置、制动装置等关键技术协调发展,高强度耐候钢、不锈钢和转K2、转K4、转K5、转K6型转向架,紧凑型轴承、17型高强度车钩、大容量缓冲器、牵引杆、120-1型制动阀、脱轨自动制动装置、高分子耐磨配件等多项新技术、新结构、新材料均取得突破,车辆取消了辅修,段修周期由1.5年延长到2年,厂修周期由8年延长到12年,车辆运用安全可靠性大大提高。

(2)车辆应按规定设有识别的标记:路徽、车型、车号、制造厂名及日期、定期修理的日期及处所、自重、载重、容积、换长等;车辆应有车号自动识别标签等;客车及固定配属的货车上应有所属局段的简称;客车还应有车种、定员、最高运行速度标记;罐车还应有容量计表标记;电气化区段运行的客车、机械冷藏车等应有"电化区段严禁攀登"的标识。

(3)车辆实行定期检修,并逐步扩大实施状态修、换件修和主要零部件的专业化集中修。在车辆修程方面,客车和特种用途车实行以走行公里为主、时间周期为辅的计划预防修,最高运行速度不超过 120 km/h 的客车修程分为厂修、段修、辅修,最高运行速度超过 120 km/h 的客车修程分为 A4、A3、A2、A1;货车修程分为厂修、段修、辅修。

检修周期及技术标准,按国铁集团车辆检修规程执行。

(4)机械冷藏车在国铁集团指定的加油站及有上水设备的车站进行补油、上水;固定配属的成组专列油罐列车须定期施行整备维修。

(5)车辆须装有自动制动机和人力制动机。车辆的制动梁、下拉杆、交叉杆、横向控制杆及抗侧滚扭杆必须有保安装置。

客车应装有轴温报警装置和行车安全监测系统;最高运行速度为 120 km/h 及以上的客车应装有盘形制动装置和防滑器,空气制动系统用风应与空气弹簧和集便装置等其他装置用风分离;最高运行速度为 160 km/h 及以上的客车应采用密接式车钩和电空制动机。

客车内应有紧急制动阀及压力表,并均应保持作用良好,按规定时间进行检查、校对并施封。

货车应装有空重车自动调整装置,轴重为 23 t 及以上的货车应装有脱轨自动制动装置。

(6)车辆轮对在装配前,应对车轴各部位进行探伤检查。检修时,按规定对轴颈、防尘板座、轮座、制动盘座及轴身进行探伤检查。最高运行速度超过 120 km/h 客车的轮对装车前,应进行动平衡试验。

(7)车辆轮对的内侧距离为 1353 mm,其允许偏差为 ±3 mm,120 km/h < v ≤ 160 km/h 的客车其允许偏差为 ±2 mm。车辆轮辋宽度小于 135 mm 的客车,按国铁集团车辆检修规程执行。

(8)对旅客列车和机械冷藏车组应实行包乘制,检修应实行包修制和专修制;对固定装卸地点循环使用的特快货物班列、快速货物班列、整列集装箱车、罐车、矿石车、煤炭运输车,以及需实行固定配属的专用货车,实行固定配属制;其他货车实行按区段维修保养负责制。

3. 客车、发电车的运用

(1)各种空调客车和动车组空调配电室的钥匙由车辆段与客运段进行一次交接,电茶炉、空调、电热采暖的操作和使用由客运部门负责。

(2)客车轴温报警器由客运人员监护,若发生报警,则立即通知车辆乘务员和列车长,由车辆乘务员处理。

(3)客车配电室、通过台、车厢内严禁用水冲洗地板。各电器配线和用电器严禁用湿布擦拭。

(4)使用电茶炉的客车和动车组,禁止用电茶炉的水搞卫生。

(5)客运人员应对车辆电器定期除尘,车辆部门要经常对电器进行检修和维护。

(6)发电车编挂列车时,按调度命令执行。

(7)发电车的停留及注意事项如下。

①发电车应停留在指定线路上,并在两端 50 m 处进行防护,或将道岔开通邻线并加锁。

②发电车在作业时,线路两端除进行防护外,并禁止该线的调车作业。

③发电车禁止通过驼峰和进行溜放。

(8)发电车的厂、段、辅修、轴检,由水电段按检修规定日期向车辆段提请计划。

4. 红外线设备的运用

(1)红外线传输通道按调度回线等级管理。通信管理机构提供以局监测中心为核心的星形网络,要为每一探测站提供信息传输、通话及备用三条通道。电力部门要为红外线设备提供可靠的两条电源。在自动闭塞及电力贯通区段应提供自动闭塞和电力贯通两条电源,其他地区供电不得低于二级。电务、电力部门接到发生故障通知后,立即查找原因并在最短时间内恢复正常。应按检修计划进行维修,维修时应保证红外线正常使用。有计划维修需要停用或发生临时故障时,要提前或及时电话通知所属车辆段。

(2)工务部门:凡涉及影响红外线设施及探测的线路施工,必须事前通知所属车辆段采取相应措施。

(3)车站接发车人员发现燃轴应立即拦停列车,并及时报告列车调度员。

(4)机车司机接到车辆燃轴预报,依照"有列检所的由列检所处理;没有列检所的由机车司机确认能否继续安全运行"的规定,认真确认,妥善处理。如在区间发生激热时,由司机(客运列车由车辆检车员)确认,能继续运行时,到前方站甩车,不能继续运行时,按《铁路技术管理规程》(普速铁路部分)第272条及本文对该条的补充规定办理。

(5)红外线值班员和有复示终端的列车调度员、车站值班员,对列车中激热报警,确认后用列车无线调度电话通知司机立即停车。车辆运行安全监测中心红外线值班员在发现车辆激热并立即电话通知列车调度员拦停列车的同时,速将"燃轴甩车通知单"交列车调度员作为甩车依据。列车调度员在接到监测中心红外线值班员请求拦停列车的报告后,必须立即指示有关车站值班员拦停列车。拦停列车标准用语,车站值班员呼叫:"××××次列车司机,列车有激热,立即停车",司机回答:"××××次列车司机明白"。车站呼叫司机未应答时,应连续呼叫。

(6)列车发现燃轴时,车站值班员应将车次、时间、燃轴车辆的车号、空重、连挂位置、轴箱位数、燃轴程度等报告列车调度员,按调度命令执行。

(7)处理燃轴车辆时,对燃轴车辆的轴箱严禁泼水、撒沙或使用灭火机进行灭火。

三、动车组设备

1. 动车段、动车所等维修机构

(1)为保证动车组良好的技术状态,应有进行检修和整备作业的动车段、动车所等维修机构。

(2)动车段、动车所应具备动车组运用检修、行车安全设备检修、客运整备能力及相应的存车条件;承担动车组三、四、五级修程的动车段还应具备动车组相应修程的检修能力。

动车段、动车所应设有动车组管理信息系统。

(3)动车所应设置存车线、检查库、轨道桥、立体作业平台、临修库、洗车线、备件存放库、轮对故障动态检测棚、空压机室等设施;应配备对转向架、车下设备、车上以及车顶设备进行检查、维护、更换、检修和清洗等作业的相应设备,满足动车组一、二级检修需求。

(4)动车段可根据需要设置检修库线、材料运输线、试验线、牵出线、解编线等线路,整车检修库、转向架检修库、车体检修库、油漆库、调试整备库、电机电器间、制动空压机间、空调检修间、备件立体存储库等设施,并应配备整列架车机、移动式接触网、大部件起重运输设备、电务车载设备,以及各类部件解体、清洁、测试、检修、组装、调试等设备,满足动车组相应级别检修需求。

2. 动车组的运用和维修

(1)动车组应按规定设有识别的标记:路徽、配属局段简称、车型、车号、定员、自重、载重、全长、最高运行速度、制造厂名和日期、定期修理日期、修程和处所。电气化区段运行的动车组应有"电化区段严禁攀登"的标识。

动车组应具有列车运行安全监控功能,对重要的运行部件和功能系统进行实时监测、报警和记录,并能及时向动车段、动车所传输。

动车组须配备机车综合无线通信设备(CIR)、列控车载设备、车载自动过电分相装置等,满足相应速度等级运行需要。

(2)动车组重联或长编组时,工作受电弓间距为 200～215 m。在特殊情况下,工作受电弓间距不满足 200～215 m 时,须校核分相布置及工作受电弓间距匹配情况,并通过上线运行试验确认。

(3)动车组实行以走行公里周期为主、时间周期为辅的计划性预防修;检修方式以换件修为主,主要零部件采用专业化集中修。动车组修程分为一、二、三、四、五级,检修周期及技术标准按国铁集团动车组检修规程执行。

(4)动车组日常运用的上水、保洁、排污等整备作业一般应在动车所完成。不在动车所停留的动车组,需进行上水、保洁、排污等整备作业时,其停留地点根据需要应具备相应的条件。

(5)动车组每运行 1500 km 以内入配属段库内进行整备一次,其检修时间不得少于 8 h。在对方站折返时,需满足折返列车技术检查时间。

(6)动车组检修必须在有地沟线的场所进行作业。

(7)动车组拖车检修按特快客车技术标准掌握,由车辆部门配属和负责检修、保养。动车辅助发电室及载客的客室部分铁地板以上设备和电池、油路、电路保养与检修由车辆部门负责,其他部分由机务部门负责。

(8)动车组由配属段包检包修,途中遇有特殊情况及一般故障需由折返车辆段协助时,由车辆乘务员根据情况提前预报或到站申请。折返站技术作业由车辆乘务员负责。当动车组动车有故障需加挂发电车或用代用动车组时,各客列检要按特快客车的作业办法进行作业。

(9)动车组在库内检修作业后应进行不摘解制动软管的全部试验。动车与拖车间连接的拖车制动软管应定期进行摘解排水、除尘。

(10)动车组动车发生故障需要回段检修时,需加挂或换挂 DF4 型或 DFH3 型机车担当牵引任务;该机车的加挂、换挂、制动软管摘解、电器插销的摘挂、接头、出入库等作业,按旅客列车牵引机车作业的有关规定办理。

(11)动车组动车轴温报警器由车辆部门负责检修,动车乘务人员负责本动车轴温状态巡视,红外线负责动车预报。

(12)动车组的日常维修在车辆段进行,动车的小辅修和中修在机务段进行。

四、自轮运转特种设备

(1)自轮运转特种设备是指在铁路营业线上运行的铁路轨道车、救援起重机及铁路施工、维修专用车辆(包括架桥机、铺轨机、接触网作业车、大型养路机械等)。

(2)自轮运转特种设备须符合国家和铁道行业的有关标准。轨道车等自轮运转特种设备按列车运行时,轨道车运行控制设备(GYK)、列车无线调度通信设备应作用良好,运行状态下应满足机车车辆限界的规定。

(3)自轮运转特种设备的设计、制造、审查、监造、验收、试验、运用、检修及过轨技术检查,按有关规定执行。

引用规章

《铁路技术管理规程》(普速铁路部分)第162条~第195条。

引用规章链接5-5

《铁路技术管理规程》
(普速铁路部分)
第162条~第195条

案例5-5

掌握机车车辆设备
的运用及管理要求

拓展提升

一、知识巩固

1. 限界的种类有哪些？普速铁路车站内线间距有哪些规定？
2. 铁路线路的种类有哪些？道岔的定位是如何规定的？
3. 道岔辙叉号数选择应符合哪些规定？
4. 各种信号机及表示器在正常情况下的显示距离是多少？
5. 信号的显示距离有何要求？各类型信号机的设置条件是什么？
6. 车站是如何进行分类的？车站应设置哪些主要设备？
7. 机车车辆的运用、维修机构有哪些？

二、技能训练

2015 年 12 月 6 日 12：24，成都铁路局兴隆场站，成都铁路局渝怀线 57853 次路用列车（重庆机务段值乘）因挂运工务大机需限速运行（区间速度为 60 km/h，侧向过岔速度为 35 km/h），在兴隆场 V 场始发开车前，因车站编制的班计划质量不高，临时更换已出库未经出勤传达限速调令的 X44133 次本务机担当 57853 次路用列车的牵引任务，由于车站值班员违规安排商检员交付限速调度命令且夹在货票内一并交与司机，也均未与司机共同核对调令内容，驻站机车调度员在得知机车交路变更后，没有及时传达限速调令，导致列车常速（最高速度为 76 km/h）运行至涪陵西站后才被发现。

请分析以上事故发生的原因。

三、素养培育

一个创新工作室激发的澎湃动力

"3 道机车止轮器已打好。"一句响亮的安全警示语激荡在火车头整备场。日前，中国铁路北京局集团有限公司天津机务段研发的"机车智能止轮器安全联锁装置"在各作业现场推广应用。

"机车智能止轮器安全联锁装置"荣获第六届全国铁路青年科技创新奖、微型股道自动化系统荣获北京铁路局集团有限公司第一"京铁创新春"青年科技创新大赛机辆组一等奖……近年来，天津机务段依托"张伟大师创新工作室"激发澎湃动力，带动职工科创，有力保障了现场作业安全，提升了铁路运输效率。

研发 100 余项创新成果

进入夏季,天津机务段 HXD2B 型机车通风机使用率高,电机故障影响正常使用,班组职工都皱起了眉头。

下班后,张伟一个人对着故障通风机较劲儿。他发现故障通风机电机定子、转子上吸附着大量的污尘,影响电机转动。张伟买来防火板材,测量尺寸、锯剪钻孔,制作出电机定子、转子防尘罩,装车试验后,电机性能和防尘效果良好。

张伟带领团队成员对其余 50 余台故障通风机进行了修复,逐个为电机定子、转子搭建了防尘"屏风",不仅解决了难题,保证了正常使用,还节支了 10 多万元。

全国劳模张伟是天津机务段职工创新的领头羊。2015 年,天津机务段成立"张伟大师创新工作室",张伟任创新工作室领衔人。在铁路机车检修工作 24 年间,张伟带领团队凭借精湛的技术和"蚂蚁啃骨头"的精神,解决了机车电暖气故障率高等难题,研发了 100 余项创新成果,为铁路安全生产和节支创效做出了突出贡献。

形成创新合力

"张伟大师创新工作室"由包括张伟在内的 18 人组成,主攻内燃机车配件检修、和谐型电力机车配件自主修,并解决现场安全装备难题。

"我们不断取得创新成果助力发展,主要是团队成员合力共为,人人献策献计。"张伟说。

卢双喜是创新工作室成员之一。在日常设备巡检中,他发现机车整备场使用的止轮器摆放与撤除仅靠两名机车乘务员相互呼唤确认实现,这种人防人控很容易出现疏漏并引发行车安全隐患。他反复思考,将研制"机车智能止轮器安全联锁装置"的思路告诉了工作室的其他成员。

大家合力攻关,经过多次试验,研制出防止机车在整备场溜逸的"机车智能止轮器安全联锁装置",保证了现场行车作业安全。

"张伟大师创新工作室"还主动将积累的技术知识、创新方法在全段广泛传播,形成更广的创新合力。2024 年起,他们在全段范围内开展了"和谐机车维修技术大讲堂"。截至目前,他们共组织 16 次讲课,累计 130 多课时,参培人数达 700 余人。

从"微创新"到"微电影"

在"张伟大师创新工作室"引领下,天津机务段在全段各车间、班组延伸创新动能,发动职工在检修、整备、运用等各个系统成立"微型创新工作站",每月围绕机车质量、季节性安全、节支降耗等设立创新攻关微课题,引导职工结合岗位实际揭榜攻关。

"我们借鉴开瓶器顶出红酒瓶塞的杠杆作用原理,研制机车轴箱端盖拆卸提效工具的故事,被拍到视频里啦!""我们为机车直供电装置接触器传动架研制铁质'假肢',保证供电'不断道'的故事也上演了!"在天津机务段职工影院内,职工三五成群地谈论着。

该段开办"职工创新故事影院",将职工技改攻关、破解难题的过程、成果拍摄剪辑成《创新奋斗故事》"微电影",利用手机报、微信群发送至全段干部职工进行宣传展示,让职工充分感受到创新带来的成就感。

天津机务段出台多项激励培养机制,实行"三堂一会"创新培养举措,即班组级补钙蓄能"微学堂"、车间级创新过程指导"会诊堂"、段级创新交流"演武堂"和技改技革创新成果评审会。

　　每季度组织干部职工开展安全生产创新竞赛,引导职工参与微创新竞赛,评选"天津机务段创新十杰百将",每半年召开一次创新工作成果表彰大会……职工创新蔚然成风。

(资料来源:中国国家铁路集团有限公司官方网站

工人日报记者　张玺　通讯员　董策　窦世强　张磊)

　　请对上述案例进行讨论,我们能够从天津机务段的工人师傅身上学到哪些可贵品质?

模块二
铁路运输调度规则

◎ **规章说明**

　　《中国国家铁路集团有限公司铁路运输调度规则》(普速铁路部分)在日常工作中简称《调规》(普速铁路部分),它与《中国国家铁路集团有限公司铁路运输调度规则》(高速铁路部分)是铁路调度工作所要遵循的基本规章之一,是国铁集团为了统一全路调度工作,依据《中国国家铁路集团有限公司章程》《铁路技术管理规程》等规定而制定的。它们统一了全国普速铁路和高速铁路运输调度工作的标准和要求,具体规定了运输调度的组织机构、职责范围、工作制度和调度工作设备配置的基本要求,规定了运输调度日常工作必须遵循的基本原则、责任范围、工作方法、作业程序和相互关系,明确了运输调度人员招聘(选拔)、培训的基本条件和基本要求。

　　本部分主要介绍《中国国家铁路集团有限公司铁路运输调度规则》(普速铁路部分)中的相关内容,本版《中国国家铁路集团有限公司铁路运输调度规则》(普速铁路部分)是2023年1月1日开始施行的。《中国国家铁路集团有限公司铁路运输调度规则》(普速铁路部分)各章的内容分别是总则、组织机构、职责范围、工作制度、运输组织、调度安全、调度基础、运输站段调度作业、附则、附件[附件1:十八点待卸大点车报告(运货8);附件2:常用行车调度命令模板;附件3:常用运行揭示调度命令模板;附件4:常用局间客调命令模板;附件5:铁路局集团公司间分界口能力利用率报告(运调18);附件6:调度工作图表名称及代码]等。

　　本教材依据上述内容在编写时择取了日常工作中常用的部分,整合为三个项目,即调度日(班)计划与日常运输组织工作、调度基础分析和设备工作及图表绘制识别、调度安全管理工作和调度命令的编制与下达。

调度日(班)计划与日常运输组织工作

🌐 项目背景

铁路是国民经济大动脉、国家重要基础设施和大众化交通工具,是综合交通运输体系骨干,在我国经济社会发展中的地位至关重要。铁路运输具有高度集中的特点,各工作环节必须紧密联系、协同配合。铁路运输组织工作必须贯彻安全生产的方针,坚持集中领导、统一指挥、逐级负责的原则。

为保持全路货车的合理分布及各线车流的相对稳定,车流调整工作必须实行高度集中、统一调整的原则。车流调整应遵循优先确保大客户、路企直通、战略装卸车点的运输需求原则。限制装车时,应减少零散装车点的装车;组织集中装车时,应优先增加大客户、路企直通、战略装车点的装车。

调度日(班)计划是日常运输组织工作的基础,应按列车编组计划、列车运行图、月度运输生产经营计划、施工计划进行编制,保证均衡地完成运输生产经营和施工任务,落实了调度日(班)计划,也就比较好地完成了日常运输组织工作。随着铁路运输事业的快速发展,调度日(班)计划与日常运输组织工作在铁路运输中的重要性日益凸显。作为铁路运输的核心环节,调度日(班)计划与日常运输组织工作直接关系铁路运输的安全、高效和顺畅。

掌握车站作业计划编制和考核工作的基本内容和方法,对于提高铁路运输生产的整体水平具有重要意义。提高调度员对车站作业计划的编制能力,以及对车站作业计划考核的准确性和公正性,从而提升整个铁路运输系统的运行效率和安全性,这不仅有助于满足日益增长的运输需求,也能为铁路运输生产的持续改进提供有力支持。

本项目旨在通过对铁路调度基本工作的深入学习,使学员全面理解调度工作的组织结构、工作制度及其在铁路运输中的作用。通过深入学习和实践,培养学员掌握车流调整的原理和方法,提升应对各种运输情况的能力,确保铁路运输任务的圆满完成。全面掌握调度日(班)计划与日常运输组织工作的理论知识和实操技能,提高应对复杂运输环境的能力。通过学习车站作业计划的编制内容、方法和流程,学会编制下达班计划,编制下达阶段计划。

✳ 建议学时

10 学时。

任务一　熟悉铁路运输调度的组织机构和工作制度及内容

📛 学习目标

知识目标

1.掌握铁路运输调度的组织机构及职责范围。

2.理解铁路运输调度工作制度的基本内容和实施方式。

3.掌握铁路运输调度在日常运输生产中的工作流程和职责。

能力目标

1.能够根据实际情况,合理组织和指挥铁路运输生产。

2.熟练掌握铁路运输调度工作的内容,确保运输任务的顺利执行。

3.熟练掌握铁路运输调度工作的流程,确保遇到各种突发事件时可以灵活处理相关问题。

素质目标

1.培养严谨细致的工作态度和责任心。

2.培养严谨的工作态度和卓越的服务精神,确保铁路运输的安全与畅通。

3.牢固树立"四个意识"①,确保铁路运输工作为党和人民服务好。

✿ 任务描述

首先,仔细阅读下文的案例,了解分析案例概况,带着任务学习铁路运输调度组织机构的构成和工作制度,理解铁路运输调度的重要职责,掌握铁路运输调度工作的基本工作制度等内容。其次,对应本任务内容的《中国国家铁路集团有限公司铁路运输调度规则》(普速铁路部分)相对应条文,掌握规则原文是如何规定的。最后,根据所学知识分析下文的案例。要求:能够熟悉并掌握铁路运输调度工作的各个环节,特别是在特殊情况下的应急处置能力,以确保铁路运输的安全和效率,保障人民群众的生命财产安全,为实现"交通强国"战略贡献力量。

🔆 案例导入

抓紧抓实防洪工作　确保运输安全畅通

2023 年 8 月,我国南方大部分地区进入汛期,针对严峻的防洪形势,中国国家铁路集团有限公司进一步压紧压实各部门责任,要求调度部门加强协调联动,发现险情后果断采取停运、中止运行等安全措施;一旦客车被封锁在区间,各铁路局集团公司要加强组织领导,随时

---

①　"四个意识"即政治意识、大局意识、核心意识和看齐意识。

调整应对措施,各专业部门加强会商指导,及时妥善处置,尽快消除险情。

各级防洪办加强值守,全天候观云追雨盯图,动态分析研判强降雨影响区段,及时预报预警。针对台风影响和近期东北地区、京津冀及周边地区强降雨天气,国铁集团有限公司防洪办及时下发暴雨大风预警通知,督导相关铁路局集团公司严格落实"防、避、抢"要求。

（资料来源：中国国家铁路集团有限公司官方网站）

引导提示：由上述案例得知铁路运输调度工作是运输工作的核心,作为调度工作人员更是肩负重要责任,要增强责任感、使命感。案例中出现调度部门要协调联动,发现险情后果断采取停运、中止运行等安全措施。那么,调度部门的工作职责是什么？如何协调联动？如何实现停止列车运行？

🔄 知识探索

一、铁路运输调度的组织机构及职责范围

1.铁路运输调度系统的组织机构设置

(1)国铁集团铁路运输调度工作实行分级管理、集中统一指挥,铁路运输调度指挥体系主要由国铁集团、铁路局集团公司、运输站段三级组成。

国铁集团设运输调度指挥中心(简称调度中心),铁路局集团公司设调度所,运输站段宜设生产调度指挥中心(简称指挥中心),编组(区段)站宜设调度车间(调度室),指挥中心可与运输站段既有生产指挥机构合设或合署办公。铁路局集团公司施工管理办公室(简称施工办)设在调度所。

专业运输公司设生产(运输)调度部,下属分公司可设运营调度部。《中国国家铁路集团有限公司铁路运输调度规则》(普速铁路部分)中专业运输公司为中铁集装箱运输有限责任公司、中铁特货物流股份有限公司、中铁快运股份有限公司。

(2)国铁集团运输调度指挥中心设值班主任、行车、客运、客运行包、货运、军运、特运、集装箱、施工、机车、车辆、动车、工务、电务、供电等调度台。

铁路局集团公司调度所设值班主任、值班副主任、计划、列车、客运、货运、特运、集装箱、施工、机车、车辆、动车、红外线(5T)、工务、电务、供电等调度台,根据需要可设置快运、篷布、军运、客运行包等调度台。根据各工种调度台工作量情况,有关调度台可合并设置,具体由铁路局集团公司确定。各工种调度可根据需要设置主任调度员岗位。

运输站段调度指挥中心设主任(值班主任)、生产调度、专业调度等调度岗位(或在既有生产指挥机构内设调度岗位);编组(区段)站设值班站长、车站调度员、货运调度员等调度岗位。具体由铁路局集团公司确定。

(3)国铁集团、铁路局集团公司(专业运输公司)、运输站段调度分别代表国铁集团、铁路局集团公司(专业运输公司)、运输站段负责日常运输组织指挥工作。

国铁集团值班主任、铁路局集团公司值班主任、运输站段指挥中心值班主任或编组(区

段)站值班站长分别领导一班调度工作。在日常运输组织工作中,下级有关部门和人员必须服从上级调度的指挥,执行上级调度指令。

国铁集团调度统一指挥各铁路局集团公司和专业运输公司完成运输生产经营任务;铁路局集团公司调度统一指挥铁路局集团公司管内运输生产单位完成运输生产经营任务;运输站段(编组站、区段站除外)调度按规定组织(督促)、协调本站段有关作业人员完成运输生产任务;编组(区段)站调度统一指挥本站区作业人员完成运输生产任务。

(4)各级调度应根据调度岗位的作业特点合理确定班制。国铁集团、铁路局集团公司、编组(区段)站主要工种调度全路统一实行四班制(国铁集团有特殊要求的除外)。

2.国铁集团调度的主要职责范围

(1)按规定对铁路局集团公司调度安全指挥进行监督管理和检查指导工作。维护调度纪律,检查铁路局集团公司、专业运输公司调度执行国铁集团调度命令和规章制度的情况,对违令、违章造成不良后果的单位和人员进行通报批评并提出处理意见。

(2)负责全路日常客运、货运和车流组织工作。组织铁路局集团公司及时输送旅客和货物,平衡各铁路局集团公司货车保有量,经济合理地使用机车车辆,充分利用运输能力,挖掘运输潜力,提高运输效率和效益。

(3)编制和下达国铁集团调度轮廓计划和日计划,督促、检查铁路局集团公司按调度日(班)计划均衡地完成运输生产经营任务。

(4)监督、检查、指导铁路局集团公司按货物列车编组计划编车、按列车运行图行车、按运输生产经营计划组织运输,督促、组织铁路局集团公司按国铁集团批准的计划均衡完成分界口列车交接、机车机班调整等工作,及时协调处理铁路局集团公司间运输工作中出现的问题,实现铁路局集团公司间分界口畅通。

(5)掌握铁路局集团公司及重点用户、主要港口和车站的装卸车情况。

(6)掌握国际旅客列车和跨铁路局集团公司(简称跨局)旅客列车的运行情况,对晚点列车收集、分析晚点原因,组织有关铁路局集团公司及相关单位(人员)采取措施,恢复运行秩序。

(7)了解铁路局集团公司、主要站客流波动及旅客列车票额利用情况,组织指导行包运输工作;处理跨局旅客列车的临时加开、停运、变更径路、途中折返、车辆甩挂和调整编组(1个月以内的行李车、邮政车)等工作;根据需要安排跨局客车回送;落实专运、中央大型会议及重点任务的乘车计划,并掌握运行情况。

(8)组织和掌握军运、特运工作,安排新兵和退役士兵运输,重点掌握与其有关的列车始发、运行情况。

(9)负责国铁集团抢险救灾物资、人员运输组织工作,跟踪掌握输送情况。

(10)负责审核、审批国铁集团管理的施工计划,组织各铁路局集团公司兑现施工计划,组织做好施工期间分界口车流、机车机班调整工作。

(11)掌握各铁路局集团公司调度工作情况,检查各铁路局集团公司日常运输工作完成情况。

(12)掌握国铁集团备用货车,批准国铁集团备用货车的备用、解除备用,检查铁路局集团公司对备用货车的管理情况。

(13)负责全路专用货车的统一调整,新造车辆的出厂组织,军运备品的回送,集装箱和篷布的运用。

(14)检查、通报安全情况,及时收取、掌握铁路交通事故、设备故障、自然灾害等突发事件信息,按规定进行应急处置,通报信息,组织救援、调整运输。负责跨局调动救援列车、救援队。

(15)负责国铁集团日常运输工作完成情况和调度安全监督检查情况的分析工作,及时总结、推广调度工作的先进经验。

(16)负责检查指导铁路局集团公司调度基础管理和技术培训工作,规范调度管理,推进标准化规范化建设,加强队伍建设。

(17)负责调度信息化需求管理,积极采用、推广先进技术和设备,组织调度信息系统开发和应用,负责调度信息系统运用管理,促进调度指挥工作现代化。

(18)掌握铁路口岸站货物列车交接情况,负责下达临时中欧、中亚等班列开行的调度命令。

(19)负责全路运输十八点统计业务管理,督促、指导、协调铁路局集团公司调度所完成运输十八点统计有关工作,监督检查工作质量,并定期进行考核评价。

3.铁路局集团公司调度所的主要职责范围

(1)在国铁集团调度的集中统一指挥下,负责铁路局集团公司管内运输组织和调度指挥工作。

(2)严格执行各项规章制度、安全管理制度和安全卡控措施,遵守和维护调度纪律,及时处理影响行车安全的有关情况,保证调度指挥安全。

(3)组织铁路局集团公司管内各运输生产单位密切配合、协同动作,经济合理地使用机车车辆,充分利用运输能力,挖掘运输潜力,压缩运输成本,提高运输效率和效益,完成运输生产经营任务。

(4)负责编制和下达铁路局集团公司调度日(班)计划,并组织各运输站段落实,提高计划兑现率。对运输站段落实调度日(班)计划情况,提出评价考核建议。

(5)负责组织铁路局集团公司管内各运输生产单位按货物列车编组计划编车、按列车运行图行车、按运输生产经营计划组织运输,督促、组织各运输站段按调度日(班)计划均衡地完成运输任务,及时协调处理铁路局集团公司运输工作中出现的问题。

(6)组织调整铁路局集团公司管内的货流、车流,按阶段均衡地完成国铁集团下达的车流调整方案和去向别装车方案,重点掌握分界口排空、快运货物和重点物资的运输。

(7)按国铁集团批准的计划组织列车在分界站均衡交接,保证机车与列车的紧密衔接,与邻局密切联系,及时交换列车计划、积极协商解决出现的问题,保证分界站畅通。

(8)掌握铁路局集团公司管内各站和主要客户、港口装卸车的情况,提高直达列车和成组装车比重,提升运输能力。

铁路局集团公司列车调度员工作场景如图6-1所示。

(9)组织旅客列车按列车运行图正点运行,遇列车发生晚点时,应积极采取措施,组织有关单位(人员)恢复运行秩序,做好正晚点分析并上报国铁集团。

思政案例

"红蓝黑线"描绘云南铁路40年变迁

(10)掌握铁路局集团公司管内客车配属、客流波动、票额利用、旅客列车开行及运行情况，重点掌握动车组列车、特快旅客列车、国际旅客列车、重点旅客列车的运行情况及旅客列车的超员情况；处理旅客列车的临时加开、停运、变更径路、途中折返、车底编组、客车回送、整列换乘、车辆甩挂和调整编组(管内列车、跨局列车1个月以内硬卧、硬座、软卧、软座、餐车)、客车底试运行和实施票额临时调整等工作；落实专运及重点任务，并掌握运行情况；参与组织做好旅客列车行包运输工作。

图6-1　铁路局集团公司列车调度员工作场景

(11)组织完成铁路局集团公司管内军运、特运、超限、超重、挂有装载危险货物车辆等重点列车运输组织工作，组织落实新兵和退役士兵运输任务，重点掌握与其有关的列车始发、换乘接续及运行情况。

(12)负责铁路局集团公司管内抢险救灾物资、人员运输组织工作，跟踪掌握输送情况。遇自然灾害或事故中断行车时，铁路局集团公司应及时采取措施，提出有关旅客列车停运、加开、折返和变更径路等方案，并及时发布调度命令(跨局旅客列车报国铁集团批准后发布)。

(13)负责组织编制、下达年度轮廓施工计划、月度施工计划和施工日计划，安排维修日计划，汇总、下发邻近营业线施工安全监督计划；组织专题研究集中修施工和对运输影响较大的施工；发布运行揭示调度命令和施工、维修作业的调度命令，协调组织施工、维修计划兑现；指导相关单位天窗修；进行施工分析、考核等。

(14)向国铁集团调度报告铁路局集团公司调度工作情况，检查铁路局集团公司管内各运输站段运输工作完成情况。

(15)认真执行国铁集团备用货车的管理制度，严格掌握铁路局集团公司管内备用货车的备用、解除备用。

(16)负责铁路局集团公司管内专用货车的调整、军运备品的回送、集装箱和篷布的运用。

(17)及时收取、上报铁路交通事故、设备故障、自然灾害等突发事件信息，按规定进行应急处置，通报信息，组织救援，调整运输。负责调动救援列车、救援队或向国铁集团调度申请跨局调动救援列车、救援队。

(18)负责指导运输站段调度业务工作，检查各运输站段执行调度命令和有关规章制度的情况；对违令、违章的单位和人员进行通报批评并提出处理意见。

(19)负责铁路局集团公司日常运输工作完成情况和调度安全工作情况的分析工作，及时总结、推广调度工作的先进经验。

(20)负责铁路局集团公司调度基础管理和技术培训，规范调度管理，加强队伍建设和调度所安全生产标准化建设，指导运输站段调度日常运输生产工作。

(21)负责铁路局集团公司调度信息化需求管理,组织调度信息系统实施应用,负责调度信息系统运用管理,积极采用、推广先进技术和设备,促进调度指挥工作现代化。

(22)负责中欧、中亚等班列开行和铁路口岸站列车交接组织。

(23)负责铁路局集团公司运输十八点统计工作,及时、准确完成十八点报告,建立业务沟通联系机制,督促指导运输站段、分界站做好运输十八点统计工作,并定期进行考核评价。

4. 专业运输公司调度的主要职责范围

(1)在国铁集团调度的集中统一指挥下,负责本公司的运输生产组织和调度指挥工作,并与铁路局集团公司(运输站段)开展日常运输生产组织协调工作。

(2)严格执行各项规章制度,遵守和维护调度纪律,及时处理影响运输的有关情况。

(3)组织各分(子)公司协同合作,负责专业运输有关组织,挖掘运输潜力,提高运输效率和效益。

(4)负责掌握本公司生产组织需求,及时向国铁集团调度报告运输生产组织情况及发生的问题,按规定进行应急处置,接到上级调度要求了解涉及运输安全、生产信息时,应组织做好落实和汇报工作。

(5)负责向国铁集团调度申请重点物资运输等有关装运、列车开行的调度命令,接收、转发国铁集团和铁路局集团公司发布的相关调度命令,掌握有关班列、专用车辆、行李车、装载高铁快运集装件的动车组开行、调整等有关调度命令下达、执行情况,并及时督促相关分(子)公司落实;负责组织有关列车的运行计划落实、盯控等工作。

(6)掌握并协调所属车辆(箱)的维护和检修工作,保证运用状态良好。

(7)掌握本公司运输生产动态等情况,完成有关列车开行、能力利用等指标的统计、分析工作。

(8)负责检查各分(子)公司执行有关规章制度情况,对违令、违章的单位和人员进行通报批评并提出处理意见。

(9)负责本公司调度基础管理和技术培训,规范调度管理,加强队伍建设。

(10)负责本公司生产调度信息化需求管理,积极采用、推广先进技术和设备,促进调度指挥工作信息化、现代化,组织调度信息系统应用实施,负责调度信息系统运用管理。

5. 编组(区段)站调度的主要职责范围

(1)严格执行各项规章制度,遵守和维护调度纪律,认真执行上级调度命令和指示,及时处理影响行车安全的有关情况,保证车站调度指挥安全。

(2)掌握货流、车流,根据铁路局集团公司下达的调度日(班)计划,正确编制和组织实现车站作业计划(车站班计划、阶段计划和调车作业计划),按货物列车编组计划、列车运行图和重点要求解编列车,不间断地接发列车。

(3)经济合理地运用车站技术设备和能力,掌握调车机运用,组织有关单位、人员密切配合,协同动作,按作业计划、技术作业过程和时间标准,完成编组和解体列车的任务,提高作业效率,加速机车车辆周转。

(4)及时收取调度所阶段计划,掌握车流变化,正确推算现车和指标,按阶段向铁路局集团公司调度汇报车流和车站作业情况。

(5)重点组织旅客、军运、货物班列、重载、超限、超重、超长和重点货物列车的开行。

(6)主动与厂矿企业联系,及时预报车辆到达情况和取送车作业计划,组织开行路企直通列车。组织回送客车(机车)、货物作业车、检修车(修竣车)和专用车的取送,缩短待取、待送时间。

图6-2　编组站调度员工作场景

(7)根据施工日计划、阶段计划相关要求,组织落实运输有关准备工作。

(8)发生铁路交通事故时,积极组织救援,减小事故对行车的影响。

(9)正确、及时填画技术作业图表,认真分析车站作业计划兑现情况和运输生产完成情况并及时上报。

(10)负责车站日常运输生产工作完成情况分析,及时总结、推广运输组织的先进经验。编组站调度员工作场景如图6-2所示。

6.运输站段调度(编组站、区段站除外)的主要职责范围

(1)严格执行各项规章制度,遵守和维护调度纪律,服从调度集中统一指挥。

(2)按作业计划、技术作业过程和时间标准组织生产,提高作业效率,高质量组织完成日常运输生产任务。及时、准确地向调度所相关专业调度提供编制日(班)计划的资料,并根据运输生产实际提出合理化建议。

(3)严格执行上级调度命令,负责有关调度命令申请、接收、核对、传达等工作(规章已明确指定流程要求的除外),确保调度命令及时、准确地传达至相关部门(人员),遇特殊情况应及时向上级调度报告。

(4)做好信息通报工作,收集、传递应急处置和安全生产信息,及时主动向上级调度报告运输组织作业进度及发生的问题和情况,接到上级调度要求了解涉及运输安全、生产信息时,应组织做好落实和汇报工作。

二、铁路运输调度的基本工作制度

(1)调度所管理制度应包括安全、生产、施工、教育、技术、基础管理等基本管理制度,并将基本管理制度纳入《调度所管理工作细则》。

①调度所安全管理制度,应包括安全例会制度以及安全生产责任制、安全信息管理、安全风险分级管控和隐患排查治理制度、安全监督检查、安全分析、应急响应补充规定、红线管理等内容。

②调度所生产管理制度,应包括调度日(班)计划、3~4 h列车运行调整计划的编制和实施,临时旅客列车开行组织,重点物资运输管理,十八点统计管理、工作联系、生产分析等内容。

③调度所施工管理制度,应包括施工组织协调、施工计划、运行揭示调度命令、施工调度命令的编制、审批和下达,施工期间运输组织和施工分析等内容。

④调度所教育管理制度,应包括培训、考试、职业技能竞赛、持证上岗等内容。

⑤调度所技术管理制度,应包括规章文电管理、技术资料管理、调度命令管理、新图实施管理、调度指挥系统管理、信息化管理、网络安全管理等内容。

⑥调度所基础管理制度,应包括会议、考勤、值班、卫生、保密、文明生产、安全保卫、公文、办公设备、图表台账管理、班组建设及岗位竞赛评比、工作质量检查考核、业绩考核、现场调研等内容。

(2)调度所应健全完善各项基本管理制度,明确管理责任,抓好规章制度执行及安全生产的检查、监控、分析、考核工作。

(3)铁路局集团公司分管运输副总经理(总调度长)每日6:30—7:30、调度所分管生产副主任每日22:00—23:00分别向国铁集团调度中心分管生产副主任报告运输生产情况;铁路局集团公司值班主任每日6:30前向国铁集团值班主任汇报第一班运输安全和班计划任务完成情况及全日修正计划;国铁集团值班主任向铁路局集团公司值班主任提出运输生产要求和布置第二班工作重点。

国铁集团逢双日召开全路运输生产电视电话会议,由各铁路局集团公司分管运输的副总经理(总调度长)汇报运输安全和运输生产情况,国铁集团向铁路局集团公司提出运输生产要求和布置工作重点。

铁路局集团公司每日召开全局运输生产电视电话会议,由各运输站段分管生产的副站(段)长汇报全日运输安全和运输生产情况,铁路局集团公司向运输站段提出运输生产要求和布置工作重点。

(4)各级调度应建立交接班会等制度,保持调度工作的连续性。

国铁集团、铁路局集团公司调度的交接班和班中会分别由国铁集团值班主任、铁路局集团公司值班主任负责主持,有关调度人员参加。

①接班会:传达有关命令、指示和重点事项,通报上一班安全、运输生产情况,布置安全注意事项,研究本班完成运输生产经营任务的具体措施。

②班中会:每班至少召开一次,根据调度日(班)计划执行情况,研究完成本班和全日任务的具体措施。

③交班会:各工种调度分别汇报本班安全、运输生产经营任务完成情况,分析存在的问题,总结经验教训。

④各工种调度交接班时,交班内容和待办事项必须清楚、完整,不得遗漏。交接班会应充分利用信息化手段,提高交接班质量。

(5)建立工作报告制度,加强各级调度之间的工作联系,加强与安全监察、专业部门之间的信息沟通,准确掌握工作进度和安全信息,及时处理发生的问题。

①车站向铁路局集团公司调度报告下列内容。

• 车站在列车到、开或通过后,及时报告车次、时分(具有自动采点设备,可自动采点时除外)。

- 列车始发站应及时报告列车解编进度、编组内容、编组变化情况及出发列车速报(车次、机型、机车号、辆数、牵引总重、换长);列车在非始发站进行摘挂作业时,作业站应及时报告列车在站作业、占用股道及作业后的编组变化情况。
- 机车及股道占用情况。
- 因特殊原因,临时造成旅客积压,不能及时输送。
- 车站有关工种人员每3 h向铁路局集团公司所属工种调度上报规定内容。
- 具备信息系统上报条件的车站,应通过系统及时、准确上报。
- 施工维修登销记情况。
- 按时报告运输十八点统计的相关内容。
- 影响运输生产组织的相关事项。
- 安全情况和重要事项应随时报告。

②铁路局集团公司调度向国铁集团调度报告下列内容。

- 每日10:00(22:00)前,铁路局集团公司值班主任向国铁集团调度报告接班后的管内运输情况,预计本班分界口列车交接、排空、机车运用情况,每日6:30前向国铁集团值班主任报告运输安全和运输生产任务完成情况的综合分析。
- 铁路局集团公司各工种调度及时向国铁集团相关工种调度报告各项规定的内容。
- 安全情况和重要事项应随时报告。

③当上级调度向下级调度和运输生产单位了解有关运输情况时,有关人员应及时汇报。

④铁路局集团公司调度接到铁路交通事故、行车设备故障等安全信息后,应按规定填写《铁路交通事故(设备故障)概况表》(安监报1),及时报国铁集团调度,并通过铁路安全监督管理信息系统及时报送铁路局集团公司安全监察部门。

⑤铁路局集团公司客运调度接到客运突发事件报告后,应及时填写《客运突发事件概况表》,并报国铁集团调度。

(6)为准确掌握客运工作情况,及时处理发生的问题,客运段调度、车务段(直属站)调度、铁路局集团公司客运调度必须严格执行报告制度,除按规定上报的有关资料外,凡发生下列情况之一时,必须逐级向上级客运调度报告。

①发生自然灾害或发生事故中断行车。

②发生旅客或路内客运职工伤亡;由于站、车设备损坏或其他原因造成人员伤亡。

③车站或旅客列车发生火情、火灾。

④旅客列车因事故造成甩车或长时间修理而导致的列车晚点。

⑤售票系统发生故障不能正常售票。

⑥上访人员乘车或发生群体性拦截旅客列车。

⑦站、车之间发生纠纷或其他原因导致旅客列车晚点。

⑧站、车发生意外情况,工作人员不能正常作业。

⑨因特殊原因,临时造成旅客、行包积压,不能及时输送。

⑩因误售车票出现旅客误乘、漏乘。

⑪因错、漏传调度命令,错挂或漏挂车辆,造成旅客不能正常乘车。

⑫站、车发生旅客食物中毒、重大疫情、病毒传染源等影响公共安全的事项。

⑬其他需要及时上报的有关客运工作事项。

(7)铁路局集团公司建立运输调度领导值班制度。

①值班人员:铁路局集团公司总调度长或调度所主任(副主任)、书记。

②值班时间:工作日18:00至次日8:00、非工作日8:00至次日8:00。

③值班要求:

● 对重点运输任务,按等级认真盯控,确保安全正点。

● 对Ⅰ、Ⅱ级施工,按日计划组织实施,并组织监控,对临时发生的问题采取果断措施及时处置。

● 遇恶劣天气,提前预想,对设备运行、运输组织造成影响时,应立即组织应急处置,保证运输安全。

● 遇旅客列车大面积晚点或运输不畅时,应详细了解、掌握情况,采取有效措施,尽快恢复列车运行秩序。

● 发生铁路交通事故或繁忙干线、干线行车设备故障时,应及时组织处理,减少对运输秩序的影响。

(8)加强铁路局集团公司间的协作,保证分界站畅通。铁路局集团公司间分界站会议由相邻铁路局集团公司根据运输生产需要协商召开,原则上每年不少于一次,必要时由国铁集团组织,研究改进列车交接和日常施工等工作,制定、修改分界站协议。

(9)为提高调度人员的组织指挥水平,加强各级调度之间、调度与运输站段有关人员的工作联系,各级调度人员每季度深入现场应不少于一次,熟悉设备、人员、作业组织等情况,交换工作意见,解决日常运输及安全生产中存在的问题。深入现场前应有计划,返回后应有报告。深入现场活动可采取添(登)乘机车(动车组)、列车,召开座谈会、联劳会、同班会、跟班作业、专题调研等形式。国铁集团、铁路局集团公司应按规定为调度人员办理机车(动车组司机室)添(登)乘证。调度人员持证添(登)乘机车(动车组)、列车,并准许在乘务员公寓食宿。

引用规章

《中国国家铁路集团有限公司铁路运输调度规则》(普速铁路部分)第1条~第18条。

引用规章链接6-1
《中国国家铁路集团有限公司铁路运输调度规则》(普速铁路部分)第1条~第18条

案例6-1
熟悉铁路运输调度的组织机构和工作制度及内容

任务二　根据铁路运输实际情况进行车流调整

学习目标

知识目标

1. 理解车流调整的原则和方法。
2. 掌握重车车流调整的一般规定和特殊要求。
3. 掌握空车调整、空箱调整、备用货车调整及专用货车调整的技巧。

能力目标

1. 能够熟练掌握车流调整的工作原则。
2. 能够根据实际情况灵活运用车流调整技巧,优化运输组织。
3. 能够独立分析问题,制定有效的车流调整方案。

素质目标

1. 培养严谨的工作作风和强烈的责任感,确保运输安全。
2. 增强业务能力,不断提升解决实际问题的能力。
3. 在工作中确保操作符合铁路行车规章和技术标准,保障人员和货物的安全。

任务描述

　　首先,仔细阅读下文的案例,掌握事故概况,带着任务深入理解车流调整的原则及其在铁路运输中的重要性,掌握重车车流、空车、空箱、备用货车、专用货车调整的原则和方法。其次,通过模拟铁路在各种情况下,例如农用物资、电煤等各种重点物资运输要求下的车流调整,使学员能够应用车流调整的原则,制订合理的车流调整计划,确保铁路运输的顺畅和高效。最后,根据所学知识分析下文的案例。要求:能够熟悉并掌握重车车流、空车、空箱、备用货车、专用货车调整的原则和方法,以确保正确进行车流调整,保障运输畅通,保障人员和货物的安全。

案例导入

5月创2014年铁路客发量同比最大增幅

　　2014年5月,铁路部门克服集中修施工任务繁重、不良天气频发等困难,大力开展客货营销,加强日常运输组织,深入推进货运组织改革,客货运输情况完成良好。

　　数据显示,5月,全国铁路发送旅客19974万人,同比增长20.3%,为2014年以来同比增幅最高的一个月,其中直通旅客发送量完成6425万人,同比增长19.1%。5月,全国铁路旅客周转量达到900.43亿人·km,同比增长13.3%。从全路18个铁路局来看,旅客发送量均呈现不同程度增长。其中,南宁铁路局增幅46.8%为全路最高,武汉、上海、南昌、成都铁路局和广州铁路局同比增幅均在20%以上。

与前几个月相同,小长假和周末铁路运输是带动5月铁路客流增长的重要因素。各单位认真落实"三个出行"常态化要求,加大客运挖潜力度,充分发挥高铁干线的运输能力,根据客流需求及时增加运力,努力满足旅客出行需求,实现客运增运增收。特别是"五一"小长假期间,全国铁路日均发送旅客924.7万人,带动了5月铁路客流大幅增长。其中,5月1日,全国铁路旅客发送量达到1065.3万人,超过了2013年10月1日创下的1032.7万人的纪录,成为铁路单日旅客发送量的历史新高。"五一"期间,全路共有近20条高铁和客专旅客发送量刷新历史纪录。

5月,受宏观经济影响,全路货运形势仍然严峻,货源持续低迷,日均订车与4月基本持平。对此,按照国铁集团的要求,各铁路局全面放开装车限制,以货车调整和保留车消减为抓手,加强车流组织和空车调配,努力保证有效货源装车兑现。全国铁路日均装车完成158332车,比4月增加了近3000车,实现了货运装车止跌回升。矿建、粮食、集装箱等零散"白货"装车环比增长明显,煤炭、钢铁等部分大宗物资装车环比也有小幅增长。

数据显示,5月,全国铁路货运总发送量完成31831万t,其中货物发送量完成31817万t;货运总周转量完成2272.89亿t·km,货物周转量完成2270.55亿t·km。大秦线运量得到恢复,全月累计完成4060.7万t,同比增长7.4%。侯月线运量完成1535.3万t,同比增长3.7%。

各项重点物资运输情况完成良好。其中,煤炭运量完成18873万t,石油运量完成1165万t,粮食运量完成625万t,化肥及农药运量完成585万t,焦炭运量完成854万t,金属矿石运量完成3329万t,钢铁运量完成1766万t。

(资料来源:中国广播网)

引导提示:由上述案例可知,在铁路运输调度工作中,车流调整是一项至关重要的任务,它涉及确保货车的合理分布以及各线车流的相对稳定。国铁集团的特种运输任务通常涉及国家重点工程或紧急物资,对运输安全和时效性有着极高的要求。国铁集团通过专业化的运输组织和管理,确保了这些关键物资能够安全、准时地到达目的地,对于国家经济建设和应对紧急情况具有重要意义。在具体的工作中,调度在进行车流调整时是如何完成普通车流与专用货车的调整呢?

知识探索

为保持全路货车的合理分布及各线车流的相对稳定,车流调整工作必须实行高度集中、统一调整的原则;遵循优先保证重点运输、兼顾市场需求和效率效益的原则,最大限度满足运输需求。

国铁集团调度中心、铁路局集团公司调度所应指定专人负责车流调整工作,研究掌握货流、车流的变化规律及有关技术设备的使用效能,认真推算车流,有预见、有计划地进行车流调整。

一、重车车流调整

1.重车车流调整的一般规定

车流调整分为重车调整、空车调整和备用车调整,并通过日(班)计划组织实现。必要时,可下达临时调整计划。

重车调整是车流调整的重要内容。调整方法有去向别装车调整、限制装车、停止装车、变更重车输送径路和集中装车。

按去向别组织均衡装车是保持各铁路局集团公司车流稳定和运输秩序正常的基础。各铁路局集团公司、车站必须严格掌握装车去向,进行去向别装车调整时,要执行下列规定。

(1)运输工作不正常,需要减少或增加日装车计划时,应首先调整(减少或增加)自局管内的装车数量;如需减少或增加外局的装车数量时,须经国铁集团批准。

(2)分界站接入某方向的重车不足或增多时,应首先采取增加或减少自局装往该去向装车数量的方法进行调整。如果重车不足或增多延续时间较长,自局调整又有一定困难时,应将情况及时报国铁集团,由国铁集团统一调整。

2.重车车流调整的特殊要求

为消除局部重车积压,可采取限制装车、停止装车和变更重车输送径路等措施。变更重车输送径路示意图如图6-3所示。

(1)遇下列情况时,应采取限制装车或停止装车措施。

①装车数超过区段通过能力和编组站作业能力时。

②装车数超过卸车地的卸车能力时。

③因自然灾害、事故,线路封锁中断行车时。

④因其他原因发生车辆积压或堵塞时。

(2)遇自然灾害、事故中断行车或重车严重积压、堵塞等情况时,铁路局集团公司可组织迂回运输;跨局迂回运输时,应提前征得国铁集团同意,经调度命令批准后方可组织交接。迂回运输组织应适应有关区段的通过能力,并指定变更径路的期限、列数、辆数和货物列车编组计划。

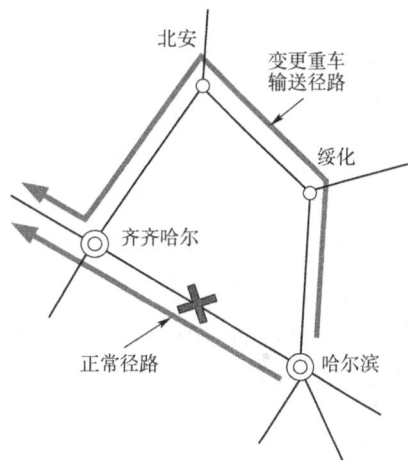

图6-3　变更重车输送径路示意图

(3)遇下列情况时,可采取集中装车措施。

①某铁路局集团公司的管内重车严重不足时。

②某方向移交重车严重不足时。

③重点用户、港口、国境站急需到达物资或外运物资严重积压时。

④急需防洪、抢险、救灾重点物资时。

集中装车仅在所经区段通过能力和到站卸车能力允许的条件下,方准采用。

二、空车调整

空车调整是为了合理地运用空车,保证装车需要的调整措施。空车调整必须做到缩短空车行程,组织车种代用,消除同车种对流。

各铁路局集团公司、车站必须从全局出发,严格遵守排空纪律,按照上级调度批准的车种、辆数均衡地完成排空任务。

空车调整方法有正常调整、综合调整和紧急调整。

1. 正常调整

各铁路局集团公司根据车种别装车、卸车的差数,接空数和实际货车保有量确定排空车数。

2. 综合调整

货流、车流发生变化或重车流增加时,在不影响接空局重点物资装车需要的前提下,经国铁集团批准,依据下达的日计划命令,可采取以重车、空车总数进行综合调整。重车、空车数一经国铁集团批准,各铁路局集团公司不得再增加重车代替空车数量。

3. 紧急调整

为保证特殊紧急运输任务需要所采取的非常措施,以调度命令或日(班)计划中重点事项的形式下达;各铁路局集团公司接到紧急空车调整命令后,必须按照规定的时间、车种、辆数完成排空任务。

三、空箱调整

空箱调整是根据集装箱空箱需求、使用效率、运用分布等,将不同箱型、箱类的空铁路集装箱组织回送至发运站的过程。空箱调整分为阶段调整和临时调整。

阶段调整是为了平衡集装箱保有量,满足空箱使用需求,按设定时间周期进行的调整。临时调整是指接到临时紧急任务或突发情况等特殊原因时进行的调整。国铁集团调度中心负责组织编制跨局空箱回送计划,铁路局集团公司调度所负责编制管内空箱回送计划,并组织运输站段落实。铁路局集团公司应按调度命令要求组织空箱回送工作。

四、备用货车调整

(1)备用货车(简称备用车)是为了保证完成临时紧急任务的需要和减少阶段性闲置货车的无效流动,所储备的技术状态良好的国铁空货车。

①备用车分为特殊备用车、军用备用车、专用货车备用车和港口、国境站备用车。

②特殊备用车是指因运输市场发生结构变化,为调剂车种、满足运输需要,对国铁集团以备用车命令指定的大于本局月计划部分的某种空货车。

③备用车备用和解除备用,应经国铁集团备用车命令批准。非标准轨的货车备用和解除备用由所在铁路局集团公司负责处理。

④备用车应备满48 h,但不得超过3个月。因紧急任务需要解除备用车时,应经国铁集团调度命令批准,可不受时间限制。

(2)备用车的日常管理如下。

①备用车实施号码制管理,国铁集团、铁路局集团公司调度,备用车所在站和车辆(机辆)段,均应建立备用车辆信息台账,登记有关车辆的备用和解除备用的时间、命令号码、备

用地点、车型、车号等信息。

②国铁集团、铁路局集团公司调度应分别建立备用车调度命令台账,并单独规定备用车命令号码范围。

五、专用货车调整

1. 专用货车调整方法

专用货车的调整方法,除按一般货车调整规定办理外,空车应按国铁集团指定的方向、到站回送,有配属站的,除国铁集团另有指定外,均应向配属站回送。专用货车的回送,应按规定填写回送单据。

2. 冷藏车调整方法

为使冷藏车、罐车经常保持设备完整、性能良好,铁路局集团公司原则上不得以冷藏车代用其他货车,必须代用时,需经国铁集团调度命令批准;各种罐车应分类使用,装运危险货物的罐车必须专车专用,不得代用。罐车必须代用时,须经国铁集团特运调度命令批准,装运危险货物运输的罐车不得代用。

3. 外国货车调整方法

外国货车停运或在国境站积压时,应采取优先放行和换装措施;对暂时没有确定到站的进口货物,经国铁集团准许,可换装在我国货车内待发或及时组织卸车。

凡外国空货车(包括用来装该国货物的车辆),应经由最短径路向所属国回送。

❂ 引用规章

《中国国家铁路集团有限公司铁路运输调度规则》(普速铁路部分)第 19 条 ~ 第 34 条。

引用规章链接6-2

《中国国家铁路集团有限公司铁路运输调度规则》(普速铁路部分)第19条~第34条

案例6-2

根据铁路运输实际情况进行车流调整

任务三　掌握调度日常运输生产工作组织

学习目标

知识目标

1. 理解铁路调度日(班)计划与日常运输组织工作的基本原理和方法。

2. 熟悉铁路局集团公司日计划的内容和调度日计划工作的流程,如列车开行计划的编制、日常运输组织工作的步骤。

3. 掌握调度员作业程序相关规定。

能力目标

1. 能够根据运输生产情况,按规定完成调度日(班)计划和日常运输组织工作。

2. 能够独立完成调度日计划的编制,包括列车开行计划和综合维修计划。

3. 能够熟练掌握调度工作的流程和方法,提高解决实际问题的能力。

素质目标

1. 培养独立分析问题和处理问题的能力,能够在面对问题时迅速做出决策。

2. 增强合作能力和团队协作精神,能够与同事共享资源,共同完成工作任务。

3. 提高政治觉悟,深刻理解铁路调度工作在铁路运输中的重要作用,确保铁路运输的安全和效率。

任务描述

首先,仔细阅读下文的案例,了解、分析案例概况,带着任务深入理解铁路调度日(班)计划与日常运输组织工作的流程和重要性。其次,对应本任务内容的《中国国家铁路集团有限公司铁路运输调度规则》(普速铁路部分)相对应的条文,掌握规则原文是如何规定的。最后,根据所学知识分析下文的案例。要求:掌握调度日(班)计划的编制原则和日常运输组织工作的基本要求。通过模拟实际工作环境,使学员能够熟悉并掌握调度日常运输生产工作的各个环节,特别是运输生产的指挥和协调,以确保铁路运输的安全和效率,保障人民群众的生命财产安全。

案例导入

水毁线路抓紧抢修　停运列车持续恢复

2023 年 8 月,京津冀和东北地区多条铁路线被水毁,导致部分列车停运。受水害影响,北京西站 8 月 7 日停运 27 趟旅客列车,主要是北京西至邯郸、银川、乌鲁木齐等方向的列车。北京丰台站停运 46 趟旅客列车,较 8 月 6 日减少了 6 趟,停运列车主要是北京丰台至邯郸、包头、乌海西等方向的。北京铁路局集团公司持续组织 2000 余名抢险人员、48 台大型抢险设备在丰沙线水毁现场抢险。截至目前,沙城至北京方向,上行线已经抢通至沿河城站,下行线已经抢通至沿河城至旧庄窝站间。北京至沙城方向,上行线已抢通至雁翅至珠窝站间,下行线已抢通至斜河涧站。

(资料来源:央视网)

引导提示:由上述案例可见,铁路运输过程中面对很多自然灾害的影响,调度员必须严格遵守调度日(班)计划的编制原则,如坚持安全生产、保证重点运输等。在日常工作中,调度员应熟练掌握列车调度员工作的基本要求,合理安排运输生产和施工任务,同时,调度员还需要具备快速应变能力,一旦发现计划执行中的问题,应立即采取措施纠正,防止事故的发生,作为一名优秀的调度员在面临上述情况时,如何开展日常运输生产组织工作呢?

知识探索

调度日(班)计划是日常运输组织工作的基础,应按货物列车编组计划、列车运行图、月度运输生产经营计划、施工计划进行编制,保证均衡地完成运输生产和施工任务。调度日(班)计划是一日(班)内的运输工作计划,包括国铁集团调度日计划和铁路局集团公司调度日(班)计划。国铁集团调度日计划包括分界口列车交接计划、货运工作计划。铁路局集团公司调度日(班)计划简称日(班)计划,包括货运工作计划、列车工作计划、机车车辆工作计划和施工日计划。

国铁集团调度日计划起止时间为当日18:00至次日18:00。铁路局集团公司货运工作计划、列车工作计划、机车车辆工作计划起止时间为当日18:00至次日18:00,分为两个班计划:当日18:00至次日6:00为第一班计划,次日6:00至18:00为第二班计划。铁路局集团公司施工日计划起止时间为0:00至24:00。

一、调度日(班)计划的编制原则

(1)坚持安全生产的原则。
(2)贯彻国家运输政策,保证重点运输的原则。
(3)最大限度满足运输需求的原则。
(4)坚持一卸、二排、三装的运输组织原则。
(5)按货物列车编组计划编车,按列车运行图行车,按运输生产经营计划组织运输,按技术作业过程和时间标准组织作业,优先组织快速班列开行,最大限度地组织成组、直达运输的原则。
(6)按施工计划安排施工,坚持运输与施工兼顾的原则。
(7)经济合理地使用机车车辆和其他运输设备,提高运输效率和效益的原则。
(8)组织均衡运输的原则。

二、负责调度日(班)计划的编制人员及内容

(1)日计划的编制,国铁集团、铁路局集团公司调度日计划分别由调度中心生产主任、调

度所主任(副主任)负责组织编制。

(2)国铁集团调度日计划包括分界口列车交接计划、货运工作计划。

分界口列车交接计划的内容:分界站交接货物列车数、临客列数、重车数、车种别空车数和重点要求。货运工作计划的内容:到局别使用车数、能力紧张去向的装车数和重点要求。

(3)国铁集团每日向铁路局集团公司下达调度轮廓计划,其内容、编制人员、起止时间与日计划相一致。

三、铁路局集团公司编制日计划的依据

(1)国铁集团下达的轮廓计划、调度日计划、调度命令和有关文件、电报。

(2)月度运输生产经营计划、货物列车编组计划、列车运行图、机车周转图、机车车辆检修计划和有关技术作业时间标准。

(3)日运输需求车数及相关要求(军用应有军运任务通知书,超限超重货物应依据确认电报)。

(4)预计当日18:00各类运用车数、车站现在车数(重车分去向,其中到本局和邻局管内摘挂车流分到站;待卸车、空车分车种)和机车机班分布情况。

(5)旅客列车临时加开、停运、变更径路、途中折返、车辆甩挂、客车(动车组)回送等调度命令或文件、电报。

(6)机车车辆试运行及路用列车开行计划。

(7)国铁集团快运班列开行计划、命令及铁路局集团公司管内快运班列开行方案。

(8)列车预确报。

(9)分界站协议。

(10)月度施工计划(批复文电)及主管业务部室提报的施工计划、路用列车开行申请。

(11)设备维修作业计划。

四、铁路局集团公司调度日计划的主要内容

铁路局集团公司调度日计划主要包括货运工作计划、列车工作计划、机车车辆工作计划、施工日计划等内容。

1. 货运工作计划

(1)各站装车需求受理数(包括发站、发货人、品类、到站、到局、运费、限制去向、车种别受理数)。

(2)各站卸车计划(包括到站、车种、卸车数,整列货物应有收货人及品类)。

(3)快运班列、企业自备车等直达列车和成组装车的列数及辆数。

(4)篷布、集装箱运用计划。

(5)专用货车使用计划。

2. 列车工作计划

(1)列车到、发及运行计划,包括列车车次、发站、到站、发到时分、编组内容、特定运行径

路,始发列车车辆来源。

(2)分界站列车交接计划,包括列车车次、交接时分、各列车中去向别重车数(到邻局的摘挂车流分到站)和车种别空车数。

(3)管内工作车输送计划、各站配空挂运计划和摘挂列车的甩挂作业计划。

(4)专用货车的调整、挂运计划。

(5)装载超限超重货物、军运物资(人员)、剧毒品、运输警卫方案货物车辆,有运行条件限制的机车车辆、自轮运转特种设备挂运和专列开行计划。

(6)旅客列车的临时加开、停运、变更径路、途中折返、车辆甩挂、客车(动车组)回送计划。

(7)机车车辆试运行计划。

(8)路用列车运行计划。

3.机车车辆工作计划

(1)各区段(含跨局)机车周转图,包括机车交路、机型及机车号,如图6-4所示。

(2)机车沿线走行公里、机车运用台数和机车日车公里。

(3)机车出(入)厂、检修、回送计划及重点要求。

(4)各车辆检修基地(含站修)扣修、修竣车辆取送计划。

(5)各沿线车站停留故障车辆检修计划。

(6)跨局及铁路局集团公司管内客、货检修车回送计划及重点要求。

(7)动车组车底运用方案。

【哈】三机DF4D型机车周转图

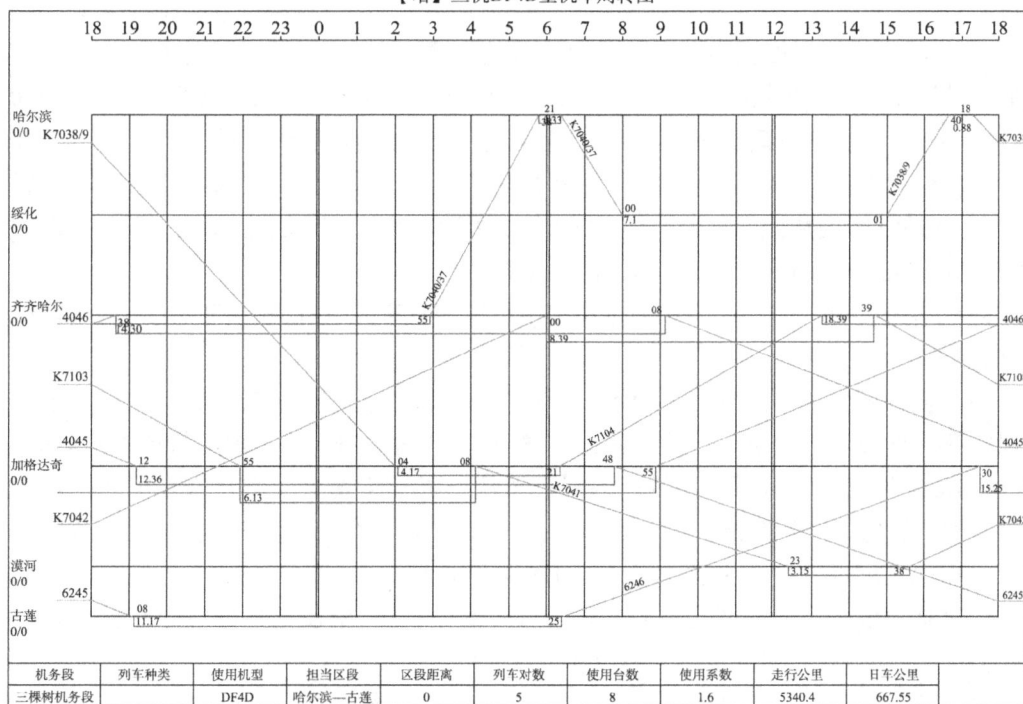

机务段	列车种类	使用机型	担当区段	区段距离	列车对数	使用台数	使用系数	走行公里	日车公里
三棵树机务段		DF4D	哈尔滨—古莲	0	5	8	1.6	5340.4	667.55

图6-4　机车周转图

4．施工日计划

(1)施工计划编号、等级、项目。

(2)施工日期、作业内容、地点(含线别、区间、车站、股道、道岔、行别、里程)和时间。

(3)施工限速(含施工邻线限速)、影响范围、行车方式变化及设备变化。

(4)施工单位(含配合单位)、施工负责人。

(5)施工作业车进出施工地段方案。

五、铁路局集团公司编制日(班)计划的具体要求

1．铁路局集团公司编制日(班)计划的分工和工作

铁路局集团公司各工种调度人员在每日14:30前向有关运输站段、编组(区段)站收集编制日(班)计划的资料,并向调度所主任(副主任)提供。

(1)货运调度员——预计当日18:00各站卸车数、装车数和去向别装车数、重点物资装车数,18:00待卸车,有关停、限装命令,卸车单位的卸车能力,次日运输需求情况及国铁集团货运装车轮廓计划。预计18:00篷布分布情况(设有篷布调度台的由篷布调度员负责)。

(2)计划及列车调度员——预计当日18:00各站运用车(重车分去向,其中到本局和邻局管内摘挂车流分到站;待卸车、空车分车种)、备用车等分布情况,在途列车的编组内容和预计到达编组(区段)站、分界站的时分。快速班列等重点列车编组情况和预计到达分界站的时分。

(3)特运(军运)调度员——整列和零星军用、罐车、冷藏车运输需求的车种、车型、辆数、配车时间及挂运要求;长大货物车(D型车)和装载超限超重货物、剧毒品货物车辆的分布及挂运条件、车次及挂运通知单;专用货车的备用、解除备用和调配计划。

(4)集装箱调度员——预计当日18:00集装箱分布、装卸及运用情况,次日铁路局集团公司管内各站空箱调整计划和跨局排空箱计划;预计当日18:00快速(普快)班列装卸、开行及在途运行情况(设有快运调度台的由快运调度员负责)。

(5)机车调度员——预计当日18:00运用机车和机车回送计划,机车检修、试运行情况,机车机班分布动态情况。

(6)车辆调度员——预计当日18:00货车扣修、修竣、检修车分布及回送情况。车辆(机辆)段结存扣修、修竣、检修车数及车种,次日检修车计划,检修能力,有运行条件限制故障车辆回送挂运电报或计划申请。铁路局集团公司管内货车检修工厂结存检修车、修竣车车数及车种,货车制造工厂新造出车数量及车种,次日入厂修计划。客车车辆试运行计划。

(7)供电调度员——牵引供电设备非正常运行情况。

(8)客运调度员——旅客列车的加开、停运、变更径路、中途折返和客车车辆回送、甩挂等情况。

(9)施工调度员——各站、各区段施工(维修)计划,慢行处所及限速条件;自轮运转特种设备、路用列车开行方案,路料装卸作业方案。

(10)工务调度员——影响运输生产的工务事故、设备故障、自然灾害、外部环境等情况。

(11)电务调度员——影响运输生产的电务事故、设备故障等情况。

2.编制货运工作计划的规定

(1)卸车计划——根据预计当日18:00铁路局集团公司管内工作车结存和次日产生的有效管内工作车数,确定次日卸车计划;根据18:00实际管内工作车确定次日应卸车数,并以此考核铁路局集团公司卸车完成情况;根据"管内工作车去向表"(运货4)确定各站的卸车任务。

(2)装车计划——必须在保证排空任务的前提下,由调度所主任(副主任)会同货运调度室主任(副主任)及有关人员,严格按照国铁集团下达的货运轮廓计划及各站请求车情况确定装车日计划。

(3)第一班装、卸车计划,应达到全日计划的45%以上。

3.编制列车工作计划的规定

(1)列车工作计划必须有全日车次和全日编组内容。

编制列车工作计划必须有可靠的资料,禁止编制无车流保证的空头计划。各区段日计划列数,应按列车运行图做到基本均衡。

(2)实行分号列车运行图时,选定列车车次、确定日计划列数应以分号列车运行图为基础,首先保证核心列车开行。当分号列车运行图的列车车次开满后,可开行基本列车运行图的列车车次;增开的跨局列车车次,由相邻铁路局集团公司协商确定。

注:核心列车是指根据货物列车编组计划,车流比较稳定、开行频次较高的列车。

(3)列车运行图规定的货物列车是否开满,跨局列车以分界站全日交接列车计算;铁路局集团公司管内列车以编组站、区段站全日发出列车计算;干支线衔接的区段,列车对数应分别计算;列车运行图规定在中间站始发和到达的列车未开满,但贯通全区段运行的列车已开满时,可视为列车运行图已开满。

(4)列车工作计划应确保排空列车的开行。第一班计划的排空车数应达到全日计划的45%以上。

(5)始发列车计划应按列车运行图规定的时分制订;中转列车可按预计到达时分,在分号列车运行图中选定紧密衔接的适当运行线。图定车次贯通到底的直达货物列车,在接续的编组站、区段站因晚点不能使用原图定运行线,在制订日(班)计划时,准许利用图定的直达或直通列车运行线开车,但必须保持原车次不变。

(6)摘挂列车与其他货物列车运行线不得互相串用。

(7)在中间站始发或终到的列车,如列车运行图规定为通过时分,在编制日(班)计划时,应另加起停车附加时分。

(8)开行临时定点列车的规定如下。

①基本列车运行图的列车开满后,方准加开临时定点的列车(快速班列除外)。

②始发列车无适当车次使用时,可制订临时定点列车计划,其旅行时间不得超过本区段内同类列车最长旅行时间。跨局运行时,应征得相邻铁路局集团公司的同意。

③开行列车运行图以外的阶梯直达列车,只限于作业站间可临时定点。

④挂有运行条件限制机车车辆的列车、有时间限制的军用列车和在区间整列装卸的列车,不能利用列车运行图中的运行线时,可开行临时定点列车。挂有运行条件限制机车车辆的列车,在制订日(班)计划时允许指定始发和到达时分,运行时分可在 3~4 h 列车运行调整计划中确定。

⑤途中停运的列车,恢复运行时应利用空闲运行线。如确无适当运行线可利用时,方准开行临时定点列车到达前方第一个技术作业站。

(9)分界站当日未交出的晚点列车,需纳入次日计划。接近 18:00 的晚点列车,来不及纳入次日计划时,准许 18:00 后晚点交出。

(10)原则上不准编制跨局的超重、超长列车计划;必须时,应征得相邻铁路局集团公司的同意。

(11)挂有装载超限超重货物、剧毒品货物车辆和运行条件限制机车车辆的列车跨局运行时,应向相邻铁路局集团公司重点预报。

(12)班计划一经确定,必须维护计划的严肃性,在执行中原则上不准变更列车车次和整列方向别的编组内容;跨局列车遇有特殊情况,必须变更日(班)计划确定的列车车次和整列方向别的编组内容时,应预先征得邻局的同意。

(13)列车工作计划编制后,相邻铁路局集团公司调度所必须主动将分界站列车交接计划(包括车次、时刻、编组内容、机车交路)核对一致后,方准上报国铁集团批准。

(14)严格执行货物列车编组计划,遇特殊情况违反货物列车编组计划时,应经铁路局集团公司计划调度员准许并发布调度命令(跨局时应经国铁集团调度命令准许)方可变更。

4.编制机车车辆工作计划的要求

(1)机车车辆工作计划应保证日常运输任务的需要,按列车工作计划供应质量良好的机车车辆,合理安排机车车辆检修计划。

(2)机车周转图必须根据列车工作计划和规定的技术作业时间、乘务员劳动时间、机车交路、检修和整备计划进行编制。不准编制反交路,消除对放单机,减少单机走行。如编有紧交路时,必须采取兑现计划的组织调整措施。

(3)跨局长交路机车工作计划编制由机车配属局机车调度员负责,支配局、机车经过局的机车调度员配合共同编制。编制的跨局长交路区段机车工作计划必须完整、准确,跨局长交路相关铁路局集团公司应实现计划、实际机车周转图的数据共享。

(4)车辆工作计划由车辆调度员负责编制。计划编制应综合考虑铁路局集团公司管内造修单位任务进度、检修车数量、管内车源和运输形势等因素。车辆工作计划主要包含定检到过期货车扣车计划,管内车辆(机辆)段及造修企业检修车、新造车的入出厂段计划,检修、拟报废、运用考核、事故故障车辆的回送等计划。

5.编制、下达施工日计划的要求

(1)施工单位于施工前 3 日将施工日计划申请报铁路局集团公司主管业务部室(建设项目施工日计划申请应先报项目管理机构预审,再报主管业务部室),主管业务部室审核(盖章)后,于施工前 2 日 9:00 前向施工办提报施工日计划申请,其中铁路局集团公司所管设备越过局间分界站延伸至相邻铁路局集团公司调度管辖区段的施工日计划申请,向调度管辖区段铁路局集团公司施工办提报。

(2)施工办应将主管业务部室提报的施工日计划申请与月度施工计划(批复文电)进行核对,并将Ⅰ级施工、高速铁路和繁忙干线国铁集团管理的施工计划申请于施工前2日15:00前报国铁集团调度中心,调度中心根据国铁集团月度施工计划和批准的施工文电进行审核后,于施工前2日18:00前反馈相关铁路局集团公司施工办,施工办据此编制施工日计划。

(3)纳入月度施工计划的施工项目原则上不准停止施工。因专特运等原因需停止施工时,应经铁路局集团公司分管运输副总经理(总调度长)批准,原则上于前1日14:00前以调度命令通知有关单位。已批准的国铁集团管理的施工计划,应经国铁集团调度中心主任(副主任)批准。

(4)编制的施工日计划经施工办主任(副主任)审批后,纳入调度日计划。

(5)施工办于施工前1日12:00前(0:00至4:00执行的施工日计划于前1日8:00前)将施工日计划下达有关机务(机辆)段、动车(车辆)段和车务段(直属站),传(交)主管业务部室和相关计划调度台、列车调度台、供电调度台。主管业务部室负责通知施工单位、配合单位,车务段(直属站)负责通知相关车站。其中涉及邻局的车务段(直属站)和相关调度台时,传(交)邻局施工办并由其负责转达。施工日计划不作为机务部门行车依据。

(6)Ⅰ级施工、高速铁路和繁忙干线国铁集团管理的施工日计划,施工办于施工前1日15:00前报国铁集团调度中心。

(7)施工日计划下达后,不得随意取消施工日计划(项目)。因特殊原因临时取消时,应经铁路局集团公司分管运输的副总经理(总调度长)批准(Ⅰ级施工、高速铁路和繁忙干线国铁集团管理的施工计划,还应经国铁集团调度中心主任或副主任批准)并采取行车安全措施后,以调度命令办理取消(含取消或重新发布运行揭示调度命令)。

(8)施工日计划下达后,施工开始前,施工单位自身的原因取消施工和维修时,不发布取消施工和维修的调度命令。涉及运行揭示调度命令的施工取消时,施工单位应登记行车条件,铁路局集团公司调度所根据登记发布调度命令。

6. 调度日计划的审批和下达

(1)国铁集团每日10:00前向铁路局集团公司下达次日调度轮廓计划。

(2)铁路局集团公司调度日计划经分管副总经理(总调度长)批准后,于17:00前将需国铁集团调度日计划批准的内容报国铁集团调度中心。

(3)国铁集团调度日计划经调度中心主任(副主任)准许后,于17:20前以调度命令下达各铁路局集团公司。

(4)铁路局集团公司调度日计划于17:30前以调度命令下达有关单位、调度台。

(5)18:00—21:00、6:00—9:00的列车工作计划,应分别于16:00、4:00前下达有关单位。对货物列车车次的考核,仍以正式下达的日(班)计划为依据。

(6)第二班的调整计划,由铁路局集团公司调度所值班主任负责组织各工种调度人员,根据第一班计划的执行情况和日计划任务进行调整,铁路局集团公司于6:00前以调度命令下达有关单位、调度台。

六、编制和下达阶段计划

1. 阶段计划的主要内容

阶段计划是保证实现日(班)计划的行动计划,分为铁路局集团公司计划调度员编制的阶段计划和编组(区段)站车站调度员编制的阶段计划。阶段计划根据日(班)计划内容,按照货物列车编组计划、列车运行图以及《铁路技术管理规程》(普速铁路部分)、《普速铁路行车组织规则》(简称《行规》)、《站细》等相关规定编制,3 h 为一阶段下达。

2. 铁路局集团公司计划调度员编制阶段计划的规定

1)编制要求

(1)掌握主要车站列车到发时刻、区段内施工维修和机车运用等情况。

(2)压缩列车在站停留时间和车流在站集结时间,优先编组高质量直达列车。

(3)计划调度员在不晚于阶段计划开始 100 min 前,将下一阶段的编组(区段)站到达列车(包括到达列车车次、预到时分、编组内容)等有关情况通知车站值班站长(车站调度员),并向值班站长(车站调度员)收取编组(区段)站编组始发和有调中转出发列车(包括出发列车车次、预发时分、编组内容、机车安排)等有关情况。

(4)计划调度员在不晚于阶段计划开始 80 min 前,将阶段计划预告机车调度员,由其会同机务(机辆)段进行列车运行线机车匹配作业,并在不晚于阶段计划开始 70 min 前反馈。计划调度员根据机车调度员反馈的信息,对阶段计划进行调整。

2)主要内容

(1)列车到、发及运行计划,包括列车车次、发站(车场)、到站(车场)、发到时分、编组内容、特定运行径路,始发列车车辆来源。

(2)分界站列车交接计划,包括列车车次、交接时分、编组内容(重车分去向、空车分车种)。

(3)管内工作车输送计划、各站配空挂运计划和摘挂列车的甩挂作业计划。

(4)装载超限超重、军运物资(人员)、剧毒品、运输警卫方案货物车辆,有运行条件限制的机车车辆、自轮运转特种设备挂运和专列开行计划。

(5)机车车辆试运行及路用列车开行计划。

(6)重点注意事项。有关运输站段、编组(区段)站调度应将涉及上述内容的情况及时报告铁路局集团公司调度。

3. 阶段计划的下达

(1)铁路局集团公司计划调度员按照每 3 h 为一阶段编制阶段计划(有需求、具备条件的铁路局集团公司可按每 6 h 为一阶段编制),并与相邻台(局)交换,下达时间不晚于阶段计划开始 60 min 前,具体为 17:00/5:00、20:00/8:00、23:00/11:00、2:00/14:00 前下达。列车调度员应根据计划调度员下达的阶段计划及时编制下达 3~4 h 列车运行调整计划。

(2)铁路局集团公司计划调度员在不晚于阶段计划开始 60 min 前,向调度所列车、机车调度员以及编组站、区段站值班站长(车站调度员)下达阶段计划,并确认接收情况。

(3)遇阶段计划发生变化时,铁路局集团公司计划调度员应及时向有关单位(人员)布置。

七、日常运输组织

(1)卸车是运输工作中的一个重要环节,是完成排空和装车任务的重要保证。各级调度应高度重视卸车组织工作,做到以下几个方面。

①切实编制好管内工作车输送计划,加速管内工作车的移动及跨局重车的移交。重点掌握枢纽小运转列车的输送和摘挂列车、管内循环列车的挂运计划。

②掌握重点厂矿、港口、国境站及主要卸车站的卸车、搬运能力和物资存量情况。

③准确掌握重车车流动态,及时向邻局及管内卸车站、卸车单位预报重车到达情况,督促卸车单位组织好卸车力量,随到随卸。

④加强待卸车分析,对不能按时卸车的货物应查明具体原因,采取有效措施。铁路局集团公司货运调度按十八点待卸大点车报告(运货8)[《中国国家铁路集团有限公司铁路运输调度规则》(普速铁路部分)附件1]逐日登记。

注:"大点车"是指在站停留超过48 h的待卸车和在站停留超过24 h的待挂车与待装车。

(2)铁路局集团公司调度应向国铁集团调度报送管内截至6:00(18:00)的保留车(重车)情况,包括停留车站、摘机时间、原车次、辆数、品名、发站、到站等,并了解到本局重车在外局的保留车情况。铁路局集团公司应积极组织保留车恢复开行,对同一去向的保留车,应有序组织解除保留。

(3)铁路局集团公司应严格按调度日(班)计划规定的排空车次、车种、车数组织实现。当排空与装车发生矛盾时,应先排后装。指定的跨局空车(自备车)直达列车,未经国铁集团准许,途经的各铁路局集团公司无权使用。

(4)铁路局集团公司应严格按国铁集团下达的轮廓计划,结合运输需求,编制货运日计划并积极组织兑现。各级调度应重点掌握重点物资的装车情况,紧急调运的物资应优先安排,优先挂运。对有去向限制、到站限制的装车应按日(班)计划组织完成,并严格掌握;遇特殊情况需超装时,应经国铁集团准许。

(5)铁路局集团公司、车站及有关单位应积极组织货源,准确掌握运输需求,及时配送空车、空集装箱等,保证装车计划的实现。

(6)各级调度应加强对货物运到时限的管理,运用信息化手段,加强计划编制、机列衔接和全程盯控,保障货物准时送达。对已经超时的货物,应重点安排,及时组织挂运、取送,尽量缩短运到时间。

(7)相邻铁路局集团公司应保持紧密联系,按国铁集团调度日计划及要求组织做好分界站列车交接工作。对出现的问题,双方应主动协商解决。当双方意见不一致时,应向国铁集团报告,由国铁集团决定。一经国铁集团调度决定,有关人员必须无条件地服从。

(8)铁路局集团公司应按调度日(班)计划确定的分界口列车交接计划和国铁集团的调

整,安排好机车机班运用计划,不准以机车机班控制邻局交车。应放回的单机必须按时放回,不准扣压拖延。由于列车晚点、停运影响接运邻局列车时,应及时调整机车机班运用计划或采取放单机等措施,按调度日(班)计划接运邻局列车。

(9)铁路局集团公司列车、计划、机车调度员应掌握机车机班运用情况,需变更日(班)计划的机车(乘务)交路时,列车、计划调度员应通知机车调度员,由机车调度员统一调整,跨局机车应与机车所属局加强协调。各机务(机辆)段派班室、折返(乘务换乘)点应向机车调度员报告机车乘务员出勤时间。机车调度员应掌握机车乘务员的劳动时间,对接近超劳的列车应通知列车、计划调度员优先放行,对超劳的列车要采取安排换乘等措施。

(10)列车调度员应按列车运行图指挥列车运行,当列车不能按列车运行图运行时,除特殊情况外,应按《铁路技术管理规程》(普速铁路部分)规定的列车运行等级顺序(单机应根据用途按指定条件运行)和先跨局后管内的原则进行调整。

(11)列车调度员应及时编制和下达3~4 h列车运行调整计划,并及时与相邻调度台交换。其主要内容包括以下几个方面。

①车站列车到、发时分和列车会让计划(采用计算机下达的为实时调整计划)。

②列车在中间站作业计划。

③列车在区间、站内装卸车计划。

④施工、维修计划及天窗时间安排。

⑤重点注意事项。

(12)列车调度员进行列车运行调整时,一般可采取如下方法。

①组织列车按允许速度运行。

②选择合理的会让站,如图6-5所示。

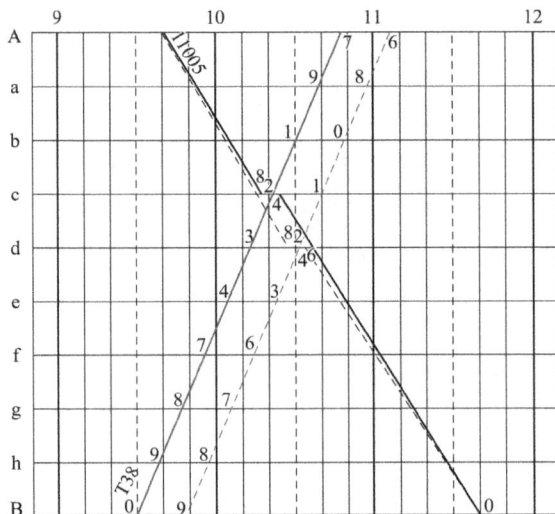

图6-5 选择合理会让站的列车运行调整方法

③组织列车在车站进行平行作业。

④组织列车反方向行车。

⑤组织列车合并运行。

(13)为实现列车工作计划,挖掘运输潜力,提高运输效率,要求如下。

①组织晚点旅客列车恢复正点。

②组织货物列车压缩区段旅行时间。

③组织有关运输生产单位按各项作业时间标准完成作业,压缩中、停时。

④组织单机挂车。

⑤组织机车紧交路。

⑥组织编组(区段)站、分界站按照运行图满轴编组和交接列车。

⑦合理运用机车车辆,加速机车车辆周转。

(14)运营客车,根据分级管理的原则,由客运调度统一调动和使用。各级客运调度应加强运营客车管理,掌握运用状态,经济合理地安排使用。

(15)旅客列车加挂国铁路用车(轨道、电务、接触网、隧道检测车,试验车等)时,应事先提出挂运计划,国铁集团组织的国铁路用车挂运计划由国铁集团主管业务部门负责,经相关部门会签后,以电报部署;铁路局集团公司组织的国铁路用车挂运计划在局管内挂运时,由铁路局集团公司主管业务部室负责,经铁路局集团公司客运调度室主任同意后(因旅客列车停站原因需跨到邻局甩挂时,由配属局客运调度商邻局客运调度同意),并经铁路局集团公司相关部门会签,以铁路局集团公司主管业务部室电报部署;加挂外局担当的旅客列车时,车辆(机辆)部门应商担当局同意。由挂车局客运调度依据挂运电报发布甩挂命令。甩挂命令由挂车站客列检(无客列检的由车站)交车辆乘务员。

(16)军用列车编挂的客车,由铁路局集团公司客运调度批准,派客运和车辆乘务员值乘,任务结束后,列车终到铁路局集团公司军(特)运调度应及时与客运调度沟通情况,尽快安排客车回送计划。担当军运任务的客车,任务结束后,应回送配属(借用)铁路局集团公司;终到局及途经局确需使用时,应征得配属(借用)铁路局集团公司客运、车辆调度同意。终到军用列车编组内客车随原车底继续使用的回送命令,由铁路局集团公司军(特)运调度下达(跨局调用的由国铁集团军运调度下达)。其他军用客车回送的调度命令由铁路局集团公司客运调度下达。

(17)整列回送客车底或同一方向的回送客车具备整列开行时,经铁路局集团公司客运调度准许,跨局时还应经国铁集团调度批准,可安排加开回送空车底列车。零星客车回送应经铁路局集团公司客运调度准许,应在旅客列车上加挂,当旅客列车满轴或不具备编挂旅客列车条件时,可编挂于货物列车上。加挂旅客列车回送时,命令发布至沿途局和终到局,并由挂车站客列检(无客列检的由车站)交车辆乘务员;随货物列车回送时,只发布至挂车站,并作为回送和局间交接的依据。自备客车(动车组回送过渡车、代管客车除外)不得加挂于旅客列车,因特殊情况加挂时,应经国铁集团批准,方可挂运。

(18)旅客列车加挂运营的客车,由始发站挂到终到站时,原则上应与列车中同一车种编挂在一起;中途加挂或甩车时,应挂于列车尾部;中途调向的旅客列车的加挂位置,由挂车铁路局集团公司与甩车铁路局集团公司商定。

(19)客车车辆(机辆)段应每日向铁路局集团公司车辆、客运调度上报《客车十八点报告》。铁路局集团公司客运调度、车辆调度应及时向车辆部门了解车辆运用情况,需要调动时,与车辆部门协商后安排。

引用规章

《中国国家铁路集团有限公司铁路运输调度规则》(普速铁路部分)第 35 条~第 70 条。

引用规章链接6-3	案例6-3

《中国国家铁路集团有限公司铁路运输调度规则》(普速铁路部分)第35条~第70条	调度日常运输生产工作组织

任务四　掌握车站作业计划与考核工作

学习目标

知识目标

1. 理解并掌握车站作业计划的编制内容、方法和流程,包括班计划、阶段计划和调车作业计划的制订与执行。

2. 熟悉车站作业计划的考核标准和方法,以及调度员在车站作业计划中的职责和作用。

能力目标

1. 能够根据铁路局集团公司的日（班）计划,正确编制车站班计划、阶段计划和调车作业计划,并能够根据实际情况进行调整和优化。

2. 能够运用专业知识对车站作业计划的执行情况进行考核和评估,确保计划的顺利实施。

3. 能够独立分析车站作业中存在的问题,提出合理的改进措施,提高车站作业效率和安全性。

素质目标

1. 培养良好的职业道德和敬业精神,严格遵守铁路行车规章和安全管理制度。

2. 增强团队协作能力,与同事共同完成车站作业计划的编制、执行和考核工作。

3. 提高应对突发事件的能力,确保在特殊情况下能够迅速、准确地做出正确决策。

任务描述

首先,仔细阅读下文的案例,了解、分析案例概况,带着任务学习车站作业计划的编制内容、方法和流程,包括班计划、阶段计划和调车作业计划的制订与执行。其次,对应本任务内容的《中国国家铁路集团有限公司铁路运输调度规则》（普速铁路部分）相对应的条文,掌握规则原文是如何规定的。最后,根据所学知识分析下文的案例。要求:掌握班计划、阶段计划和调车作业计划编制的基本方法,在实际工作中能够正确执行班计划、阶段计划和调车作业计划。

案例导入

国铁集团加大运输组织力度　促进货运上量

2022年5月27日,连日来,国铁集团深入开展货运增运增收大会战、攻坚战,5月以来,国家铁路货运装车稳定在18万车以上的水平,为保障物流畅通、促进产业链供应链稳定做出了积极贡献。

铁路部门加大重点增量区域、关键分界口的运输组织力度,促进货运上量。调度系统组织好车流交接,重点盯控车站的作业组织,截至25日全路5月分界口货车交接日均完成

5464 列,环比增加 219 列。全路货运装车达到了 2022 年以来的最高水平,国家铁路 2022 年以来累计发送货物 132900 万吨,同比增长 2.5%。

(资料来源:人民网)

引导提示:由上述案例得知,调度系统要做到重点盯控车站的作业组织,不断提升运输能力,作为铁路运输调度工作人员应如何对车站作业计划的执行情况进行考核和评估,确保计划的顺利实施呢?

知识探索

一、编组站、区段站作业

车站作业计划是车站为保证完成铁路局集团公司日(班)计划,实现列车运行图、货物列车编组计划、月度货物运输计划和运输生产经营计划的行动计划。车站必须根据铁路局集团公司调度所下达的日(班)计划,正确地编制车站作业计划,并在铁路局集团公司调度的指挥下组织实现。

全路各编组站、区段站均应按照《中国国家铁路集团有限公司铁路运输调度规则》(普速铁路部分)的规定,正确编制和执行车站作业计划。其他配有专用调车机作业的车站,其作业计划的编制与执行由铁路局集团公司规定。

(一)班计划

1.车站班计划的内容

班计划是车站完成 1 个班运输生产经营任务的作业组织计划。其内容主要包括以下几个方面。

(1)列车到达计划:各方向到达的列车车次(多车场车站应分场别)、时分、机型、机车号、编组内容(去向别重车数、车种别空车数、到达本站重车数)。

(2)列车出发计划:发往各方向的列车车次(多车场车站应分场别)、时分、机车交路及型号、机车号、编组内容(去向别重车数、车种别空车数)、车流来源,有运输、编挂限制条件需凭调度命令挂运的车辆及货物。

(3)卸车计划:全站卸车数、主要卸车点大宗货物卸车数、卸后空车用途。

(4)装车计划:全站装车数、主要装车点大宗货物品类、车种、去向别的装车数、配空来源、挂运车次。货物班列及直达、成组装车各主要装车点品类、车种、去向别的装车数、配空车车种来源、挂运车次。

(5)客车底取送、摘挂、调转的车次、时间、车种、辆数。

(6)班任务主要包括。①货车出入总数,阶段运用车计划,货车平均中转时间,货车一次货物作业平均停留时间。②全站及各场别的到、发列数,编、解列数,无调直通列数。③各货场和专用线别的装、卸车数。④检修车扣修及取送车计划,站、段、厂修竣车数,货车备用及解除备用计划。

(7)厂、矿、港交接站和国境站货车交接次数、时间、车种、辆数。

(8)施工、维修计划。

(9)其他临时重点任务。

2. 向铁路局集团公司提供编制日(班)计划的资料

为正确编制班计划,车站调度员、货运调度员(货装值班员)和其他有关工种人员,按铁路局集团公司规定的内容和时间,向铁路局集团公司调度所有关工种调度人员提供编制日(班)计划的资料。

车站值班站长(车站调度员)每日将15:00(3:00)—18:00(6:00)本站出发列车计划和编组内容及预计18:00(6:00)的全站现车数、去向别重车数(其中到本局和邻局管内摘挂车流分到站)、车种别空车数、本站作业车数,按铁路局集团公司规定时间报告铁路局集团公司调度所(计划调度员),与其核对15:00(3:00)—18:00(6:00)本站到达列车计划,共同确定18:00(6:00)—21:00(9:00)车站到、发列车计划,提出编制班计划的建议。

车站应充分利用站区合署办公有关专业信息系统,推进运输生产信息互联互通,加强与调度所间运输生产计划一体化编制,提高计划编制质量。

3. 接收铁路局集团公司下达的班计划

车站值班站长(车站调度员)每日按规定时间接收铁路局集团公司调度所下达的班计划。

(1)各方向到达的列车车次、时分、编组内容(去向别重车数、车种别空车数、本站作业车数)。

(2)发往各方向的列车车次、时分、机车交路及型号、机车号,编组内容(去向别重车数,车种别空车数,直达、成组车数),编组要求,车流来源,特种车辆及货物的编挂限制。

(3)超限超重货物列车开行情况。

(4)摘挂列车(小运转列车)甩挂作业计划。

(5)按发货单位、品名、到站别的装车(包括直达和成组装车)计划及空车来源。

(6)卸车数(整列货物品名、收货人)及排空任务。

(7)施工日计划。

(8)重点任务、指示。

4. 编制班计划

班计划由车站值班站长(调度车间主任)亲自编制。车站有关人员每日按车站规定时间,将编制车站班计划所需资料提供给车站值班站长(调度车间主任),内容主要包括以下几个方面。

(1)全站18:00(6:00)的现在车数。

(2)到达列车占用线别,待解车次、时间、编组内容。

(3)待发列车占用线别,出发作业准备情况。

(4)第一个阶段计划内到达列车预确报。

(5)装卸车(包括直达、成组)待装卸、取送、挂运车数、去向,预计18:00(6:00)装卸车数、挂运车次,空车用途,货位装卸作业,车辆洗刷、倒装,列尾装置现存量及使用情况。

（6）场间待交换车数,预计 18:00(6:00)的交换车数。

（7）货车扣修及修竣计划。

（8）预计各方向机车台数、型号、交路计划。

（9）调车机预计整备时间,分类线运用情况。

（10）施工维修计划、其他临时重点任务及调度命令、指示。

5. 审批班计划

站长(分管副站长)负责审批班计划,并部署重点任务和关键事项。审批重点包括以下内容。

（1）各方向到、开列车对数,全站和分场的货车出入总数,编解任务及主要装卸点的装卸任务与能力是否适应;核心列车能否保证按计划开行。

（2）推定的中、停时,能否完成月计划;累计不能完成时,应向铁路局集团公司汇报,连续3日不能完成时,应分析原因,制定措施。

（3）各方向、各阶段的流线结合和车流接续情况,是否压流、欠车。

（4）军运、特运车辆及列车的到发、装卸、编解、零星甩挂的安排是否符合规章、命令、指示。

（5）运输、施工维修的计划与措施。

（6）安全及重点注意事项。

（二）阶段计划

1. 编制阶段计划的依据

车站调度员编制阶段计划时,应根据班计划和本规则有关规定,按照《站细》规定的各项技术作业的时间标准和调车区的划分、调车机的作业分工,利用车站技术作业图表进行编制,如图6-6所示,车站值班站长负责审批。

2. 阶段计划的内容

编组(区段)站阶段计划的内容主要包括以下几个方面。

（1）各方向到达列车车次、时分、机车型号、机车号、进入场别、占用线别、编组内容、解体顺序和起止时分。

（2）发往各方向的列车车次、时分、机车交路及型号、机车号、编组内容、车流来源、占用发车场别、线别、编组作业起止时分。

（3）各货场及专用线别的卸车数、品名、收货人、送车时间、卸空时间、空车用途。

（4）各货场及专用线别的装车数、车种、品名、到站、空车来源、送入时间、装完时间、挂运车次。

（5）装载重点军用、超限超重、剧毒品等特种货物的车辆挂运车次、辆数、编挂及作业限制。

（6）中转列车成组甩挂车次、时间、辆数、去向。

（7）各场(区)及货场、专用线、段管线间的车辆(包括检修、洗刷、整理、倒装等车辆)的交换次数、取送地点、时间、辆数。

车站技术作业图表

年　月　日　$\frac{日班}{夜}$

时间标尺：$\frac{20}{8}$　　$\frac{21}{9}$　　$\frac{22}{10}$　　$\frac{23}{11}$

大项	细项		时间栏
列车到发	A方向		
	B方向		
	C方向		
编组内容			
到达场	1		
	2		
	3		
	4		
	5		
	6		
	7		
驼峰			
牵出线	一牵		
	二牵		
调车场	1	A	
	2	a	
	3	0-a	
	4	B	
	5	D	
	6	b	
	7	0-b	
	8	E	
	9	F	
	10	f	
	11	0-f	
	12	p	
	13	C	
	14	N	
	15	其他	
	16	O	
货场	1		
	2		
专用线			
调车机车	一调		
	二调		
	三调		

时间标尺：$\frac{20}{8}$　　$\frac{21}{9}$　　$\frac{22}{10}$　　$\frac{23}{11}$

图6-6　车站调度员编制阶段计划所用的车站技术作业图表

（8）客车底取送及摘挂的车次、时间、地点、车种、辆数。

（9）调车机运用和整备计划，驼峰解体、牵出线编组及取送作业的安排。

（10）各列检作业场的扣车及修竣计划。

（11）施工和维修计划。

3. 分阶段向铁路局集团公司调度所报告的内容

车站调度员于每日 18:00、0:00、6:00、12:00 向铁路局集团公司调度所报告包括重车分去向（其中到本局和邻局管内摘挂车流分到站）、待卸车和空车分车种的现车情况。

4. 编制阶段计划需掌握的资料

阶段计划的编制应掌握下列资料。

（1）列车到发和占线情况。

（2）现车分布状况。

（3）班计划规定该阶段内到发列车时分、编组内容。

（4）编组、解体、装车、卸车、取送和场间交换作业情况。

（5）到达列车预确报。

（6）调车场分类线使用情况。

（7）调车机运用和整备状况。

（8）机车交路及机班情况。

（9）车辆检修、扣车计划。

（10）施工和维修计划。

（11）特种车辆和装载货物有特殊需求的情况。

铁路局集团公司调度于阶段计划开始前 1 h，将下一阶段的列车运行调整计划（包括到发列车车次、预到时分、编组内容、机车交路及型号、机车号）等有关情况通知车站值班站长（车站调度员）。

5. 确定到发线运用计划

阶段计划中的到发线运用计划，由车站调度员和车站值班员共同负责确定，由车站值班员亲自掌握。车站调度员或车站值班员必须变更到发线使用计划时，应征得对方同意，车站调度员应在车站技术作业图表中做鲜明标记。车站调度员和车站值班员在确定和变更列车到发线运用计划互相矛盾时，应由车站值班站长决定。旅客列车到发线应固定使用。变更旅客列车到发线时，应通知客运等有关部门。

6. 下达阶段计划

车站调度员和车站值班员于阶段计划开始 30 min 前，将阶段计划和上级有关命令、指示、重点要求分别向有关工种人员布置下达。

（三）调车作业计划

1. 调车作业计划编制人员

调车作业计划是保证实现阶段计划的调车作业具体行动计划。调车作业计划由调车领导人负责编制，按规定向有关人员下达。下达调车作业计划所用的调车作业通知单如图6-7所示。

调车作业通知单				
_____班_____调				第_____号
顺号	股道	挂车数	摘车数	记事
1				
2				
3				
4				
5				
6				
7				
8				
9				
10				
11				
12				
13				
14				
15				

计划:自　　时　　分至　　时　　分
实际:自　　时　　分至　　时　　分
编制人:　　年　　月　　日

图 6-7　下达调车作业计划所用的调车作业通知单

2.调车作业计划编制的依据

调车作业计划的编制,应根据阶段计划和现车分布状况、到达列车编组确报、驼峰(牵出线)利用情况及调车场线路固定用途和存车情况、各装卸点作业进度及调车机工作动态等实际情况,按照《站细》及有关规定进行编制。

（四）执行计划中应遵守的制度

车站有关人员在完成作业计划过程中,应遵守下列报告、联系制度。

1.调车领导人(或掌握现车人员)

(1)接班后和每一阶段作业计划完成后,应及时向车站调度员报告现车情况。

(2)列车编组内容确定后或编组作业开始,应通知车号人员做好列车编组核对和列车编组顺序表、列车编组通知单的编制工作。

(3)列车编成后,应及时通知车站值班员做好发车前的准备工作。

(4)每一批调车作业计划完成后,应向车站调度员(或通过信息系统)报告有关情况。

(5)下达取送车作业计划后,应通知货运调度员(货装值班员)转告有关作业点的货运员。

2.车站值班员

(1)每次列车到发后,将到发时分、占用股道、机型、机车号通知车站调度员(车站调度员可利用信息手段获取时除外)。

(2)到达列车邻站报开后,及时通知车号人员、货运检查员、列检及有关人员。

(3)每一到达列车技术检查完成后,根据列检值班员的通知,及时告知车站调度员。

(4)出发列车编成后,及时通知列检值班员进行技术检查。

3.货运调度员(货装值班员)

(1)接班后和每一阶段作业计划完成后,以及各货场和专用线每批车辆装卸作业完成后,向车站调度员或调车区长报告作业进度和现车情况(去向别重车,车种别空车,车辆停留线别、顺序)。

(2)接到车站调度员或调车区长的取送车调车作业通知单后,应及时通知有关装卸点的货运员。

4.车号人员

(1)对出发列车应按规定正确编制列车编组顺序表,保证出发列车确报与实际列车编组内容完全相符。

(2)对到达列车应及时核对现车,发现现车与确报不符时,应及时向车站调度员或调车领导人报告。

(五)班工作总结

每班工作结束后,站长(分管副站长、调度车间主任)主持召开班工作交班总结分析会。运转、货检、货运、装卸主任、车站调度员、车站值班员、货运调度员(货装值班员)、调车区长和其他必要人员参加,听取交班的值班站长和有关人员汇报一班工作情况,并对下列内容进行重点总结分析,记录于交班记录簿内。

(1)安全生产情况:事故和违章、违纪等不安全因素及责任者,防止事故人员及其主要经验。

(2)出发列车晚点的原因及责任者。

(3)列车编组违反《铁路技术管理规程》(普速铁路部分)、《行规》和货物列车编组计划、调度命令的情况、原因、责任者。

(4)装卸车计划(包括直达、成组)未完成的原因及责任者。

(5)中、停时指标未完成计划的原因及责任者。

(6)列车编组晚点和未按规定时间完成车列解体任务的原因及责任者。

(7)调车机故障或整备超时影响调车作业计划完成的情况。

(8)未完成规定的交班基础条件的原因及责任者。

(9)堵塞、满线、运输不畅通或其他主客观影响正常运输生产的情况、原因、后果及恢复正常的措施。

(10)大点车原因分析。

(11)通过班计划表和作业图表检查工作,对值班站长总结分析的有关内容进行评价。

(12)完成任务的先进经验和工作方法,未完成任务的原因、教训和改进意见。

216

二、运输站段（编组站、区段站除外）调度作业

（1）运输站段调度应在调度所集中统一指挥下，积极协同配合完成各项运输任务和施工（维修）计划，遇运输生产组织异常情况时应及时采取措施并报告。

（2）运输站段调度应按铁路局集团公司调度日（班）计划要求，积极主动协调相关部门，组织本站段运输生产，兑现计划。不能兑现计划或兑现率低时，按上级调度要求上报分析并提出合理建议，提高运输组织水平。

（3）有关运输站段调度和专业运输公司所属分公司调度应动态掌握管辖范围内的运输生产及运力资源配置情况，及时、准确地向调度所相关专业调度提供编制日（班）计划的资料，并根据运输生产实际提出合理化建议，协助调度所提高日（班）计划编制质量。

（4）车务站段（货运中心）指挥中心调度应掌握所辖各站装卸车、集装箱使用情况，加强卸车组织，在优先保证排空任务的前提下，落实装车日计划；掌握管内待装、待卸的大点车情况，积极采取措施组织消除大点车。

（5）有关车务站段指挥中心调度应督促所辖车站通过运输调度管理等运输生产信息系统，按阶段上报所管辖车站实际运用车情况，与调度所间加强运输生产信息沟通。

（6）机务（辆）段调度应向铁路局集团公司机车调度提供机车、机班分布动态情况及机车检修、整备周期计划安排，内容包括以下几个方面。

①机车使用台数、检修计划及检修机车预交时间。

②机车动态及在途机车的质量信息。

③机车乘务员供班班数、本段和各换乘点乘务员备班情况、一次乘务工作时间接近超劳情况。

④机车试运行及回送机车计划。

⑤应急热备、高铁热备机车及乘务员动态。

机务（机辆）段机车调度应分阶段及时反馈机车、机班按计划兑现进度情况，提高机车和列车工作计划兑现率。

（7）客车车辆（机辆）段调度负责掌握配属客车检修、运用、备用及担当旅客列车交路、编组情况，参与编制并上报客车运用、检修计划；组织协调本属客车出入厂（段）检修、试运行、回送等计划兑现，根据客车检修、运用、编组调整等计划，向铁路局集团公司客运和车辆调度申请相关调度命令（不含库内调车作业计划）。

货车车辆（机辆）段调度负责掌握管内货车检修资质、运用（站修）和检修车间作业的组织及生产能力、管内货车检修车分布情况；编制、上报并组织兑现货车检修车扣送和交车日计划，控制管内检修车不超定量。

（8）动车（车辆）段调度应向铁路局集团公司动车调度员提报动车组运用和检修情况、动车组车底运用方案、编制动车组运用和扣修日计划、相关调度命令申请和重点事项；参与编制动车组高级检修建议计划，组织落实高级检修动车组跨局回送计划，编制动车组在段内的高级检修生产计划，组织动车组回送，掌握动车组在厂（段）检修进度和检修计划调整情

况;掌握动车组故障及修复情况并上报调查处理情况,提出动车组试运行、在外段的临时检修和回送需求。

(9)工务、电务(通信)、供电段调度应分专业掌握设备设施运用状态,按规定及时收集、反馈上报本专业铁路交通事故、行车设备故障等安全信息,协调处置安全生产相关问题,协调落实自轮运转特种设备、专用车辆运行计划,参与典型事故故障调查分析,及时上报相关信息。

引用规章

《中国国家铁路集团有限公司铁路运输调度规则》(普速铁路部分)第 117 条~第 142 条。

引用规章链接6-4
《中国国家铁路集团有限公司铁路运输调度规则》(普速铁路部分)第117条~第142条

案例6-4
车站作业计划与考核工作

拓展提升

一、知识巩固

1. 国铁集团调度中心的主要职责范围包括哪些关键任务?

2. 铁路局集团公司调度所在国铁集团调度的集中统一指挥下,负责管内运输组织和调度指挥工作的具体内容是什么?

3. 编组(区段)站调度的主要职责范围包括哪些关键作业?

4. 运输站段调度(编组站、区段站除外)的主要职责是什么?

5. 车流调整的基本原则是什么?

6. 车流调整包含哪几种类型? 如何实现?

7. 空车调整的目标是什么? 包含哪些具体的调整方法?

8. 备用车的分类有哪些? 备用车的备用和解除备用需要满足什么条件?

9. 调度日(班)计划的编制原则有哪些?

10. 国铁集团下达轮廓计划的内容包括哪些?

11. 铁路局集团公司编制日(班)计划时,需要考虑哪些依据?

12. 铁路局集团公司日(班)计划中的货运工作计划、列车工作计划、机车车辆工作计划和施工日计划的具体内容是什么?

13. 车站作业计划的主要内容包括哪些?

14. 车站调度员在编制班计划时需要考虑哪些因素?

15. 站长在审批班计划时应重点关注哪些方面?

16. 调车作业计划是如何保证实现阶段计划的?

二、技能训练

铁路每日施工维修计划是由铁路局集团公司调度所施工台根据月度施工计划(含临时施工批复文电)及主管业务部提报的施工计划申请编制的次日 0:00—24:00 的施工计划。这是施工单位进行施工的依据,确保施工单位在指定的时间内进行施工活动,同时遵守安全和质量的标准,以保障工程的顺利进行和完成。图 6-8 展示的就是某日施工计划的一部分。

序号	月计划号	日计划号	日期	等级	流程跟踪	线别	地点	行别	施工类型	施工里程
1	801	78724	20200917	Ⅲ(B)	正式日计划	哈佳线	太平桥哈佳场—宾西北	下行	封锁	下行 35 km 329 m 至 35 km 829 m
2	803	78731	20200917	Ⅲ(B)	正式日计划	哈佳线	宾西北—太平桥哈佳场	上行	封锁	上行 41 km 209 m 至 40 km 039 m

施工项目	时间	施工内容及影响范围	限速及行车方式	行车限速卡	路用列车信息	设备变化	运输组织
平台及边坡冻胀整治	00:30—5:00 (270 min)	登记站:宾西北。1.在施工地点须封锁作业。2.作业内容:平台及边坡冻胀整治。3.不需要接触网停电配合。4.备注:硬隔离网外作业、挖掘机、运输车、发电车配合;35 km 585 m 通道门进出 30 人。5.线下作业不影响工程车运行及捣固作业					
平台及边坡冻胀整治	00:30—5:00 (270 min)	登记站:宾西北。1.在施工地点须封锁作业。2.作业内容:平台及边坡冻胀整治。3.不需要接触网停电配合。4.备注:硬隔离网外作业、挖掘机、运输车、发电车配合;41 km 663 m 通道门进出 30 人。5.线下作业不影响工程车运行及捣固作业					

施工单位	负责人	电话	审核流程	审核处室	配合单位	备注
中铁上海工程局哈佳项目经理部	项目副经理刘小兵	×××××× ××××	哈佳客专公司【哈佳客专公司 2020-08-27 17:57:34.0】→建设处【建设处 2020-09-08 15:16:25.0】	建设处	哈尔滨工务段	建设部
中铁上海工程局哈佳项目经理部	项目副经理周舜昌	×××××× ××××	哈佳客专公司【哈佳客专公司 2020-08-27 17:57:34.0】→建设处【建设处 2020-09-08 15:16:25.0】	建设处	哈尔滨工务段	建设部

图 6-8　某日施工计划的一部分

要求:

1.根据所学知识说出编制、下达施工日计划的要求。

2.根据图 6-8 熟悉实际工作中施工维修计划的主要内容。

三、素养培育

2024 年铁路春运圆满收官

2024 年 3 月 5 日,为期 40 天的 2024 年铁路春运圆满收官,多项运输指标创历史最高水平,运输安全平稳有序。全国铁路累计发送旅客 4.84 亿人次,日均发送 1208.9 万人次,同比增长 39%,较 2019 年同期增长 18.8%,其中 2 月 17 日发送旅客 1606.7 万人次,创春运单日旅客发送量历史新高;国家铁路累计发送货物 3.95 亿 t,保持高位运行。

用好现代化铁路网,旅客运输能力创春运新高。用好世界最大的高速铁路网和先进的铁路网,发挥高铁成网运营优势,特别是充分用好 2023 年新开通运营的杭昌高铁、济郑高铁、津兴城际铁路、广州白云站等新线、新站资源,统筹高速铁路和普速铁路,加大运力投放,全国铁路日均开行旅客列车较 2019 年同期增长 18.5%,客运能力投放创春运历史新高。

创新推出客运服务举措,旅客出行体验进一步提升。铁路 12306 售票系统进行升级扩容,优化候补购票功能,推出购票信息预填、起售订阅通知、学生和务工人员购票预约专区等新功能、新服务,单日售票量最高达 2091.6 万张,页面浏览量最高达 898.3 亿次,学生、务工人员购票预约专区分别成功兑现 111.2 万张、123.5 万张,成功应对了多轮超大规模访问的考验,系统保持安全平稳运行。

加大保通保畅力度,重点物资运输得到有效保障。精心组织货物运输工作,统筹运用线路、车辆、人员、装卸机具等资源,提升主要货运通道运输能力,全力保障电煤、化肥、节日物资等关系国计民生的重点物资运输,国家铁路日均装车 16.31 万车,全国 371 家铁路直供电厂存煤可耗天数持续稳定在 20 天以上,为国民经济平稳运行和人民群众温暖过冬提供了可靠支撑。开好中欧班列、西部陆海新通道班列和中老铁路国际货物列车,春运期间,中欧班列累计开行 2001 列、发送 21.5 万标箱,同比分别增长 11%、12%,西部陆海新通道班列发送货物 7.7 万标箱,同比增长 4%,中老铁路国际货物列车发送跨境货物 59.8 万 t,同比增长 44%,有力保障了国际产业供应链稳定畅通。

积极有效应对雨雪冰冻灾害,铁路春运平安有序。积极践行生命至上、安全第一的工作理念,全国铁路 200 多万名职工坚守岗位,各级领导干部靠前指挥,加强设备设施检查整修,超前做好应急工作准备,确保铁路运输安全畅通。坚持超前防范、主动避险,积极应对节前、节后客流高峰时段两轮大范围低温雨雪冰冻灾害,提前采取降速、迂回、停运等措施,有力、有效防范安全风险,动态调整旅客列车开行方案,做好在途旅客服务保障,组织干部职工上线打冰除雪,确保了旅客列车运行的安全。

（资料来源:中国国家铁路集团有限公司官方网站）

请对上述案例进行讨论,说明铁路调度日(班)计划对铁路运输生产的重要性有哪些。

调度基础分析和设备工作及图表绘制识别

项目背景

随着铁路行业的快速发展,调度工作已成为确保铁路运输安全、高效的核心环节。调度人员的专业技能和综合素质显得尤为重要。本项目旨在全面介绍调度工作的基础知识、分析技能以及设备操作和图表绘制能力,以适应铁路运输调度工作的实际需求。

铁路运输调度作为日常运输组织的指挥中枢,承担着确保运输安全、组织客货运输、保证国家重点运输等重任,对完成铁路运输生产经营任务起着至关重要的作用。所有与行车组织有关的日常生产活动都必须在运输调度的统一组织指挥下进行。因此,调度工作的规范化和专业化对于提高铁路运输企业的运营效率和保障行车安全具有决定性影响。

调度人员作为铁路运输的指挥中枢,其个人素质和专业技能直接关系铁路运输的安全与效率。调度人员需具备高度的责任心、严谨的工作态度以及熟练的操作技能。调度人员不仅要精通各项规章制度,还要掌握先进的调度设备操作方法,能够准确、及时地处理各类突发情况,确保铁路运输的平稳有序。此外,调度人员还需要具备良好的分析判断能力和图表绘制与识别技巧,以便准确掌握列车运行状态,准确理解调度命令,有效执行调度计划,从而提高整个铁路运输系统的运作效率。

本项目旨在通过学习调度基础分析和设备工作及图表绘制识别的内容,全面提升学员自身在铁路调度领域的专业素养和实操能力,为保障铁路运输的安全与效率打下坚实基础,体现铁路调度工作的重要性和挑战性。

建议学时

6学时。

任务一　掌握调度人员的基本要求和调度工作分析

学习目标

知识目标

1.理解调度人员的基本要求,包括思想政治觉悟、敬业精神、大局意识和协调组织工作能力。

2.了解调度工作的基本原则和操作流程,包括日常分析、定期分析和专题分析的内容。

3.熟悉调度工作的统计指标和评价体系,如列车工作计划兑现率和排空计划兑现率的计算方法。

能力目标

1.能够掌握在调度工作中如何高质量完成运输工作,不断提升协调组织能力。

2.能够模拟铁路局集团公司调度人员进行日常分析、定期分析和专题分析,确保调度工作的质量和效率。

3.能够制订和执行调度计划,处理突发情况,确保铁路运输的安全和顺畅。

素质目标

1.培养高度的政治觉悟和责任心,确保调度工作的严肃性和权威性。

2.提升团队协作和领导能力,以科学、严谨的态度对待调度工作。

3.强化服务意识和奉献精神,为铁路运输的安全和高效贡献力量。

任务描述

首先,仔细阅读下文的案例,了解、分析案例概况,带着任务学习铁路局集团公司调度人员的基本要求和调度工作分析,通过模拟实际工作场景,进行调度人员的培训以及日常分析、定期分析和专题分析工作。其次,对应本任务内容的《中国国家铁路集团有限公司铁路运输调度规则》(普速铁路部分)相对应的条文,掌握规则原文是如何规定的。最后,根据所学知识分析下文的案例。要求:需要掌握调度工作的基本原则和操作流程,理解调度工作的统计指标和评价体系,并能够在模拟环境中应用这些知识,以确保铁路运输的安全和顺畅。

案例导入

2024年国铁集团开始春运

2024年1月春运大幕拉开,许多人开始踏上了回家的旅途,而另一些人,他们一年当中最忙的时刻才刚刚开始。1月23日,2024年的首场寒潮继续南下,广州铁路局集团公司调度指挥大厅里,电话声和安全监控系统的报警声此起彼伏,恶劣的天气给春节前的铁路运输带来了一场巨大挑战。16 km之外,华南地区最大的高铁枢纽广州南站依然人潮涌动,上午

10:30—10:40,短短 10 min 之内就有 11 趟高速列车到发。天气造成了 G306 次列车的晚点,超时占据了股道,然而此时正有 5 趟高速列车在到发线附近的咽喉地带行进。为了疏导拥堵,让列车恢复秩序,调度人员杜冶和艾智辉需要通力配合,发送不同指令指导司机,同时迅速编辑新的列车运行调整方案。春运 40 天内,广州铁路局集团公司辖区将发生近 1.5 亿人次的人口流动,相当于要把广东、海南两省所有人口都运输一次。对每一条运行线路的车站信号机位置、道岔号、车站股道,调度人员必须了如指掌,一旦列车发生异常情况,第一时间就要准确定位,发布应急处置指令。为了呵护一个个"过年回家"的心愿,140 多位调度人员夜以继日,要在确保安全的前提下,把线路的运输效率发挥到最佳。

(资料来源:央视网)

引导提示:由上述案例可见,铁路调度工作对于我国的铁路运输系统的安全运行至关重要。调度人员需要在确保安全的前提下,高效地指挥列车运行,那么,铁路运输企业对于调度人员的具体要求有哪些?

🏵 知识探索

一、调度人员的基本要求

各级领导和组织应高度重视调度基础工作,建设一支思想过硬、作风过硬、业务过硬、纪律严明、精干高效、指挥科学的高素质调度队伍。

国铁集团、铁路局集团公司调度部门和运输站段应分别指定一名领导具体负责调度人员的招聘(选拔)和培训工作。对调度人员招聘(选拔)和培训工作应坚持"逢进必考、资格必审、上岗必训"的原则。

国铁集团、铁路局集团公司应充分考虑调度人员的工作量、工作质量、业务培训、深入现场、通勤、休假等因素及有关规定,科学测定调度机构定编,合理设置调度台,配备各岗位人员和充足的预备人员,调度生产人员预备率应不低于16%,以满足安全生产和调度工作"精细、高效"的要求。

1.调度基础工作的主要内容

(1)调度人员的思想政治教育和职业道德教育。

(2)调度人员的招聘(选拔)、业务培训工作。

(3)调度工作质量检查、考核、分析工作。

(4)本单位管理细则、办法的制定。

2.调度人员的基本素质要求

(1)具有较高的思想政治觉悟,有大局意识和较强的协调组织能力。

(2)具有较强的专业知识和工作经验,技术业务熟练,具有计算机基本操作能力、较强的文字处理和语言表达能力。

(3)遵章守纪、爱岗敬业、服从指挥、团结协作。

(4)身心健康。

3.调度人员的招聘(选拔)要求

调度人员的招聘(选拔)应按照公平、公正、公开的原则进行,新招聘(选拔)调度人员除具备上述调度人员的基本素质要求外,还应满足以下条件。

(1)年龄要求:国铁集团新招聘的调度人员年龄一般应在35岁及以下。铁路局集团公司新招聘的列车调度人员年龄一般应在30岁及以下,其他工种新招聘的调度人员年龄一般应在35岁及以下,硕士研究生及以上学历的年龄可适当放宽。

(2)学历要求:国铁集团调度人员应有全日制大学本科及以上文化程度,铁路局集团公司调度人员宜有全日制大专及以上文化程度。

(3)工作经历要求:新招聘(选拔)调度人员从事现场相关岗位工作应满两年。国铁集团调度人员应从下级调度人员或专业对口的优秀人员中招聘。铁路局集团公司列车调度人员原则上应从车站值班员、车站调度员、助理值班员、机车(动车组)司机或优秀行车人员中招聘,也可以从与铁路专业相关的院校毕业生中直接招聘(由铁路局集团公司安排在现场从事相关行车岗位工作)。其他工种调度人员应从基层运输生产单位专业对口的优秀人员中招聘。

车站调度人员应从有实践工作经验和指挥能力的优秀行车人员中选拔。其他运输站段调度人员选拔由本单位自行规定。

4.调度人员的培训要求

(1)各级调度必须配备专业技术教育人员,由具有中级及以上技术职称或具有较强业务水平和实践经验的人员负责技术业务培训工作。

(2)铁路局集团公司应对新招聘的调度人员制订培训计划,组织进行任职资格培训,列车调度人员培训时间不少于6个月,其他工种调度人员培训时间不少于3个月,其中理论培训(脱产)不少于1个月,培训期满进行考试和考核,合格后方准持证上岗。

(3)对转岗、转台调度人员必须经过跟班学习,经考试、考核合格后,方准独立工作。

(4)为不断提高调度人员的业务水平,各级调度人员可采取脱产与不脱产相结合的方式,轮流对现职运输调度人员进行培训,脱产培训学习每年不得少于10日(80学时);对新设备投入运用、新规章实施、运行图调整等必须提前进行业务培训,考试(考核)不合格,不得上岗。

(5)铁路局集团公司每年组织现职调度人员进行《普速铁路调度员合格证》年度鉴定考试,合格后方准上岗。

(6)铁路局集团公司应将调度职业技能竞赛纳入本局职业技能竞赛统一安排,原则上每年应组织一次,国铁集团原则上每3年组织一次全路调度职业技能竞赛。对职业技能竞赛成绩优胜者,应给予奖励并在晋职晋级时优先考虑。

(7)国铁集团、铁路局集团公司应分别建立调度培训基地,培训基地应配备CTC、SCADA仿真实训系统等培训设施,满足调度人员培训需求。新建或改造CTC调度台时,建设(施工)部门应在启用前不少于60日(需要联调联试时为设备进入联调联试前)在调度所配备该CTC调度台的仿真模拟系统(设备)。

(8)改善调度人员的工作条件,关心调度人员的生活,每年对调度人员安排一次体检,优先安排健康休养,帮助解决调度人员生活中的实际困难;对因年龄、身体等原因,不适合继续从事调度工作的人员应给予妥善安置,解决好后顾之忧,确保调度人员安心工作。

二、调度工作分析

调度工作分析,是通过日常运输综合分析发现问题,制定措施,不断提高调度工作质量,促进运输生产的有效方法。调度工作分析分为日常分析、定期分析和专题分析。

1. 日常分析

日常分析是根据运输需要健全完善相关分析台账,并完成相应分析。

1)运输安全类

(1)机车乘务员超劳情况分析。

(2)列车机外停车分析。

(3)铁路车辆运行安全监控系统运行情况分析。

(4)行车设备故障统计及对运输影响情况分析。

(5)调度安全情况分析。

2)运输效率类

(1)列车等线分析。

(2)货车周转(中转、停留、旅行)时间分析。

(3)保留车、大点车分析。

(4)机车运用及效率指标分析。

(5)铁路局集团公司间分界口能力利用率情况分析[运调18]。

(6)施工及维修天窗兑现率分析。

(7)检修车分布及检修车扣修、回送、检修、修竣计划兑现情况分析。

3)运输效益类

(1)运输收入完成情况分析。

(2)换算周转量(货物周转量、旅客周转量)分析。

(3)发送量(货物发送吨、旅客发送人)、静载重分析。

(4)运输需求兑现情况分析。

(5)装卸车及重点物资装车分析。

4)工作质量类

(1)列车工作计划兑现情况(含分界站列车交接、排空计划兑现情况)分析。

(2)现在车、运用车、备用车分布及车流状况分析。

(3)停运列车分析。

(4)旅客列车、货物列车正晚点(客车惯性晚点)分析。

(5)列车违编、欠轴、超重情况分析。

(6)班列开行情况分析。

(7)集装箱、篷布使用分析。

（8）临时旅客列车开行、旅客列车甩挂车辆、折返、停运分析。

（9）牵引供电非正常运行情况统计分析。

2. 定期分析

定期分析是根据日常运输及安全工作情况，收集、积累有关资料，按时做出周（旬）、月、季、半年、年度分析，并提出改进日常运输组织和安全工作的意见与建议，以便及时采取措施，提高运输工作质量。

3. 专题分析

分析人员应深入实际，调查研究，善于发现问题，及时做出必要的专题分析，并提出改进意见或措施。

三、日（班）计划考核

1. 列车工作计划兑现率

$$列车工作计划兑现率 = \frac{符合日（班）计划规定的车次、时分、编组内容的实际列数}{日（班）计划列数} \times 100\%$$

2. 排空计划兑现率

$$排空计划兑现率 = \frac{实际排空车数}{日计划排空车数} \times 100\%$$

注：

①按日（班）计划规定的车次并正点出发的列车，其编组内容符合下列要求者均视为兑现。

- 整列重车——符合编组计划规定的方向号。
- 整列空车——主型空车不少于日（班）计划所规定的车数。
- 重空合编列车——重车数或空车数按日（班）计划规定，上、下波动不超过5辆。

②旬、月兑现率分别按日、列数、车数加总平均计算。

铁路局集团公司调度所应建立调度作业安全检查分析制度，配备调度作业安全检查分析人员，由具有较强业务水平和实践经验的人员负责，履行安全管理职责。

引用规章

《中国国家铁路集团有限公司铁路运输调度规则》（普速铁路部分）第91条~第100条。

引用规章链接7-1
《中国国家铁路集团有限公司铁路运输调度规则》（普速铁路部分）第91条~第100条

案例7-1
调度人员的基本要求和调度工作分析

任务二　掌握调度人员作业设备的运用和列车运行线的识别及绘制

学习目标

知识目标

1. 熟悉调度设备的基本要求和功能,包括通信设备、时间校对、环境配置等。
2. 深刻理解调度工作图表的含义和重要性。
3. 掌握调度工作图表的配置要求和列车运行线的填绘要求。

能力目标

1. 能够熟练掌握调度人员作业设备的运用,包括设备的检查与使用。
2. 能够准确识别并绘制各种列车运行线,如冷藏列车、军用列车等。
3. 提升根据实际运行图需求绘制调度工作图表的能力。

素质目标

1. 培养积极向上的学习态度和良好的职业道德。
2. 提高独立分析问题、处理问题的能力。
3. 增强团队合作精神和沟通能力,以确保调度工作的顺利进行。

任务描述

首先,仔细阅读下文的案例,了解、分析案例概况,带着任务学习列车运行图的要求,准确识别和绘制列车运行计划线。其次,对应本任务内容的《中国国家铁路集团有限公司铁路运输调度规则》(普速铁路部分)相对应条文,掌握规则原文是如何规定的。最后,根据所学知识分析下文的案例。要求:根据运行图的要求,正确识别旅客列车、回送客车底的线性,并完成冷藏列车、军用列车等至少10种列车的运行线绘制。

案例导入

太原铁路局集团公司开行化肥专列保春耕

2024年3月14日,一列编组38节、满载2500 t化肥的专列从山西稷山站驶出,开往东北粮食主产区,以满足当地春耕播种用肥需求,这也是中国铁路太原局集团有限公司2024年开行的首趟化肥专列。山西南部是重要的化肥产区,每年有200多万t化肥通过铁路运往全国各地。2024年,东北地区客户需求急,化肥用量较大,针对化肥企业提出的运输需求,中国铁路太原局集团有限公司研究货物集中到达方向,开行稷山直达沈阳方向的化肥专列,途中不解编,运输时间也从5~7天压缩至3天。

"人误地一时,地误人一年。"农业专家表示,粮食作物播种时间的把控对最终的产量形成具有重要影响,需要根据多种因素最终确定,专列运输确保了化肥在第一时间运送到客户手中,对2024年目标地区春耕开好局、起好步发挥了积极作用。

(资料来源:新华网)

引导提示:由上述案例可见,铁路运输作为国民经济的大动脉,对于保障国家经济发展和人民生活具有至关重要的作用。铁路调度工作作为铁路运输的"大脑",其高效、有序的指挥直接关系铁路运输的安全与效率,体现了"人民铁路为人民"的服务宗旨。调度人员应如何按照要求完成列车的开行工作,如何绘制相关列车的列车运行图呢?

知识探索

一、调度人员作业设备的运用

1.调度设备的基本要求

为适应调度人员长时间持续繁忙工作的需要,各级调度人员的工作场所应相对集中、光线充足、灯光明亮、温度与湿度适宜,并具备良好的隔音、降噪和通风条件,还应配有空调、空气净化设备,夏季应备有防暑用品。

各级调度人员应配备先进的信息、通信设备,满足各工种调度人员工作和问题分析的需求。铁路局集团公司调度人员还应配置列车调度电话。设备管理部门应加强维护和检查,保持设备状态良好。

2.调度设备的配置与使用

国铁集团、铁路局集团公司调度人员应配置CTC/TDCS终端、TDMS终端等调度指挥设备,以及图表打印、传真复印、语音记录、应急照明、应急电源等装置。运输站段调度人员应配置CTC/TDCS查询终端、TDMS查询终端等辅助应急处置设备。各级调度人员应制定设备使用管理办法,由设备管理部门负责维护。

3.调度工作场所的规章配备

各级调度人员根据实际工作需要,运输调度的信息系统或工作场所中应备有下列规章、资料。

(1)《铁路技术管理规程》(普速铁路部分)、《铁路交通事故调查处理规则》《铁路交通事故应急救援规则》《铁路行车设备故障调查处理办法》《铁路运输调度规则》《行规》《站细》和有关文件、电报。

(2)货物列车编组计划、列车运行图及有关资料、机车周转图和运输生产经营计划、月度施工计划。

(3)管内各车站平面示意图、线路设备综合图、车站配线图、接触网供电分段、电分相示意图等有关资料。

(4)救援列车及救援队有关资料。

以上所需资料,铁路局集团公司应明确提供单位及更新要求,有关单位应及时修改、提供,并保证资料更新及时、准确。各级调度部门应及时清理作废的资料,以保证资料的时效性。

二、调度工作图表

1. 调度工作图表的配置要求

调度工作图表是做好调度工作的重要工具,填写必须及时、准确、清晰、完整。

铁路局集团公司的调度基本图表,在《中国国家铁路集团有限公司铁路运输调度规则》(普速铁路部分)统一规定的基础上,可根据具体情况,对图表内容做适当增减。所有调度工作图表均统一使用草绿色印制。各类调度工作图表应逐步实现电子化。

调度工作图表应指定专人按月整理,妥善保管,其中列车运行图、调度工作总结表需保管一年,各类计算机图表、数据需保存一年。

各列车调度台宜储备5日的空白运行图及手工绘图工具,满足特殊情况下的应急需要。

2. 列车运行线的填绘要求

有关列车运行线表示方法,应按表7-1的规定进行填绘(重载铁路专线可结合生产需求单独制定)。如有其他的要求,各铁路局集团公司可自行规定。

列车运行线的表示方法　　　　表7-1

列车种类	表示方法	备注
旅客列车、动车组检测列车、动车组确认列车、回送动车组列车、试运转动车组列车	红单线 ———	以车次区分
临时旅客列车、旅游列车	红单线加红双杠 —‖—‖—	以车次区分
回送客车底	红单线加红方框 —□—□—	
特快班列	蓝单线加红圈 —○—○—	
快速班列	蓝单线加蓝圈 —○—○—	
直达列车(普快班列)	蓝单线 ———	
直通、自备车、区段列车	黑单线 ———	以车次区分
摘挂列车、小运转列车	黑单线加 "+""l" —+—l—	
重载货物列车	蓝断线 — — —	以车次区分(铁路局集团公司可根据具体情况补充规定)
冷藏列车	黑单线加红圈 —○—○—	
军用列车	红断线 — — —	
回送军用列车	红断线加红方框 — —□— —□— —	
超限超重货物列车	黑单线加黑方框 —□—□—□—	
路用列车、试运转列车(不含动车组)	黑单线加蓝圈 —○—○—	以车次区分
单机	黑单线加黑三角 —▷—▷—	
救援、除雪列车	红单线加红"×" —×—×—	以车次区分
重型轨道车	黑单线加黑双杠 —‖—‖—‖—	

引用规章

《中国国家铁路集团有限公司铁路运输调度规则》(普速铁路部分)第 101 条 ~
第 106 条。

引用规章链接7-2

《中国国家铁路集团有限
公司铁路运输调度规则》
(普速铁路部分)
第101条~第106条

案例7-2

调度人员作业设备的
运用和列车运行线
的识别及绘制

任务三　掌握列车运行及运行整理符号的识别与绘制

学习目标

知识目标

1. 理解铁路行车调度的基本原理和重要性,包括列车运行图的编制、调整和执行。

2. 熟悉列车运行及运行整理符号的定义、种类和使用场景,能够准确识别和理解各种符号的含义。

3. 熟悉铁路调度员在实际操作中需遵循的规章和程序,例如设备使用、命令编制与下达等。

能力目标

1. 能够准确无误地填记和绘制列车始发、终止以及特殊运行情况的符号。

2. 能够模拟调度员的工作环境,熟练运用调度设备,并根据列车运行图的要求识别和填绘列车运行计划线。

3. 能够分析和处理实际案例中的调度问题,提出合理的调度方案。

素质目标

1. 培养良好的职业道德和严谨的工作态度。

2. 增强合作和沟通能力,特别是在模拟和实际操作中与同事的协调配合。

3. 提升自身的政治素养,理解铁路运输在国家经济发展中的战略地位和调度工作的重要责任。

任务描述

首先,仔细阅读下文的案例,了解、分析案例概况,带着任务学习列车运行及运行整理符号的识别与绘制。其次,对应本任务内容的《中国国家铁路集团有限公司铁路运输调度规则》(普速铁路部分)相对应条文,掌握规则原文是如何规定的。最后,根据所学知识分析下文的案例。要求:根据列车运行图的规则,练习识别和绘制不同的列车运行线,如旅客列车、货物列车等,通过模拟操作,实践调度员的日常工作,包括编制和下达调度命令、处理突发情况等。

案例导入

中国国家铁路集团有限公司2024年调图开始

从中国国家铁路集团有限公司获悉,于2024年6月15日零时起,全国铁路将实行新的列车运行图。调图后,全国铁路安排图定旅客列车12690列,较现图增加205列;开行货物列车22595列,较现图增加74列,铁路客货运输能力、服务品质和运行效率进一步提升。此次调图是铁路部门对全国铁路列车运行方案进行的一次优化调整。调图后,我国铁路网整体功能进一步提升,客货运输能力进一步增强,将为我国经济持续回升向好和人民群众生产生活提供强有力的运输保障。

(资料来源:新华社)

　　引导提示:根据上述案例可知,列车运行图要根据运输生产的要求进行调整。在进行列车运行调整时,必然涉及运行整理符号的识别与绘制,我们要准确识别列车的运行状态和调度指令,方可组织好列车运行。那么,这些符号到底都代表什么? 表示的内容有哪些?

知识探索

一、列车始发、终止的基本运行符号

　　(1)列车始发的基本运行符号,如图 7-1 所示。

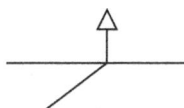

　　(2)列车终止的基本运行符号,如图 7-2 所示。

　　(3)列车在中间站临时停运的基本运行符号,如图 7-3 所示。

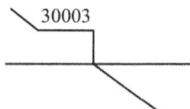

　　(4)列车由邻接区段转来的基本运行符号,如图 7-4 所示。

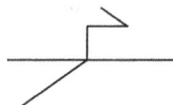

　　(5)列车开往邻接区段的基本运行符号,如图 7-5 所示。

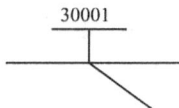

图 7-1　列车始发的基本运行符号　　图 7-2　列车终止的基本运行符号

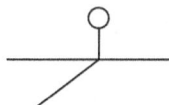

图 7-3　列车在中间站临时停运的　图 7-4　列车由邻接区段转来的　图 7-5　列车开往邻接区段的
　　　　基本运行符号　　　　　　　　　基本运行符号　　　　　　　　基本运行符号

　　注:列车到开时分记在钝角内。早点用红圈、晚点用蓝圈记于锐角内,圈内注明早、晚点时分。晚点原因可用简明略号注明,如因编组晚点可只写"编"字。

二、列车的特殊运行符号

　　(1)列车合并运行(在列车运行线上注明某次列车被合并)符号,如图 7-6 所示。

　　(2)列车让车符号,如图 7-7 所示。

　　(3)列车反方向运行时,在反方向运行区间的运行线上填写车次及(反)字,符号如图 7-8所示。

　　(4)列车在区间内分部运行,符号如图 7-9 所示。

　　(5)补机途中折返,符号如图 7-10 所示。

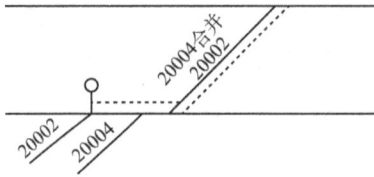

图 7-6　列车合并运行符号

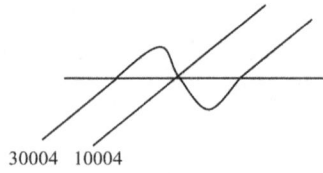

图 7-7　列车让车符号

图 7-8　列车反方向运行符号

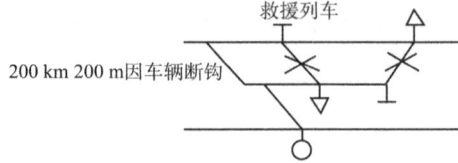

图 7-9　列车在区间内分部运行符号

（6）列车在进站信号机外停车时，用红色笔画"△"，并标明停车时分，符号如图 7-11 所示。

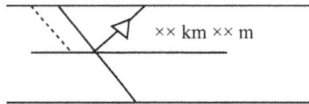

图 7-10　补机途中折返符号

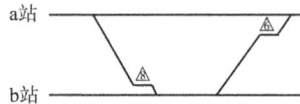

图 7-11　列车在进站信号机外停车符号

（7）机车交路及机车出（入）库时间的表示方法：机车在本段交路用蓝色笔画实线，在折返段交路用黑色笔画实线，并在交路上逐列标明出（入）库时间，如图 7-12 所示。

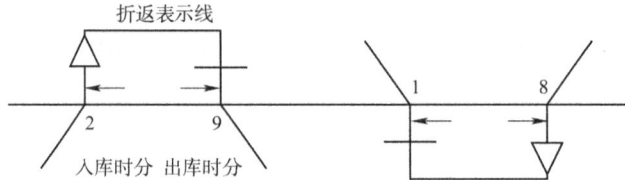

图 7-12　机车交路及机车出（入）库时间符号

（8）列车运缓时，在列车运行线上方用蓝色标明运缓时分；列车赶点时，在列车运行线上方用红色标明赶点时分。

三、线路进行施工时的相关符号

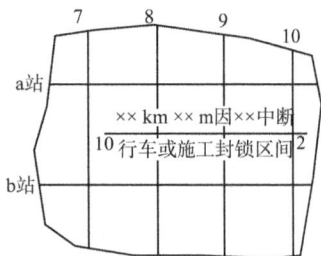

图 7-13　线路中断或施工封锁区间

（1）线路中断或施工封锁区间时，要在该区间内画一红横线表示，单线区间中断或封锁，如图 7-13 所示。

（2）双线区间上下行线路全部中断或封锁时，表示方法与单线区间相同；有一线中断或封锁时，以在红横线上或下画的蓝断线表示上行线或下行线中断或封锁，如图 7-14 所示。

（3）因施工或其他原因导致区间内需要慢行时，自开始时起至终了时止,用红色断线表示,并标明地点(双线应标明行别)、原因、限制速度。列车调度员可在 CTC/TDCS 运行图终端选择标识隐藏功能予以隐藏相关文字内容,如图 7-15 所示。

(4)列车在区间内有装卸作业时,要标明车次、作业地点、装卸货物品名,如图 7-16 所示。

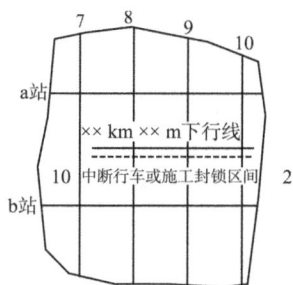

图 7-14　双线区间上下行线路全部中断或封锁　　图 7-15　因施工或其他原因导致区间内需要慢行

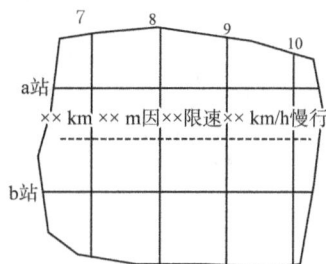

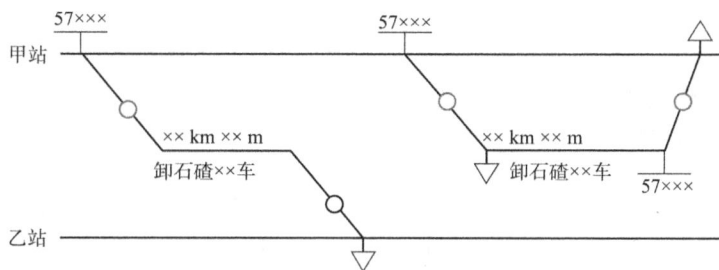

图 7-16　列车在区间内有装卸作业

四、文字及其他符号的规定

(1)列车在中间站不摘车作业,用红色笔表示。

$$\frac{6}{9}$$　分子表示装车数,分母表示卸车数

(2)列车在中间站甩挂作业,用蓝色笔表示,"＋"表示挂,"－"表示甩。

$$\frac{-3}{+6}$$　分子表示重车,分母表示空车

(3)列车运缓时,在列车运行线上方用蓝色笔标明运缓时分;列车赶点时,在列车运行线上方用红色笔标明赶点时分。

铁路局集团公司列车工作计划表按下列规定填记。

①纳入日计划开行的列车,在其车次上用蓝色笔画"□"表示。

②日计划调整开行的列车,在其车次上部用红色笔画"□"表示。

③停运的车次用蓝色笔画"－"表示,并扼要注明停运原因。

④班计划以外临时加开的列车,用红色笔画"＋"表示。

⑤按照列车性质,另行指定车次而利用列车运行图(车次)时刻运行,在编制日计划时,用

蓝色笔括上原车次,在原车次上部写指定的新车次;日计划调整时,用红色笔表示,方法同前。

五、车站技术作业图表的填画和表示方法

(1)列车到发,如图 7-17 所示。

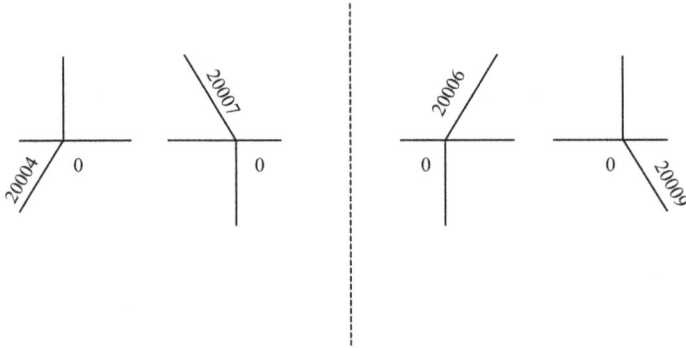

图 7-17　列车到发

(2)列车技术检查和占用到发线时间,如图 7-18 所示。

(3)列车解体,如图 7-19 所示。

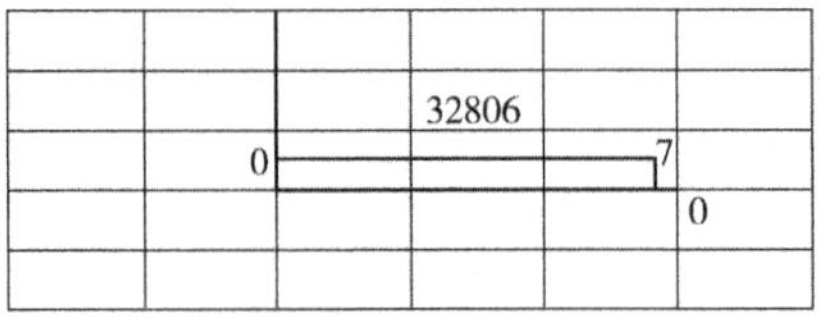

图 7-18　列车技术检查和占用到发线时间

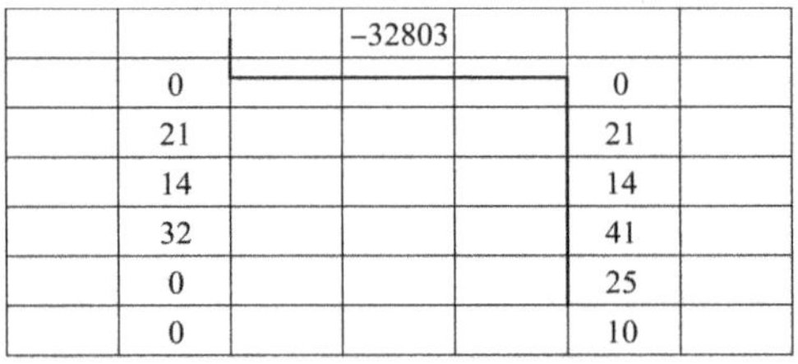

图 7-19　列车解体

(4)列车编组,如图 7-20 所示。

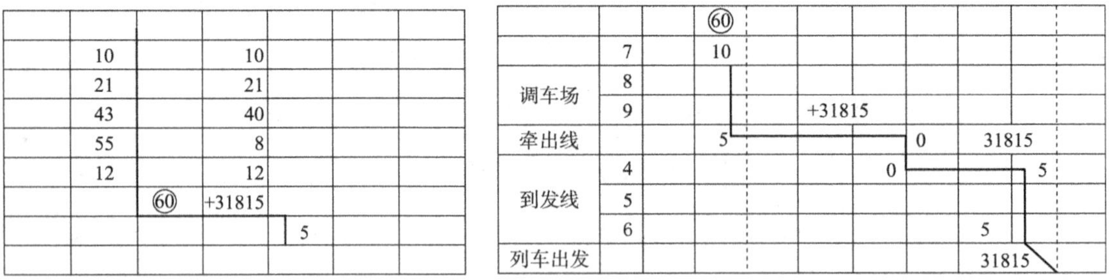

图 7-20　列车编组

(5)列车编组内容,如图 7-21 所示。

(6)取送作业,如图 7-22 所示。

(7)调车线栏,如图 7-23 所示。

(8)调车机动态,如图 7-24 所示。

(9)机车交路,如图 7-25 所示。

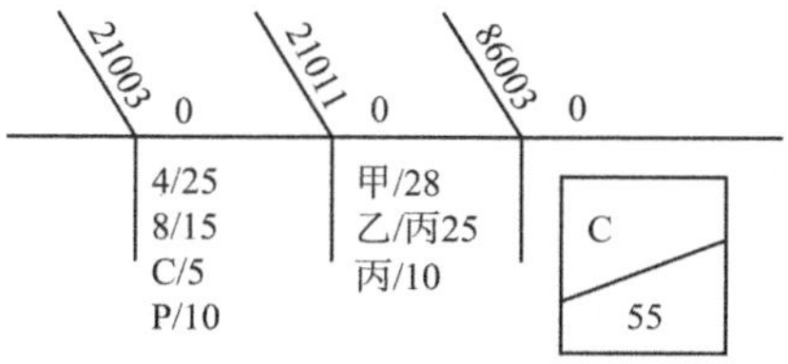

图 7-21　列车编组内容

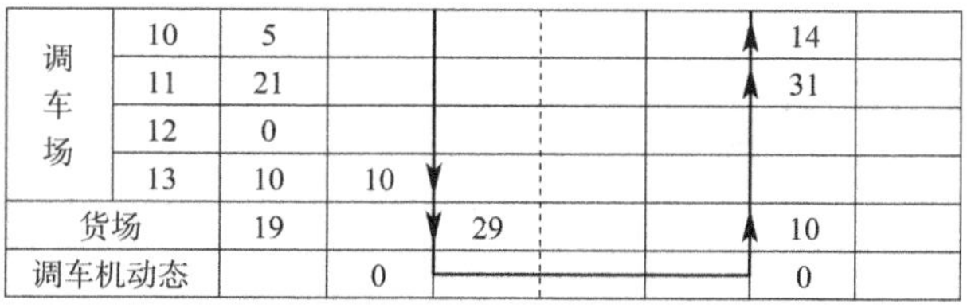

图 7-22　取送作业

12	4				9		
13	6				6		
14	2				10		
15	2				8		
16	6				16		
17	0				5		
18	0				0		

a)按列累计车数

6		1		7	
8				8	
3		7		10	
2		6		8	
6		10		16	
1		5		5	

b)按小时或阶段累计车数

图 7-23　调车线栏

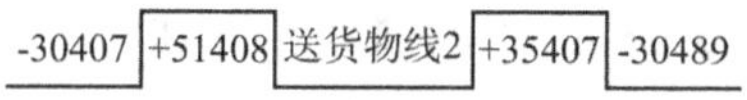

图 7-24　调车机动态

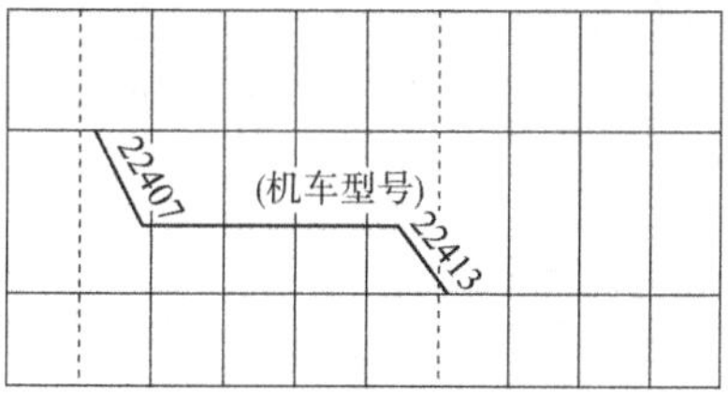

图 7-25　机车交路

注：

计划：黑线。

实际：到发旅客列车、出发货物列车为红线；其他货物列车为蓝线。列车正点到达、出发为红圈；列车晚点到达、出发为蓝圈。

调车机作业：计划为黑直线；实际为蓝直线。

调车机交接班、上煤、上水、上油：计划为黑曲线；实际为蓝曲线。

调车机非生产时间：吃饭为红曲线；其他为红直线。

调车机作业动态代号：交接班(J)、上水(S)、上煤(M)、上油(Y)、机车故障(JG)、信号故障(XG)、吃饭(C)、整备(ZB)、解体(－)、编组(＋)、甩挂(－＋)、取车(QC)、送车(SC)、待命(D)、等信号(DX)、等检(DJ)、等装卸(ZX)、等解体(等)。

引用规章

《中国国家铁路集团有限公司铁路运输调度规则》(普速铁路部分)第 106 条。

引用规章链接7-3

《中国国家铁路集团有限公司铁路运输调度规则》(普速铁路部分)第106条

案例7-3

列车运行及运行整理符号的识别与绘制

拓展提升

一、知识巩固

1. 调度人员的招聘选拔有哪些具体要求,如年龄、学历和工作经历?

2. 对调度人员的培训有哪些规定,包括新招聘和转岗人员的培训?

3. 调度基础工作的主要内容包括哪些方面?

4. 在调度作业安全检查分析中,铁路局集团公司调度所应如何配备和利用安全检查分析人员?

5. 调度设备包括哪些先进的信息和通信设备?如何保证设备的良好状态?

6. 各级调度人员应配置哪些调度设备,以及如何制定设备使用管理办法?

7. 运输调度的信息系统或工作场所中应备有哪些规章、资料?如何保证资料的更新和时效性?

8. 如何在列车运行图中表示列车始发和终止,以及列车在中间站临时停运?

9. 列车特殊运行情况下,如列车合并运行、列车让车,应如何在运行线上标注?

10. 列车反方向运行时,在运行线上的标记是什么?如何表示?

二、技能训练

××××年××月××日23:28,C86738次列车于甲线路所通过;23:39在乙站通过,K7028次列车于23:41在甲线路所通过(×××方向)。23:42,乙站值班员发现与甲线路所上行线闭塞机显示红灯,并报告列车调度人员。经调取录音,列车调度人员接到故障报告后,多次询问车站值班员:电务人员说什么原因?在得到车站值班员回答没有结果时,列车调度人员又两次指示车站通知工务检查线路。

23:59,在车站值班员多次要求使用故障按钮办理闭塞机复原请示后,列车调度人员下达了306004号调度命令,准许乙站使用故障按钮办理闭塞机复原。在车站使用故障按钮办理闭塞机复原后,设备恢复正常。客车4042次于0:11在甲线路所通过,0:17在乙站通过。

工务人员接到车站通知(调度人员指示)后,于0:15赶赴现场,从滴道站14#道岔向76 km方向检查,0:35,检查发现72 km 7#轨有两道白杠,工长误认为是"防三折"应急演练,于0:46报告车站发现断轨,用夹板加固后并请求限速15 km/h放行列车。

列车调度人员于1:06发布限速命令,1:20,K7028次列车在76 km线路所正点通过,因限速运行,造成在滴道站较图定时间晚点7 min通过。经工务段副段长带队现场检查确认不是断轨后,于1:42通知车站工务设备无问题,2:15调度人员发布命令恢复正常速度。

请分析以上事故原因,说明调度人员选拔和考核的重要性。

三、素养培育

争分夺秒调度忙　车轮滚滚物流畅

2023 年 2 月,春运期间,丰台西站货物运输十分繁忙。在一眼望不到头的出发场上,一列列货车整装待发,工作人员在股道间穿梭忙碌,一派火热的奋斗景象。"叮铃铃……"电话铃声、对讲机呼唤应答声此起彼伏。大屏幕上,丰台西站编组场作业画面一览无余。如同快递中转站,进入这里的货物列车首先要被"打散",再将相同目的地的车辆"分拣"出来,重新编成一列,发往全国各地。春运期间,货物列车上装载的都是煤炭、钢材、化肥、粮食、日用百货等重点物资。提升调度指挥效率,及时接发货车,关系着经济社会发展和千家万户的幸福温暖。

16 名工作人员紧盯计算机屏幕,来回点击鼠标,分析三级八场上多条股道的运行情况,忙着"排兵布阵",不断为车流"穿针引线"。在他们的调度下,到达、解体、集结、编组、出发,各个环节组织得有条不紊。最忙的时候,平均每 10 min 就有一趟列车顺利发出。

在不远处的货检监控中心,4 名视频货检员正目不转睛地盯着监控平台上货物列车的运行画面。该站货检车间副主任刘振山告诉记者,这是一列中欧班列,高清摄像头实时传回班列现场画面,能清晰地看到班列集装箱顶部、超偏载及车辆的运行情况,大大提升了货检效率。待班列停稳后,两名货检员猫着腰,在班列两旁逐辆复检货物装载加固状态和集装箱端门锁闭情况,仅用 25 min 就完成了这趟长 700 余 m 班列的货检任务。

丰台西站连接着京广、京哈、京沪等 8 条铁路干线,担负着华北、华东、中原、东北、西北等地区 32 个方向的货车中转和货物集散任务,是确保全国交通物流畅通的咽喉枢纽。此外,全国多地经二连、满洲里、阿拉山口、霍尔果斯口岸出境的中欧班列也在这里中转。

车轮滚滚物流畅。截至 1 月 30 日,丰台西站 2023 年春运以来累计开行中欧班列 207 列、11316 辆;开行电煤列车 749 列、4.2 万辆,运输电煤 271.5 万 t,为流动中国注入融融暖意。从年头到年尾,从白天到黑夜,机车风笛声、列车走行轰鸣声、对讲机联控声交织成铁路人的奋斗之歌,响彻丰台西站上空。

(资料来源:中国国家铁路集团有限公司官方网站)

针对上述案例,深入理解铁路调度工作中的关键要素及其操作细节,讨论铁路调度工作在实际操作中的重要性和面临的挑战。

调度安全管理工作和调度命令的编制与下达

⊛ 项目背景

　　随着铁路运输行业的快速发展,调度安全工作已经成为铁路运输生产中的核心环节。特别是在面对突发事件和极端天气条件时,如何确保行车安全、维护运输秩序,成为考验调度人员专业能力和应急处置水平的重要课题。铁路调度安全工作的重要性在于保障列车运行安全、提高运输效益、有效应对紧急情况,以及推动铁路高质量发展。随着铁路运输的快速发展和调度工作的重要性日益凸显,调度命令的编制与下达成为确保铁路运输安全、高效的关键环节,铁路调度命令在铁路运输中具有重要的意义和作用。

　　铁路调度安全工作在保障列车运行安全方面发挥着至关重要的作用。通过调度系统,可以准确计算列车之间的最小安全间隔,避免列车之间的相撞和追尾等事故的发生。此外,铁路调度安全工作还能够实时监测列车位置、速度和状态等信息,及时掌握运营情况,保障列车在行车过程中的绝对安全。铁路调度安全工作对于提高运输效益也起着至关重要的作用。良好的调度系统可以准确预估列车的到达时间,合理规划列车的停站时间,从而实现更加高效的运输。在应急处置方面,铁路调度安全工作也具有重要作用。突发事件、自然灾害和其他不可控因素都可能对铁路运行造成影响。通过调度系统,调度人员可以及时应对突发情况,采取适当的措施,保证列车运行的连贯性和安全性。调度系统可以实时监测列车的位置和运行状态,有效应用调度资源,分流受影响的路段,避免运营中断。在应对紧急情况时,调度系统能够为决策者提供准确的数据支持,使整个应急处置过程更加高效和安全。铁路调度命令是铁路运输调度机构为了确保列车按照列车运行图正点运行,对铁路日常运输生产实施统一指挥和组织的重要工具。它涉及列车运行的指挥、货车装卸和列车开行的计划与组织,以及车流调整等方面,是保证列车安全、有序运行的关键。通过合理安排列车运行计划、监控列车动态、调整列车运行计划能够提前发现和解决问题,行车调度能够确保列车按时、顺利、安全地运行。铁路调度命令的发布和执行,直接关系铁路运输的效率、安全和顺畅。在特殊情况下,如机车信号、列车运行监控记录装置、列尾装置故障,或在列控车载设备转入或退出隔离模式等情况下,调度命令的及时发布和执行,对于保障列车安全、防止事故发生具有至关重要的作用。同时,调度命令也是调度集中区段接、发列车的行车凭证,体现了其在铁路运输中的核心地位和作用。

综上所述,铁路调度安全工作的重要性不仅体现在保障列车运行安全和提高运输效益上,还体现在其能够有效应对紧急情况,推动铁路高质量发展,确保铁路运输系统的稳定运行。铁路调度命令不仅是铁路运输调度机构实施统一指挥和组织的重要手段,也是确保列车安全、有序运行的关键因素,对于提高铁路运输效率、保障运输安全具有重要意义。

本项目旨在通过理论学习与实践操作,使学员全面理解调度安全工作的内涵,掌握关键技能。通过模拟实际工作环境,提升调度人员的应急处理能力和调度命令的编制与下达的准确性,确保在复杂多变的运输环境中,调度人员能迅速、准确地做出决策,保障铁路运输的安全和秩序。

❈ 建议学时

4 学时。

任务一　认知调度安全管理工作

❀ 学习目标

知识目标

1. 深入理解调度安全管理工作的基本要求和原则。

2. 熟悉发布调度命令的基本规定及流程,掌握调度命令的编制与下达方法。

3. 熟悉特殊情况下调度命令的特殊要求和处理流程。

能力目标

1. 培养学员在模拟环境下制订和调整列车运行计划,处理突发事件的能力。

2. 掌握调度员如何确保在各种非正常情况下维持铁路运输秩序,提高调度工作的应变能力。

3. 熟练掌握各种命令的编号原则、下达流程。

素质目标

1. 强化学员的责任心和危机意识,提升其团队协作精神和信息沟通能力。

2. 提升在紧急情况下冷静、果断地进行指挥协调的能力。

3. 面对困难要培养良好的政治素质,坚守岗位。

❀ 任务描述

首先,仔细阅读下文的案例,了解、分析案例概况,带着任务学习调度安全管理工作的基本要求。其次,对应本任务内容的《中国国家铁路集团有限公司铁路运输调度规则》(普速铁路部分)相对应条文,掌握规则原文是如何规定的。最后,根据所学知识分析下文的案例。要求:掌握发布调度命令的基本规定,了解特殊调度命令的下达要求,熟练掌握施工调度命令的下达规定,以及发布运行揭示调度命令的有关规定,通过模拟操作,检验学员对调度安全管理工作的理解和应用能力。

❀ 案例导入

2008 年 4 月 28 日胶济线火车事故

2008 年 4 月 28 日凌晨 4:48,北京至青岛的 T195 次客车下行至胶济线周村至王村区间时,客车尾部第 9 节至第 17 节车厢脱轨,与上行的烟台至徐州的 5034 次客车相撞,致使机车和 5 节车厢脱轨,造成重大人员伤亡。到发稿时,死亡 70 人,伤 416 人,伤员中有 4 名法国旅客。

(资料来源:央视网)

引导提示:由上述案例可见,铁路运输过程安全是重中之重。调度工作中的人为因素和沟通问题,如信息传递不畅、命令发布失误等可能导致严重后果。那么,调度员在工作中应如何认真细致地保证运输生产的安全,正确组织列车运行呢?

知识探索

一、调度安全管理工作的基本要求

国铁集团、铁路局集团公司调度员应及时正确发布与运输有关的调度命令,下级调度员以及有关人员必须坚决执行。列车调度员是一个调度区段行车的统一指挥者,有关行车人员必须执行列车调度员的命令、指示,服从调度指挥。列车调度员应熟悉管辖区段内主要行车人员和机车车辆、线路桥隧、通信信号、牵引供电等设备的基本情况,掌握天气变化对行车工作影响的规律,组织行车有关人员协调动作,实现按列车运行图行车。为维护良好的列车运行秩序,列车调度员应加强与现场行车有关人员的联系,及时布置重点工作。发生非正常情况时,现场行车有关人员应立即按规定采取安全措施,并及时向列车调度员报告,列车调度员向行车有关人员了解情况时,有关人员应如实汇报。

调度指挥必须坚持安全生产的原则。铁路局集团公司调度人员应做到以下几个方面。

(1)熟悉有关运输站段及列车的技术设备、作业过程、各项技术作业标准及各站接发列车的有关规定,正确组织指挥列车运行。

(2)值班中应精力集中,坚守岗位,严格落实岗位安全责任,遵守安全生产规章制度和操作规程,及时、正确处理问题。

(3)遇有铁路交通事故、设备故障、自然灾害、天气不良、施工维修、临时限速(指未纳入运行揭示调度命令的限速,下同)、区间装卸等情况和对区间封锁、开通的处理,列车调度员应严格遵守有关规定,值班主任(值班副主任)应加强检查。

(4)遇有铁路车辆运行安全监控系统报警时,红外线(5T)、车辆、列车调度员应立即按规定进行处理;列车调度员接到报告后,必须确认车次,并按规定处理。

(5)当得到现场危及行车安全的报告时,应及时指示有关人员立即采取停车等安全措施,查明情况,妥善处理。

(6)超限超重货物车辆的挂运,必须纳入日(班)计划,根据超限超重货物运输确认电报和超限超重车辆挂运通知单确定的运行条件,由列车调度员发布调度命令。

(7)装载剧毒品货物车辆的挂运,必须纳入日(班)计划,重点布置、预报、交接,跟踪掌握。

(8)限速机车车辆,应根据限速机车车辆挂运电报及规章制度有关规定安排挂运。纳入日(班)计划的,按日(班)计划挂运、交接。未纳入日(班)计划的,铁路局集团公司管内应经调度所主任(副主任)准许后,方可安排挂运;跨局交接时,由相邻铁路局集团公司计划调度员共同确认挂运电报及规章制度有关规定,并经两局调度所值班主任协商同意后,方准安排交接。

二、发布调度命令的基本规定

(1)调度命令发布前,应详细了解现场情况,听取有关人员的意见,命令内容、受令处所必须正确、完整、清晰。

(2)使用计算机、传真机、调度命令无线传送系统发布调度命令时,必须严格遵守"一拟写、二审核(按规定需监控人审核的)、三签发(按规定需领导、值班主任或值班副主任签发的)、四发布、五确认签收"的发布程序。命令接受人员确认无误后,应及时反馈回执。

(3)使用电话发布调度命令时,必须严格遵守"一拟写、二审核(按规定需监控人审核的)、三签发(按规定需领导、值班主任或值班副主任签发的)、四发布、五复诵核对、六下达命令号码和时间"的发布程序。使用电话发收调度命令时,应填记调度命令登记簿(列车调度员使用调度命令系统记录时除外),指定命令接受人员中一人复诵,并记明发收人员姓名及时刻。

(4)已发布的调度命令遇有错、漏或变化时,尚未开始执行的,必须取消前发调度命令,重新发布调度命令;已开始执行的,应立即停止执行错误或变化内容,并及时发布调度命令进行修正。

(5)调度命令书写不正确时,应重新书写。

(6)发布有关线路、道岔限速的调度命令时,必须注明具体地点、限速里程及限速值。铁路局集团公司可对特殊或紧急情况不注明限速里程的场景,结合具体情况制定相关办法。

(7)发布救援调度命令,必须注明被救援列车或车列的救援端里程。

(8)使用常用行车调度命令模板[《中国国家铁路集团有限公司铁路运输调度规则》(普速铁路部分)附件2]、常用运行揭示调度命令模板[《中国国家铁路集团有限公司铁路运输调度规则》(普速铁路部分)附件3]、常用局间客调命令模板[《中国国家铁路集团有限公司铁路运输调度规则》(普速铁路部分)附件4],拟写调度命令时,可根据需要对命令模板内容进行增加或删减。

三、调度命令的发布流程

铁路局集团公司列车调度员发布行车调度命令时,除严格执行《铁路技术管理规程》(普速铁路部分)有关要求外,还应遵守以下规定。

(1)发布行车调度命令,应一事一令,不得发布无关内容。一事一令是指对一个独立事件发布一个命令,该独立事件包括单因素事件和多因素事件两类。单因素事件是指不与其他工作发生关联的简单事件;多因素事件是指涉及两项及其以上工作内容,且因此及彼、因果相关、时间相连的复杂事件,可发布一个调度命令。

(2)设有双线双向闭塞设备且作用良好的区间,需要连续反方向行车时,可发布一个调度命令。

(3)交付调度命令的规定。

①具备调度命令无线传送系统的,列车调度员(车站值班员)应使用调度命令无线传送系统向值乘司机发布(转达)调度命令。

②语音记录装置良好条件下,符合使用列车无线调度通信设备发布、转达调度命令内容的,列车调度员(车站值班员)可使用列车无线调度通信设备向列车司机发布(转达)调度命令。

③不具备上述条件时,本区段有停车站,列车调度员指定车站值班员在列车进入关系地点前的停车站交付调度命令;本区段无停车站或来不及时,在列车进入关系地点前的车站停车交付调度命令。

(4)交付和核对限速调度命令的规定。

①限速调度命令,须在列车进入限速地点前发布(转达)完毕,如来不及时,必须在列车进入限速地点前的车站停车转达调度命令。

②具备使用调度命令无线传送系统或提前在停车站传送(交付)调度命令条件的,须传送(交付)书面调度命令。

③不具备使用调度命令无线传送系统或提前在停车站传送(交付)书面调度命令的,需使用列车无线调度通信设备发布(转达)调度命令时,列车调度员除发给限速地点关系站外,还应发给转达调度命令车站,转达调度命令车站应在列车于本站通过(开车)前转达完毕。

限速地点关系站(简称关系站):限速地点在区间内,关系站为区间的两端站;限速地点在车站站内或站内跨区间,关系站为限速地点车站和相邻车站。

限速地点关系站示意图如图 8-1 ~ 图 8-4 所示。

• 站内限速(C 站站内限速,关系站为 B、C、D 站,图 8-1 运行方向 A 站或其后方站转达,B 站核对)。

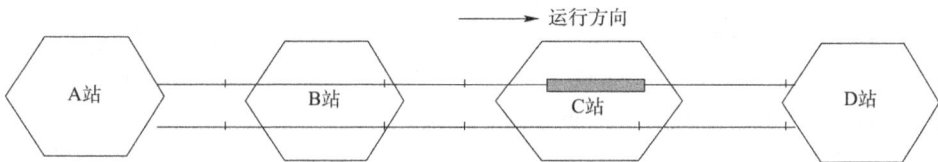

图 8-1　站内限速

• 区间限速(B 至 C 站区间限速,关系站为 B、C 站,图 8-2 运行方向 A 站或其后方站转达,B 站核对)。

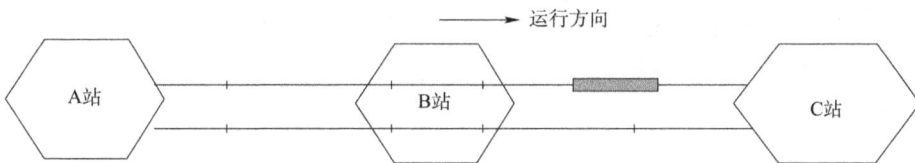

图 8-2　区间限速

• 站内跨区间限速(C 站及 C 至 D 站区间限速,关系站为 B、C、D 站,图 8-3 运行方向 A 站或其后方站转达,B 站核对)。

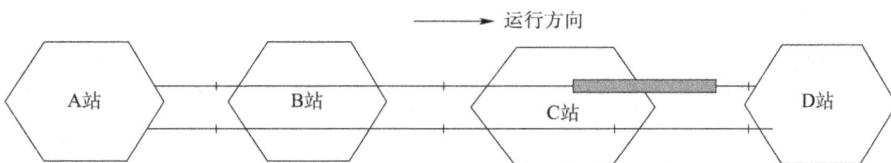

图 8-3　站内跨区间限速

● 一站两区间限速（C 站及 B 至 C、C 至 D 站区间限速，关系站为 B、C、D 站，图 8-4 运行方向 A 站或其后方站转达，B 站核对）。

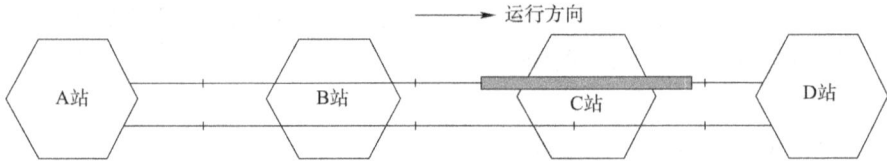

图 8-4　一站两区间限速

④对限速调度命令，列车进入限速地点前的关系站在列车通过（开车）前，须逐列与司机核对限速内容。装备区域联锁设备区段、调度集中区段、装备列控设备区段，有关核对要求由铁路局集团公司规定。

⑤核对不一致时，司机应在进入限速地点前的车站停车并向车站值班员报告，车站值班员应立即向列车调度员报告，列车调度员核实后，发布（交付）正确的限速调度命令。

（5）对跨局（调度台）的列车，接车铁路局集团公司（调度台）列车调度员可委托发车铁路局集团公司（调度台）列车调度员发布调度命令。接车铁路局集团公司（调度台）应将需转发的调度命令号码和内容发给邻局（调度台），邻局（调度台）在时间允许的情况下，不得拒绝委托，并将受令情况向接车铁路局集团公司（调度台）列车调度员通报。

发布行车调度命令，涉及邻局管辖的分界站时，本局列车调度员可发令至分界站，同时抄送邻局列车调度台。

（6）发布行车调度命令时，涉及限速内容应一并下达（司机已有限速调度命令除外）。

（7）国铁集团规定的"常用行车调度命令模板"以外确需发布行车调度命令的事项，由铁路局集团公司制定"补充常用行车调度命令模板"。

四、使用列车无线调度通信设备发布调度命令的情况

以下调度命令可使用语音记录装置良好的列车无线调度通信设备向司机发布、转达。

（1）临时变更（改按电话闭塞法行车除外）或恢复原行车闭塞法。

（2）设有双线双向闭塞设备且作用良好的区间，双线反方向行车。

（3）变更列车径路。

（4）列车需临时降弓运行。

（5）有计划封锁施工开通后，指定 1,2,3……列限速。

（6）临时限速。

（7）动车组列车空调失效，需打开部分车门限速运行。

（8）超长列车。

（9）单机附挂车辆。

（10）半自动闭塞区间，超长列车头部越过出站信号机（未压上出站方面的轨道电路）发车。

（11）在非到发线上接发列车。

（12）日（班）计划以外临时加开或停运列车。

（13）双线区间内进行跨线装卸作业，区间有除雪机、起重机工作，区间内发生冲突、脱轨、火灾、爆炸事故，对开入其邻线的列车。

（14）列尾装置故障（丢失）的货物列车继续运行。

（15）改按天气恶劣难以辨认信号的办法行车。

（16）动车组列车转入或退出隔离模式。

（17）动车组列车在列控车载设备控车和列车运行监控装置（LKJ）控车之间人工转换。

（18）临时利用本务机车调车作业。

（19）正线、到发线接触网停电后准许登顶作业。

（20）双管供风旅客列车运行途中改为单管供风。

（21）运行揭示调度命令与实际限速、行车方式或设备不符时。

（22）调度集中区段，由列车调度员办理接、发列车，作为行车凭证的调度命令。

（23）使用引导手信号接车。

（24）遇特殊情况，向已进入关系区间的列车司机发布（交付）的调度命令。

（25）铁路局集团公司规定可以利用列车无线调度通信设备发布、转达的调度命令。

五、列车调度员不发布调度命令的情况

除《铁路技术管理规程》（普速铁路部分）明确规定外，遇下列情况，列车调度员亦不发布调度命令。

（1）使用绿色许可证或半自动闭塞发车进路通知书发出列车时。

（2）自动闭塞区间一架通过信号机故障。

（3）旅客列车在技术停车站（不办理客运、通勤业务和技术作业）临时变更通过。

（4）使用引导信号接车（使用引导手信号除外）。

（5）站内采用调车方式救援。

（6）已发布运行揭示调度命令的变更旅客列车固定走行径路。

（7）接发动车组列车变更固定股道。

（8）区间内机车信号、列车运行监控装置（LKJ）、轨道车运行控制设备（GYK）发生故障，运行至前方站。

（9）列车退行。

（10）自轮运转特种设备自走行时因自身设备原因限速。

（11）旅客列车发生制动故障关门，依据《旅客列车制动关门限速证明书》限速；货物列车编入关门车数超过现车总辆数的6%，依据《制动效能证明书》限速。

（12）列车机车、车辆在区间因抱闸，经司机（车辆检车人员）检查后，需要限速运行至前方站时。

（13）调度集中系统（CTC）控制模式或操作方式转换。

六、发布施工调度命令的规定

施工调度命令是指施工作业当日由列车调度员发布的准许施工作业开始、确认施工作业结束等与实际施工作业有关的调度命令。发布施工调度命令时,除严格执行《铁路技术管理规程》(普速铁路部分)有关要求外,还应遵守以下规定。

(1)施工调度员负责拟写次日施工调度命令,经一人拟写,另一人核对后,转(交)列车调度员。

(2)列车调度员根据施工日计划与施工作业申请核对一致后,发布准许进行施工作业的调度命令。

(3)施工作业结束后,列车调度员根据申请,应及时按规定发布施工作业结束的调度命令。

(4)施工开通后,有第1、2、3……列限速要求的列车,由列车调度员发布调度命令。

(5)施工开通后启用新版本 LKJ 数据涉及径路、线路允许速度变化的第一列列车,列车调度员应发布调度命令。

(6)因施工提前、延迟或其他原因造成运行揭示调度命令与实际限速、行车方式或设备不符时,列车调度员应取消前发运行揭示调度命令,向有关车站值班员、司机、施工负责人重新发布全部内容的调度命令;运行揭示调度命令与实际限速、行车方式或设备相符时,仍按前发运行揭示调度命令执行。

(7)施工涉及邻线限速的,遇施工提前、推迟、延迟时,列车调度员根据施工部门登记的行车条件及时发布相关调度命令。

(8)临时封锁要点的施工需邻线限速时,设备管理单位应在行车设备检查登记簿内登记邻线限速里程及限速值,列车调度员根据登记的行车条件及时发布邻线临时限速调度命令。

七、发布运行揭示调度命令的规定

运行揭示调度命令是指由施工调度员发布的涉及限速、行车方式变化和设备变化的调度命令。发布运行揭示调度命令时,除严格执行《铁路技术管理规程》(普速铁路部分)有关要求外,还应遵守以下规定。

(1)运行揭示调度命令应包括时间、地点、因由、速度、行车方式变化、设备变化等内容。

(2)发布的运行揭示调度命令,不得含有与受令处所无关的内容。

(3)施工调度员应依据施工日计划和主管业务部室提报的灾害、故障涉及限速、行车方式变化和设备变化的申请编制运行揭示调度命令。

(4)国铁集团发布的"常用运行揭示调度命令模板"[《中国国家铁路集团有限公司铁路运输调度规则》(普速铁路部分)附件3]未涉及的项目,由铁路局集团公司制定"补充常用运行揭示调度命令模板"。

(5)运行揭示调度命令须一人拟写,另一人核对,施工办主管科室主任(副主任)、施工办主任(副主任)逐级审核签认,于施工前1日12:00前(其中0:00—4:00执行的运行揭示调度命令于前1日8:00前)发布至有关业务部室、机务(机辆)段、车务段(直属站),并传达(交付)相关列车调度台,其中涉及邻局的车务段(直属站)和相关调度台,传达(交付)邻局施工办并由其转达。主管业务部室负责转交施工单位、自轮运转特种设备管理单位,车务段(直属站)负责转交相关车站。

(6)列车运行途中遇跨越运行揭示调度命令有效时段或其他原因,造成列车运行没有可依据的运行揭示调度命令时,司机应提前向车站值班员(列车调度员)报告,车站值班员应立即向列车调度员报告,列车调度员安排交付书面调度命令(可在一个行车调度命令中转发有关运行揭示调度命令),跨局(调度台)运行时,应通知邻局(调度台)列车调度员。

(7)运行揭示调度命令发布的限速条件需转变为LKJ基础数据时,除按有关LKJ数据管理规定程序办理外,本着"谁申请(登记),谁取消"的原则,由申请(登记)部门在LKJ数据换装生效时刻后,向施工办、车站申请取消限速。施工调度员须在得到申请(登记)部门取消限速的申请后,方准取消该运行揭示调度命令。以上情况涉及普速铁路列控基础数据需要更新时,按有关规定执行。

(8)发生灾害、设备故障等突发情况,需临时限速时(含施工开通后未达到规定的放行列车条件),应由有关单位(人员)提出限速申请,列车调度员按规定发布临时限速调度命令;对于暂时不能取消的临时限速,应纳入运行揭示调度命令管理,具体纳入时机由铁路局集团公司规定,限速登记单位或设备管理单位应提出限速申请,报告主管业务部室,由主管业务部室审核后提交施工办发布运行揭示调度命令。

(9)因施工产生的邻线限速应纳入施工计划,按运行揭示调度命令流程管理,施工调度员依据施工计划中提报的限速申请及时发布运行揭示调度命令。

八、客运调度命令的发布范围

1.国铁集团客运调度命令的发布范围
(1)跨局图定旅客列车停运、恢复开行(调整跨度1个月以内)。
(2)因灾害或事故影响,跨局旅客列车停运、折返、变更径路或变更客运业务停站。
(3)跨局临时旅客列车及跨局旅游列车加开、停运。
(4)跨局旅客列车甩挂行李车、邮政车(调整跨度1个月以内,回送除外)。
(5)跨局旅客列车甩挂供重点旅客使用的客车车辆。
(6)国际联运旅客列车临时变更编组。
(7)健康快车附挂普速旅客列车或按路用列车办理单机成组挂运。
(8)旅客列车加挂专运客车。
(9)跨局整列客车底回送及有特殊要求的客车回送。
(10)调用铁路局集团公司客车和临时调用票额。
(11)行李车仓位临时跨局调整。
(12)跨局旅客列车利用行李车装运重点物资需发布命令时。

(13)其他事项需要发布的调度命令。

2.铁路局集团公司客运调度命令的发布范围

(1)转发国铁集团调度命令,接收、转发、传递有关铁路局集团公司的调度命令。

(2)跨局旅客列车调整编组(甩挂行李车、邮政车除外,调整跨度1个月以内且不得超过图定编组辆数)。

(3)因灾害或事故影响,铁路局集团公司管内旅客列车的停运、折返、变更径路或变更客运业务停站。

(4)铁路局集团公司管内旅客列车加开、停运、恢复开行或临时调整编组(铁路局集团公司业务部室以文件、电报公布的除外)。

(5)铁路局集团公司管内调用、回送客车,零星军用客车回送。客车附挂旅客列车回送、附挂货物列车回送及局管内整列客车底回送。

(6)铁路局集团公司管内票额临时调用。

(7)准许装运超重包裹。

(8)行李车仓位临时管内调整。

(9)旅客列车加挂国铁路用车(轨道、电务、接触网、隧道检测车,牵引试验车等)。

(10)管内旅客列车行李车装运重点物资需发布调用命令时。

(11)其他事项需要发布的调度命令。

3.其他

(1)使用外局车底担当的管内旅客列车,比照跨局旅客列车,按国铁集团、铁路局集团公司客运调度命令发布范围办理。

(2)铁路局集团公司客运调度员发布的调用命令,凡与其他铁路局集团公司有关的,应以局间客调命令形式抄知相关铁路局集团公司。

(3)局间客调命令是指发起铁路局集团公司客运调度员发布并在相关铁路局集团公司间传达的调度命令。相关铁路局集团公司接到调度命令,有疑问时,应立即向发起铁路局集团公司客运调度员进行询问。

九、调度命令号码的规定

调度命令号码的编制应按不同工种分别规定。铁路局集团公司调度所的行车调度命令按日循环,运行揭示调度命令及其他工种的调度命令按月循环;国铁集团各工种的调度命令按月循环(其中国铁集团货运和列车工作日计划命令按年循环)。

调度命令日期的划分,以0:00为界。调度命令循环号码的起止时间以0:00区分。各级调度命令应保管1年。国铁集团调度命令号码分为以下几种。

(1)货运和列车工作日计划命令号码:0001~0399。

(2)车流调整命令号码:0401~0499。

(3)行车调度命令号码:0501~1799。

(4)专运调度命令号码:1801~1899。

（5）客运调度命令号码:1901～2599。

（6）货运调度命令号码:2601～2699。

（7）快运班列调度命令号码:2701～2799。

（8）客运行包调度命令号码:2801～2899。

（9）奖励命令号码:2901～2940(每日使用一个号码,按"2901-××"格式,××按序号进行排序)。

（10）工务调度命令号码:2941～2970。

（11）电务调度命令号码:2971～3000。

（12）机车调度命令号码:3001～3299。

（13）车辆调度命令号码:3301～3399。

（14）军运调度命令号码:3401～3699。其中,军运及军列空车底回送命令号码为3401～3499,长大货物车(D型车)使用、回送及超限专列命令号码为3501～3599,其他特定车组回送命令号码为3601～3699。

（15）特运调度命令号码:3701～3999。其中:机械冷藏车使用及回送命令号码为3701～3799,重点石油装车命令号码为3801～3899,国铁集团所属罐车调整命令号码为3901～3999。

（16）供电调度命令号码:4001～4099。

（17）停、限装及恢复装车命令号码:4101～4399。

（18）备用车命令号码:4401～4999。

（19）集装箱命令号码:5001～5699。

（20）施工命令号码:5701～5899。

（21）备用命令号码:5901～5999。

铁路局集团公司与国铁集团的调度命令号码不得重复,具体由铁路局集团公司规定。

引用规章

《中国国家铁路集团有限公司铁路运输调度规则》(普速铁路部分)第71条～第90条。

引用规章链接8-1

《中国国家铁路集团有限公司铁路运输调度规则》(普速铁路部分)第71条~第90条

案例8-1

认知调度安全管理工作

任务二　掌握调度命令的编制与下达

学习目标

知识目标

1.理解并掌握调度命令的使用情况和编制格式,明确调度命令的编号原则和主要内容。

2.掌握铁路调度安全工作的基本要求和发布调度命令的规定,特别是紧急情况下的调度命令下达流程。

3.熟悉调度命令下达的主要范围,并精准掌握相关工作流程要求。

能力目标

1.能够根据实际情况,编制和下达正确的调度命令。

2.能够处理调度工作中的突发情况,如设备故障、自然灾害、客流高峰等,及时采取有效措施。

3.能够优化调度工作流程,提高工作效率。

素质目标

1.培养遵守铁路运输安全规定和职业操守的意识,确保调度工作的严谨性和准确性。

2.增强团队协作能力,与同事共同完成客运调度任务,提高整体工作质量。

3.提高解决复杂问题和应对紧急情况的能力,确保旅客列车运输的连续性和可靠性。

任务描述

首先,仔细阅读下文的案例,了解、分析案例概况,带着任务学习、掌握调度命令的编制与下达的流程和技巧,包括封锁、开通区间、变更列车径路等情况的处理。其次,对应本任务内容的《中国国家铁路集团有限公司铁路运输调度规则》(普速铁路部分)相对应条文,掌握规则原文是如何规定的。最后,根据所学知识分析下文的案例。要求:通过模拟训练,提高在紧急情况下的决策和反应能力,保证运输秩序正常,确保人民群众的生命财产安全。

案例导入

受暴雨影响多趟列车运行受阻　1800余名滞留旅客转移

2023年,北京遭遇140年来最大降雨。受水害影响,多趟旅客列车受阻滞留。7月30日12:50,由乌海西开往北京丰台的K396次列车行至北京门头沟落坡岭站附近时,因前方水害被迫停车避险。大量旅客滞留,急待开行相关列车进行转运。8月2日起,铁路部门统筹调配转运列车,K396次、K1178次、Z180次列车的旅客分批转运至北京北站及北京丰台站,所有滞留旅客一名不落,全部安全疏运完毕。

(资料来源:中国国家铁路集团有限公司官方网站)

引导提示：由上述案例得知，在遇到突发情况时，铁路运输中的调度工作起到关键的作用，作为调度工作人员更是要增强责任感和使命感。在案例中出现大量旅客需要转运，那么，铁路调度部门应如何发布开行转运列车的调度命令？如何组织行车？

知识探索

一、需要发布调度命令的情况

指挥列车运行的命令和口头指示，只能由列车调度员发布。列车调度员在发布调度命令之前，应详细了解现场情况，并听取有关人员意见。遇到表 8-1 所列的情况时，须发布调度命令。

命令项目及受令者

表 8-1

顺序	命令项目	受令者	
		司机	车站值班员
1	封锁、开通区间		○
2	向封锁区间开行救援列车、路用列车	○	○
3	临时变更或恢复原行车闭塞法	○	○
4	双线反方向行车、由双线改为单线或恢复双线行车	○	○
5	变更列车径路	○	○
6	发出在区间内停车或由区间返回的列车	○	○
7	开往区间内岔线的列车	○	○
8	发出临时由区间内返回后部补机的列车	○	○
9	列车需临时降弓运行	○	
10	因行车设备故障、灾害或施工，以及列车中挂有限速的机车车辆等，需要使列车临时限速运行(纳入运行揭示调度命令或本务机车、动车组自身设备原因限速时除外)	○	○
11	动车组列车空调失效，需打开部分车门限速运行	○	○
12	车站使用故障按钮、总辅助按钮		○
13	超长列车或列车挂有装载超限货物的车辆	○	○
14	单机附挂车辆	○	○
15	半自动闭塞区间，超长列车头部越过出站信号机(未压上出站方面的轨道电路)发车	○	○
16	在非到发线上接发列车	○	○
17	调度日(班)计划以外，临时加开或停运列车(单机除外)	○	○
18	双线区间在区间内进行跨线装卸作业时，对开入其邻线的列车	○	○

顺序	命令项目	受令者	
		司机	车站值班员
19	双线区间在区间内有除雪机、起重机工作时,对开入其邻线的列车	○	○
20	双线区间在区间内发生冲突、脱轨、火灾、爆炸事故,对开入其邻线的列车	○	○
21	列尾装置故障(丢失)的货物列车继续运行	○	○
22	改按天气恶劣难以辨认信号的办法行车或恢复正常行车	○	○
23	动车组列车转入或退出隔离模式(被救援时除外)	○	○
24	动车组列车在列控车载设备控车和列车运行监控装置控车之间人工转换	○	○
25	临时利用本务机车调车作业	○	○
26	利用天窗施工、维修作业		○
27	施工、维修作业较指定时间延迟结束		○
28	运行揭示调度命令与实际限速、行车方式或设备不符时	○	○
29	正线、到发线接触网停电或送电(接触网倒闸、跳闸后试送电、向中性区送电或弓网故障排查除外)		○
30	正线、到发线接触网停电后准许登顶作业	○	○
31	双管供风旅客列车运行途中改为单管供风	○	○
32	列车调度员认为有必要记录的上述以外的命令	有关人员	

注:1. 划○者为受令人员。

2. 天窗维修作业在指定的时间内完成并销记后,列车调度员不再发布维修作业结束恢复行车的调度命令。

3. 动车组列车改按列车运行监控装置方式运行,需将列控车载设备隔离时,列车调度员仅发布改按列车运行监控装置方式行车的调度命令。

4. 因调车作业动车组控车模式转换,不发布调度命令。自动站间闭塞法行车转为半自动闭塞法行车及转回的调度命令,可不发给司机。

上述调度命令,如涉及其他单位和人员时,应同时传达。

列车调度员向司机发布调度命令时,应发给有关站段(所、室),由受令站段(所、室)负责转达。当乘务人员已出乘时,应发给列车始发站或进入关系区间前的停车站,由其交付,如来不及而必须在进入关系区间前交付时,通过列车应停车交付。

对跨局的列车,接车铁路局集团公司列车调度员可委托发车铁路局集团公司列车调度员发布调度命令。更换机车或变更限速条件时,应由有关铁路局集团公司列车调度员重新发给机车所担当全区段的调度命令。途中乘务人员换班时,应将调度命令内容交接清楚。

发、收调度命令时,应填记调度命令登记簿,指定受令人员中一人复诵,并记明发、收人员姓名及时刻。使用计算机、传真机、无线传送系统发布调度命令时,调度命令受令人员确认无误后应及时反馈回执。在具备良好转接设备和通信记录装置的条件下,可根据国铁集团有关规定,使用列车无线调度通信设备向司机发布、转达调度命令或口头指示。

二、调度命令的格式及发布要求

调度命令的书面形式如表8-2所示。

某铁路局集团公司调度所各工种调度命令号码如表8-3所示,其相关规定如下。

调度命令

表8-2

_____年_____月_____日_____时_____分　第_____号

受令处所		调度员姓名	
内容			

受令车站_____　车站值班员_____

注:规格110 mm×160 mm。

某铁路局集团公司调度所各工种调度命令号码

表8-3

命令	命令号码	命令	命令号码
局令	3000～3499	预留	9760～9799
违编	3600～3699	备用车	3500～3599
施工二台	3850～3999	施工一台	3700～3849
机调二台	6500～6599	机调一台	6400～6499
货调停限装	7130～7279	动车台	7100～7129
货调日计划	7530～7579	货调变更	7280～7529
客调台日计划、专运	7580～7879	客调台行包	7880～8179
特调台篷布	8180～8579	特调台自备车	8580～8679
特调台军用	8680～8999	特调台扩货	9100～9179
特调台冷藏车	9180～9279	特调台罐车	9280～9379
辆调	9380～9479	电调	9480～9579
辆调红外线	9580～9629	工务调度	9630～9679
电务调度	9680～9729	计划调度	9730～9759
集装箱调度	9800～9899	专运命令	9900～9999

1. 调度命令循环、日期、保管时限的规定

(1)列调台、计划台、特调台篷布命令号码按日循环,如遇命令号码不够用时,在本台命令号码前加"0";其他各工种按月按分配号码循环使用。

(2)调度命令日期的划分,以0:00为界。调度命令循环号码的起讫时间,以18:00区分。

(3)各工种的调度命令应保管一年。

2.行车调度命令卡控制度

列车调度员发布调度命令要严格按照"一拟、二审核、三把关、四发布、五回执、六复核"的程序进行。

"一拟":由列车调度员草拟。

"二审核":执行一人两次审核(CTC 调度台由列车调度员进行审核)。

"三把关":由值班主任到调度台把关并签字。

"四发布":使用计算机或电话进行发布(CTC 调度台由列车调度员进行发布)。

"五回执":使用计算机发布时,列车调度员要紧盯受令单位是否全部签收;使用电话发布时,记录收令人员姓名。

"六复核":受令单位全部签收完毕后,列车调度员要使用调度电话呼出所有受令单位,并指定其中一个单位复诵,在复核无误后执行。

3.需要值班主任把关的调度命令

(1)动车组不能在规定的股道及基本进路上接发。

(2)旅客列车反方向运行。

(3)旅客列车变更径路。

(4)旅客列车的加开、停运、折返及车辆甩挂的命令。

(5)列车临时限速时(临时限速是指机车乘务员出乘后产生的限速)。

(6)CTCS-2 区段列控设置限速。

(7)改变行车办法的施工。

(8)超限货物列车运行。

三、调度命令的编制

(1)封锁及开通区间,其调度命令如表8-4所示。

调度命令　　　　　　　　表 8-4

年　　月　　日　　时　　分　　　　　　　　第　　号

受令处所		调度员姓名	
内容	1.封锁区间 _____站至_____站间_____行线因_____,自接令时(_____次列车到_____站)起(至_____时_____分止),区间封锁。 2.开通封锁区间 根据_____站报告,_____站至_____站间_____行线_____完毕,(区间已空闲),自接令时起区间开通。		

受令车站_____　　车站值班员_____

注:使用项内不用字句划掉,不用项圈掉该项号码。

(2)向封锁区间开行救援列车,其调度命令如表8-5所示。

(3)临时变更行车闭塞法或恢复原行车闭塞法,其调度命令如表8-6所示。

调度命令　　　　　　　　　　　　　　　　　　　　　　　表 8-5

　　　　年　　月　　日　　时　　分　　　　　　　　　　　第　　号

受令处所		调度员姓名	
内容	3. 救援列车(救援队)出动 　　因＿＿＿＿站至＿＿＿＿站间＿＿＿＿行线(＿＿＿＿站)发生事故,＿＿＿＿救援列车(救援队)立即出动。 4. 救援列车开行 　　＿＿＿＿站至＿＿＿＿站间加开＿＿＿＿次列车,＿＿＿＿站＿＿＿＿时＿＿＿＿分时开,按现时分办理。 5. 向封锁区间开行救援列车 　　准许＿＿＿＿站开＿＿＿＿次列车,进入＿＿＿＿站至＿＿＿＿站间＿＿＿＿行线封锁区间＿＿＿＿km＿＿＿＿m处进行事故救援,将＿＿＿＿次列车推进(返回开＿＿＿＿次列车)至＿＿＿＿站(按事故救援指挥人的指挥办理)。 6. 救援单机开行 　　自接令时起,＿＿＿＿站至＿＿＿＿站间＿＿＿＿行线区间封锁。准许＿＿＿＿站利用＿＿＿＿机车开行＿＿＿＿次列车进入＿＿＿＿km＿＿＿＿m处救援,将＿＿＿＿次列车推进(返回开＿＿＿＿次列车)至＿＿＿＿站。 7. 列车分部运行 　　根据＿＿＿＿站报告,＿＿＿＿次列车因＿＿＿＿,自接令时起＿＿＿＿站至＿＿＿＿站间＿＿＿＿行线区间封锁。准许＿＿＿＿站利用＿＿＿＿机车开行＿＿＿＿次列车进入封锁区间＿＿＿＿km＿＿＿＿m处挂取遗留车辆,将＿＿＿＿次列车推进(返回开＿＿＿＿次列车)至＿＿＿＿站(区间限速＿＿＿＿km/h)。		

　　　　　　　　　　　　　　　　　　　　　　受令车站＿＿＿＿　　车站值班员＿＿＿＿

注:使用项内不用字句划掉,不用项圈掉该项号码。

调度命令　　　　　　　　　　　　　　　　　　　　　　　表 8-6

　　　　年　　月　　日　　时　　分　　　　　　　　　　　第　　号

受令处所		调度员姓名	
内容	8. 停用基本闭塞法,改用电话闭塞法 　　因＿＿＿＿,自接令时(＿＿＿＿次列车到＿＿＿＿站)起,＿＿＿＿站至＿＿＿＿站间＿＿＿＿行线停用基本闭塞法,改用电话闭塞法行车。 9. 恢复原行车闭塞法 　　自接令时(＿＿＿＿次列车到＿＿＿＿站)起,＿＿＿＿站至＿＿＿＿站间＿＿＿＿行线,恢复基本闭塞法行车。 10. 双线反方向行车(未设双线双向闭塞设备或双线双向闭塞设备故障) 　　自接令时(＿＿＿＿次列车到＿＿＿＿站)起,＿＿＿＿站至＿＿＿＿站间＿＿＿＿行线停用基本闭塞法,改用电话闭塞法行车。准许＿＿＿＿次列车在＿＿＿＿站至＿＿＿＿站间利用＿＿＿＿行线反方向运行,＿＿＿＿次列车到＿＿＿＿站后,恢复＿＿＿＿行线基本闭塞法行车。 11. 双线改单线行车(未设双线双向闭塞设备或双线双向闭塞设备故障) 　　因＿＿＿＿,自接令时(＿＿＿＿次列车到＿＿＿＿站)起,＿＿＿＿站至＿＿＿＿站间＿＿＿＿行线停用基本闭塞法,改用电话闭塞法,按单线行车。 12. 恢复双线行车(未设双线双向闭塞设备或双线双向闭塞设备故障) 　　自接令时(＿＿＿＿次列车到＿＿＿＿站后)起,恢复＿＿＿＿站至＿＿＿＿站＿＿＿＿行线基本闭塞法,＿＿＿＿站至＿＿＿＿站间恢复双线行车。 13. 列车反方向进入区间并运行至前方站(未设双线双向闭塞设备或双线双向闭塞设备故障)或自动、半自动闭塞发出由区间返回的列车自接令时(＿＿＿＿次列车到＿＿＿＿站)起,＿＿＿＿站至＿＿＿＿站间＿＿＿＿行线停用基本闭塞法,改用电话闭塞法行车。准许＿＿＿＿站开＿＿＿＿次列车(反方向)进入区间＿＿＿＿km＿＿＿＿m至＿＿＿＿km＿＿＿＿m处＿＿＿＿,(返回开＿＿＿＿次列车)限＿＿＿＿时＿＿＿＿分前到＿＿＿＿站,本列车到达后恢复基本闭塞法。		

　　　　　　　　　　　　　　　　　　　　　　受令车站＿＿＿＿　　车站值班员＿＿＿＿

注:使用项内不用字句划掉,不用项圈掉该项号码。

(4)双线反方向行车或双线改单线行车(设有双线双向闭塞设备)和恢复双线行车,其调度命令如表8-7所示。

调度命令　　　　　　　　　　　　　　　　　　　　　　　　表8-7

年　　　月　　　日　　　时　　　分　　　　　　　　第　　　号

受令处所		调度员姓名	
内容	14.双线反方向行车 　　自接令时(_____次到_____站)起,准许_____次、_____次……列车在_____站至_____站间利用_____行线反方向运行。 15.双线改单线行车 　　因_____,自接令时(_____次列车到_____站)起,_____站至_____站间_____行线改按单线行车。 16.恢复双线行车 　　自接令时(_____次列车到_____站后)起,恢复_____站至_____站间双线行车。		

受令车站_____　　车站值班员_____

注:使用项内不用字句划掉,不用项圈掉该项号码。

(5)变更列车径路,其调度命令如表8-8所示。

调度命令　　　　　　　　　　　　　　　　　　　　　　　　表8-8

年　　　月　　　日　　　时　　　分　　　　　　　　第　　　号

受令处所		调度员姓名	
内容	17.准许_____次列车由原_____径路,改经_____运行,各站按现时分办理。		

受令车站_____　　车站值班员_____

注:使用项内不用字句划掉,不用项圈掉该项号码。

(6)列车在区间内停车并运行至前方站(使用基本闭塞法),其调度命令如表8-9所示。

调度命令　　　　　　　　　　　　　　　　　　　　　　　　表8-9

年　　　月　　　日　　　时　　　分　　　　　　　　第　　　号

受令处所		调度员姓名	
内容	18.列车正方向进入区间内停车并运行至前方站 　　准许_____站开_____次列车进入_____站至_____站间_____行线_____km_____m至_____km_____m处_____,限_____时_____分前到_____站(本列到达_____站后,_____站方准放行续行列车)。 19.列车反方向进入区间并运行至前方站(设有双线双向闭塞设备) 　　自接令时(_____次列车到_____站)起,准许_____站开_____次入_____站至_____站间_____行线_____km_____m至_____km_____m处_____,限_____分前到_____站。		

受令车站_____　　车站值班员_____

注:使用项内不用字句划掉,不用项圈掉该项号码。

(7)临时指定列车运行速度,其调度命令如表8-10所示。

调度命令　　　　　　　　　　　　　　　　表 8-10

年　　月　　日　　时　　分　　　　　　　　第　　号

受令处所		调度员姓名	
内容	20.线路临时限速 自接令时(＿＿时＿＿分,＿＿次列车到达＿＿站)起至另有命令时(＿＿时＿＿分)止, ＿＿站至＿＿站间＿＿行线＿＿km＿＿m至＿＿km＿＿m处限速＿＿km/h。 ＿＿次列车运行至＿＿站至＿＿站间＿＿行线＿＿km＿＿m至＿＿km＿＿m 处限速＿＿km/h。 21.列车中挂有限速的机车、车辆 ＿＿次列车在＿＿站挂有＿＿辆(台),＿＿站至＿＿站间限速＿＿km/h运行。 22.动车组、旅客列车车辆故障,动车组安装过渡车钩限速运行 根据＿＿报告＿＿次列车因空气弹簧故障(密接式车钩因故更换为15号车钩、动车组安装过渡车钩、动车组车窗破损导致车厢密封失效),限速＿＿km/h运行。 23.自接令时(＿＿时＿＿分,＿＿次列车到达＿＿站)起,＿＿站至＿＿站间＿＿行线＿＿km＿＿m至＿＿km＿＿m处,恢复正常速度。		

受令车站＿＿＿　　车站值班员＿＿＿

注:使用项内不用字句划掉,不用项圈掉该项号码。

(8)半自动闭塞区段使用故障按钮或自动闭塞区间使用总辅助按钮,其调度命令如表 8-11 所示。

调度命令　　　　　　　　　　　　　　　　表 8-11

年　　月　　日　　时　　分　　　　　　　　第　　号

受令处所		调度员姓名	
内容	24.半自动闭塞区段使用故障按钮 根据＿＿站请求,现查明＿＿站至＿＿站间＿＿行线区间空闲,准许＿＿站使用故障按钮办理闭塞机复原。 25.自动闭塞区间使用总辅助按钮 根据＿＿站请求,现查明＿＿站至＿＿站间＿＿行线区间空闲,准许＿＿站使用总辅助按钮改变闭塞方向。		

受令车站＿＿＿　　车站值班员＿＿＿

注:使用项内不用字句划掉,不用项圈掉该项号码。

(9)列车挂有装载超限超重货物的车辆,其调度命令如表 8-12 所示。

调度命令　　　　　　　　　　　　　　　　表 8-12

年　　月　　日　　时　　分　　　　　　　　第　　号

受令处所		调度员姓名	
内容	26.＿＿次列车挂有超限超重货物＿＿辆,＿＿站至＿＿站间运行条件如下。 (1)限速＿＿km/h。 (2)行经300 m及其以下半径曲线,限速＿＿km/h。 (3)进出站经侧向道岔限速＿＿km/h,禁止通过＿＿号道岔。 (4)＿＿站至＿＿站间区间会车限速＿＿km/h…… (5)＿＿站至＿＿站间……禁止在区间会车。		

续上表

内容	(6)_____站至_____站间……禁止在区间会特快旅客列车和特快行邮列车。 (7)CTCS-2区段在区间禁止与动车组、动车组检测车交会。 (8)禁止接(进)入有高站台的线路。 (9)各站按《站细》规定的线路接发。 (10)其他要求。

受令车站_____ 车站值班员_____

注:使用项内不用字句划掉,不用项圈掉该项号码。

(10)单机附挂车辆,其调度命令如表8-13所示。

调度命令 表8-13

年　月　日　时　分　　　第　号

受令处所		调度员姓名	
内容	27.准许_____次列车在_____站挂车_____辆到_____站,尾部车辆车号_____。		

受令车站_____ 车站值班员_____

注:使用项内不用字句划掉,不用项圈掉该项号码。

(11)半自动闭塞区段,超长列车头部越过出站信号机(未压上出站方面的轨道电路)发车,其调度命令如表8-14所示。

调度命令 表8-14

年　月　日　时　分　　　第　号

受令处所		调度员姓名	
内容	28.准许_____次列车在_____站_____道_____行出站信号机开放情况下越过出站信号机发车。		

受令车站_____ 车站值班员_____

注:使用项内不用字句划掉,不用项圈掉该项号码。

(12)在非到发线上接发列车,其调度命令如表8-15所示。

调度命令 表8-15

年　月　日　时　分　　　第　号

受令处所		调度员姓名	
内容	29.在非到发线上接车 　准许_____次列车接入_____站非到发线_____道。 30.半自动闭塞区间在非到发线上发车 　自接令时(_____次列车到_____站)起,_____站至_____站间_____行线停用基本闭塞法,改用电话闭塞法行车,准许_____次列车在_____站非到发线_____道发车,本列到_____站后恢复基本闭塞法行车。 31.自动闭塞区间在非到发线上发车 　准许_____次列车在_____站非到发线_____道发车。		

受令车站_____ 车站值班员_____

注:使用项内不用字句划掉,不用项圈掉该项号码。

(13)临时停运或加开列车,其调度命令如表8-16所示。

调度命令　　　　　　　　　　　　　　　　　　　　　表 8-16

年　　月　　日　　时　　分　　　　　　　　　　　第　号

受令处所		调度员姓名	
内容	32. 临时停运列车 　准许_____次列车在_____站停运,_____站至_____站间加开_____次列车,按现时分运行。 33. 临时加开列车 　准许_____站至_____站间加开_____次、_____次……列车,_____站至_____站间加开_____次、_____次……列车,按现时分运行。		

受令车站_____　　车站值班员_____

注:使用项内不用字句划掉,不用项圈掉该项号码。

(14)货物列车超长、欠轴、违反列车编组计划,其调度命令如表8-17所示。

调度命令　　　　　　　　　　　　　　　　　　　　　表 8-17

年　　月　　日　　时　　分　　　　　　　　　　　第　号

受令处所		调度员姓名	
内容	34. 货物列车超长 　_____次列车换长_____,准许在_____站至_____站间超长运行。 35. 货物列车欠轴 　(根据部令_____号,)准许_____次列车欠轴开车(_____分时界站交车)。 36. 货物列车违反列车编组计划 　(根据部令_____号,)准许_____次列车挂有_____辆,违反编组计划开车(_____分时界站交车)。		

受令车站_____　　车站值班员_____

注:使用项内不用字句划掉,不用项圈掉该项号码。

(15)双线区间内进行跨线装卸作业,区间有除雪机、起重机工作,区间内发生特别重大、重大、较大事故,对开入其邻线的列车,其调度命令如表8-18所示。

调度命令　　　　　　　　　　　　　　　　　　　　　表 8-18

年　　月　　日　　时　　分　　　　　　　　　　　第　号

受令处所		调度员姓名	
内容	37. 因_____站至_____站间_____行线_____km_____m至_____km_____m处_____,_____次列车注意运行。		

受令车站_____　　车站值班员_____

注:使用项内不用字句划掉,不用项圈掉该项号码。

(16)临时利用本务机车进行调车作业,其调度命令如表8-19所示。

	调度命令	表 8-19

年　月　日　时　分　　　　　　　　　　第　　号

受令处所		调度员姓名	
内容	38.指定_____次列车本务机车在_____站进行调车作业。		

受令车站_____　车站值班员_____

注:使用项内不用字句划掉,不用项圈掉该项号码。

（17）单线半自动闭塞或双线反方向越出站界调车,其调度命令如表 8-20 所示。

	调度命令	表 8-20

年　月　日　时　分　　　　　　　　　　第　　号

受令处所		调度员姓名	
内容	39.自接令时(_____次列车到_____站)起,_____站至_____站间_____行线停用基本闭塞法,改用电话闭塞法。准许_____站利用该区间越出站界调车,限_____时_____分前完毕,作业完毕后恢复基本闭塞法。		

受令车站_____　车站值班员_____

注:使用项内不用字句划掉,不用项圈掉该项号码。

（18）接触网停、送电等调度命令如表 8-21 所示。

	调度命令	表 8-21

年　月　日　时　分　　　　　　　　　　第　　号

受令处所		调度员姓名	
内容	40.接触网有计划停电 根据供电调度_____号申请,自接令时(_____次列车到_____站)起,准许_____站(含)至_____站(含)间_____行线(_____km_____m到_____站至_____站间_____km_____m)接触网停电。 41.接触网故障停电 根据供电调度_____号通知,自接令时起,_____站(含)至_____站(含)间_____行线(_____km_____m到_____站至_____站间_____km_____m)接触网已停电,准许进行_____作业。 42.接触网送电 根据供电调度_____号通知,_____站(含)至_____站(含)间_____行线(_____km_____m到_____站至_____站间_____km_____m)接触网已恢复供电。 43.接触网故障及电力机车降弓运行 根据供电调度_____号通知,因接触网故障,自接令时起,_____站至_____站间_____行线(站内_____道)_____km_____m至_____km_____m处,电力机车降弓运行。 44.接触网故障修复 根据供电调度_____号通知,_____站至_____站间_____行线(站内_____道)_____km_____m至_____km_____m处,接触网故障修复,恢复正常运行。		

受令车站_____　车站值班员_____

注:使用项内不用字句划掉,不用项圈掉该项号码。

（19）施工和维修工作,其调度命令如表 8-22 所示。

调度命令 表 8-22

　年　　　月　　　日　　　时　　　分　　　　　　　　　　第　　号

受令处所		调度员姓名	

<table>
<tr>
<td rowspan="40">内容</td>
<td>

45. 封锁区间并向封锁区间开行路用列车(适用于每端各进一列)

　　因_____站至_____站间_____行线施工,自_____时_____分(_____次列车到_____站)起区间封锁,限_____时_____分时施工完毕。

　　(1)准许工务部门在_____km_____m 至_____km_____m 处施工。

　　(2)准许供电部门在_____km_____m 至_____km_____m 处施工。

　　(3)准许_____部门在_____km_____m 至_____km_____m 处施工。

　　准许_____站开_____次列车,进入封锁区间_____km_____m 防护点处停车,按施工负责人的指示进行作业(返回开_____次列车),限_____时_____分前到达_____站。

　　准许_____站开_____次列车,进入封锁区间_____km_____m 防护点处停车,按施工负责人的指示进行作业(返回开_____次列车),限_____时_____分前到达_____站。

46. 自动闭塞区间路用列车追踪进入区间后封锁施工

　　准许_____站开_____次列车跟随_____次列车按自动闭塞方式进入_____站至_____站间_____行线,在_____km_____m 防护点处停车。_____次列车到达_____站后区间封锁。准许_____部门在_____km_____m 至_____km_____m 处施工,限_____时_____分前施工完毕。_____次列车按施工负责人的指示进行作业(返回开_____次列车),限_____时_____分前到达_____站。

47. 施工较规定时间推迟开始(提前完毕)

　　根据_____站请求,_____站(含_____道、_____号道岔)至_____站(含_____道、_____号道岔)间_____行线施工(封锁)推迟(提前)至_____时_____分开始(完毕)。_____次列车前发_____号运行揭示调度命令取消,运行条件如下。

　　(1)_____站(含_____道、_____号道岔)至_____站(含_____道、_____号道岔)间_____行线_____km_____m 至_____km_____m 限速_____km/h。

　　(2)_____站至_____站间_____行线按基本闭塞法行车。

　　(3)施工结束后设备变化情况……

48. 较规定时间施工延迟结束(提前开始)

　　根据_____站请求,准许_____站(含_____道、_____号道岔)至_____站(含_____道、_____号道岔)间_____行线施工(封锁)延迟(提前)至_____时_____分时结束(开始)。_____次列车前发_____号运行揭示调度命令取消,运行条件如下。

　　(1)_____站(含_____道、_____号道岔)至_____站(含_____道、_____号道岔)间_____行线_____km_____m 至_____km_____m 限速_____km/h。

　　(2)_____站_____行进站(_____接车进路)信号停用,改按引导(手)信号接车。

　　(3)_____站_____道_____行出站(_____发车进路)信号停用。

　　(4)_____站至_____站间_____行线按_____闭塞法行车。

49. 单个区间和车站维修作业

　　自_____次列车_____站出站(到达)起,准许_____站(含_____道、_____号道岔)至_____站(含_____道、_____号道岔)_____行线进行_____min 维修作业。

50. 双线维修"V 形天窗"作业(连续多个区间和车站)

　　_____站(含_____道、_____号道岔)至_____站(含_____道、_____号道岔)间_____行线自_____次列车各站出站或到达起,准许各站及后方区间进行_____min 维修作业。

51. 维修"垂直天窗"作业

　　自接令时(_____次列车到达_____站、_____次列车到达_____站、_____次列车到达_____站……)起,_____站(含_____道、_____号道岔)至_____站(含_____道、_____号道岔)间_____行线准许各区间及站内进行_____min 维修作业。

</td>
</tr>
</table>

受令车站_____　车站值班员_____

注:使用项内不用字句划掉,不用项圈掉该项号码。

263

（20）信联闭施工（采用施工特定行车），其调度命令如表8-23所示。

调度命令　　　　　　　　　　　　　　　　　　　　　　　　　　　表8-23

年　　　月　　　日　　　时　　　分　　　　　　　　　　　　第　　　号

受令处所		调度员姓名	
内容	52.信联闭施工（采用施工特定行车） 自_____时_____分（_____次列车到达_____站）起，准许_____站至_____站间_____行线_____部门施工，限_____时_____分施工完毕，施工期间： （1）_____站_____行进站（_____接车进路）信号停用，改按引导（手）信号接车。 （2）_____站_____道_____行出站（_____发车进路）信号停用。 （3）自_____时_____分（_____次列车到达_____站）起，_____站至_____站间_____行线停用基本闭塞法，改用电话闭塞法行车。 （4）有关行车凭证的交付和正线通过列车的引导按"施工特定行车"规定办理。		

受令车站_____　车站值班员_____

注：使用项内不用字句划掉，不用项圈掉该项号码。

（21）行车设备故障，其调度命令如表8-24所示。

调度命令　　　　　　　　　　　　　　　　　　　　　　　　　　　表8-24

年　　　月　　　日　　　时　　　分　　　　　　　　　　　　第　　　号

受令处所		调度员姓名	
内容	53.进站（接车进路）信号机故障时的引导接车 根据_____站报告，因_____站_____进站（接车进路）信号机故障，自接令时（_____时_____分）起，_____次（_____行）列车凭引导（手）信号运行。 54.根据_____站报告，_____站_____进站（接车进路）信号机故障已修复，自接令时起，恢复信号机原显示方式行车。 55.列车调度电话故障 根据_____站（_____次列车司机）报告，_____次列车本务机车列车调度电话故障（同时列尾装置停止使用），沿途各站加强监视。 56.列尾装置故障或列尾主机丢失 根据_____站报告，_____次列车列尾装置故障（列尾主机丢失）（_____站负责吊起尾部风管），准运行至_____站，各站注意接车。 57.列尾主机回送 指定_____次列车携带列尾主机_____台（回送）到_____站。		

受令车站_____　车站值班员_____

注：使用项内不用字句划掉，不用项圈掉该项号码。

（22）动车组列车列控模式转换，其调度命令如表8-25所示。

（23）特殊情况下，不能在基本进路上接发动车组列车，其调度命令如表8-26所示。

调度命令　　　　　　　　　　　　　　　　　　　　　　　　表 8-25

年　　月　　日　　时　　分　　　　　　　　　　　　第　　号

受令处所		调度员姓名	
内容	58. 列车将列控车载设备人工转入隔离模式 　　准许_____次列车将列控车载设备人工转入隔离模式。 59. 列控车载设备由隔离模式退出，人工转换为列控车载设备方式行车 　　准许_____次列车由隔离模式退出，人工转换为列控车载设备方式行车。 60. CTCS-2 级区段，列控车载设备故障(停用)转入隔离模式后，能够提供机车信号，人工转换为LKJ 方式行车；CTCS-2 级区段向 CTCS-0/1 级自动转换失败，人工转换为 LKJ 方式行车，准许_____次列车由列控车载设备人工转换为 LKJ 方式行车。 61. CTCS-2 级区段，列控地面设备故障，列控车载设备方式行车人工转换为 LKJ 方式行车 　　因_____站(_____站至_____站_____行线)列控地面设备故障，准许_____次列车在_____站_____行线进(出)信号机前，由列控车载设备方式行车转为 LKJ 方式行车，列车运行到_____站_____行线进站信号机(_____行线反向进站信号机)后，由 LKJ 方式行车转为列控车载设备方式行车。 62. CTCS-2 级区段，施工限速，列控车载设备方式行车人工转换为 LKJ 方式行车 　　因_____站(_____站至_____站_____行线区间)施工，准许_____次列车在_____站_____行线进(出)站信号机前，由列控车载设备方式行车转为 LKJ 方式行车，列车运行到_____站_____行线进站信号机(_____行线反向进站信号机)后，由 LKJ 方式行车转为列控车载设备方式行车。 63. 由 LKJ 方式行车人工转换为列控车载设备行车 　　准许_____次列车由 LKJ 方式行车人工转换为按列控车载设备方式行车。		

受令车站_____　车站值班员_____

注：使用项内不用字句划掉，不用项圈掉该项号码。

调度命令　　　　　　　　　　　　　　　　　　　　　　　　表 8-26

年　　月　　日　　时　　分　　　　　　　　　　　　第　　号

受令处所		调度员姓名	
内容	64. 准许_____次列车_____站变更进路进入_____道。 65. 准许_____次列车_____站变更进入_____道。		

受令车站_____　车站值班员_____

注：使用项内不用字句划掉，不用项圈掉该项号码。

（24）动车组列车在区间被迫停车后，准许返回后方站，其调度命令如表 8-27 所示。

调度命令　　　　　　　　　　　　　　　　　　　　　　　　表 8-27

年　　月　　日　　时　　分　　　　　　　　　　　　第　　号

受令处所		调度员姓名	
内容	66. 准许_____次列车返回_____站，返回开行_____次列车，并将列控车载设备转入隔离模式，区间限速 20 km/h，按车站进站信号机显示的允许信号[引导(手)信号]进入_____站。		

受令车站_____　车站值班员_____

注：使用项内不用字句划掉，不用项圈掉该项号码。

（25）调度集中区段，由列车调度员办理接发列车，调度命令用作允许列车运行的行车凭证，其调度命令如表8-28所示。

调度命令   表 8-28

年   月   日   时   分   第   号

受令处所		调度员姓名	
内容	67.调度集中区段，由列车调度员办理发车，调度命令用作允许列车运行的行车凭证 （1）因＿＿＿＿站至＿＿＿＿站间＿＿＿＿行线停用基本闭塞法，现查明＿＿＿＿站至＿＿＿＿站间＿＿＿＿行线区间空闲，准许＿＿＿＿次列车由＿＿＿＿站发往＿＿＿＿站。 （2）在＿＿＿＿站＿＿＿＿道出站（＿＿＿＿发车进路）信号机故障[未设出站信号机、列车头部越过出站（＿＿＿＿发车进路）信号机]的情况下，准许＿＿＿＿次列车由＿＿＿＿道发车。 （3）在＿＿＿＿站＿＿＿＿道出站信号机显示黄色灯光的状态下，准许＿＿＿＿次列车由＿＿＿＿道通过。 68.调度集中区段，由列车调度员办理接车，调度命令用作允许列车运行的行车凭证 因＿＿＿＿站＿＿＿＿行进站（＿＿＿＿接车进路）信号机故障，准许＿＿＿＿次列车以不超过20 km/h 速度越过＿＿＿＿站＿＿＿＿行进站（＿＿＿＿接车进路）信号机进入＿＿＿＿站＿＿＿＿道。		

受令车站＿＿＿＿   车站值班员＿＿＿＿

注:使用项内不用字句划掉,不用项圈掉该项号码。

（26）其他，其调度命令如表8-29所示。

调度命令   表 8-29

年   月   日   时   分   第   号

受令处所		调度员姓名	
内容	69.改按天气恶劣难以辨认信号的办法行车 根据＿＿＿＿报告，＿＿＿＿站至＿＿＿＿站间信号显示距离不足200 m，自接令时起，改按天气恶劣难以辨认信号的办法行车。 70.TDCS 系统故障停用 因 TDCS 系统故障停用，＿＿＿＿站至＿＿＿＿站间自接令时起，改按人工方式办理。 71.TDCS 设备恢复命令 自接令时起，＿＿＿＿站至＿＿＿＿站间，TDCS 系统恢复使用。		

受令车站＿＿＿＿   车站值班员＿＿＿＿

注:使用项内不用字句划掉,不用项圈掉该项号码。

◎ 引用规章

《中国国家铁路集团有限公司铁路运输调度规则》(普速铁路部分)附件2。

引用规章链接8-2
《中国国家铁路集团有限公司铁路运输调度规则》(普速铁路部分)附件2

案例8-2
调度命令的编制与下达

拓展提升

一、知识巩固

1. 在调度安全管理工作的基本要求中,列车调度员在非正常情况下应如何及时布置重点工作?

2. 在调度指挥中,列车调度员在值班时应如何确保精力集中和遵守规章制度?

3. 在调度安全管理工作中,列车调度员应如何处理施工慢行、设备故障等情况?

4. 在调度命令发布的基本规定中,使用计算机、传真机等设备发布命令时,应遵循哪些程序?

5. 在调度命令的发布流程中,交付调度命令有哪些具体规定?

6. 限速调度命令的发布应注意哪些细节,以确保列车安全?

7. 施工调度命令发布时,施工调度员应如何准备和核对调度命令,以确保施工作业的安全?

8. 客运调度命令发布的范围包括哪些具体情况?

9. 调度命令的发布流程包括哪些步骤?

10. 在何种情况下需要发布调度命令?

11. 调度命令的格式有哪些具体要求?

12. 如何确保调度命令的准确传达和执行?

13. 调度命令在铁路运输安全中扮演什么角色?

14. 调度命令的编制和下达有哪些标准操作程序?

15. 在紧急情况下,调度命令的发布和执行有何特殊要求?

16. 如何通过调度命令管理和控制列车运行?

二、技能训练

2008 年 4 月 28 日 4:41,北京开往青岛的 T195 次旅客列车运行至山东境内胶济铁路周村至王村间脱线,第 9 节至第 17 节车厢在铁路弯道处脱轨,冲向上行线路基外侧。此时,正常运行的烟台至徐州的 5034 次旅客列车刹车不及,最终以 70 km/h 的速度与脱轨车辆发生撞击,机车(内燃机车编号 DF11-0400)和第 1 节至第 5 节车厢脱轨。胶济铁路列车相撞事故已造成 72 人死亡,416 人受伤,已经认定是一起人为责任事故。

请分析以上事故原因,说明调度命令的重要性。

三、素养培育

成都铁路局集团公司压缩货车周转时间
努力为区域经济社会高质量发展贡献铁路力量

截至2023年3月下旬,中国铁路成都局集团有限公司2023年以来货车周转时间完成1.97天,为历年同期最好成绩,实现运输提效"开门红"。近年来,按照中国国家铁路集团有限公司党组部署要求,成都铁路局集团公司把压缩货车周转时间、提高运输效率作为重要课题,力争最大限度地降低运输成本、增加运输收入。

成都铁路局集团公司管内调度区段涉及多个省份,面临运输货物品类复杂、点线能力不匹配、分界口车流不均等问题,运输效率受山区汛期、季节气候影响较大。"货车周转时间每降0.01天,对应运输可节支千万元。"

为发挥调度指挥龙头作用,成都铁路局集团公司调度所成立项目领导小组及枢纽畅通、车流组织、卸车组织、机务达速、装卸组织等9个攻关项目组,以日(班)计划为基础,以项目化管理为抓手,开展各项攻关工作。他们主动寻求新方法、新路径,坚持"棋盘式"装车理念,引导货主按照装车计划组织整列同到站、同去向货源,努力实现铁路和企业双赢;坚持精准配空原则,准确掌握各站货源情况,避免零星配空造成动力浪费;加强管内在途在站移交车挂运和输送组织,确保将移交车管内平均停留时间控制在24 h以内。他们还加快重庆、成都等车务段"精品调度指挥中心"试点建设,根据作业站线路情况,配合调度调整到发计划、机车运力,推动"两级指挥体系、三级组织构架"不断完善。

针对管内分界口车流问题,成都铁路局集团公司加强与邻局联系,对可能造成列车等线的区段提前调整运输计划,优化交接列车编组计划,确保大进大出。同时,他们扩大管内"点到点"直通列车开行范围,持续优化"人通、车通"的红旗交路组织模式,以畅通主要货运干线为目标,提升机辆周转效率。

在成都北、兴隆场、贵阳南三大编组站,成都铁路局集团公司强化站区联劳协作,落实精准叫班、"1 min发车"等措施,优化三大编组站阶梯施工"天窗"。通过完善装卸车运输布局,对该站直通车组织模式进行优化改造,实施定发车地点、定开行时间、定列车车次、定阶段计划、定运行线路图的"五定"运输组织方案。截至2023年3月23日,兴隆场站2023年以来日均卸车683车,集装箱列车平均停时仅6.3 h,车站整体货车停时大幅压缩,实现了快装、快卸、快取、快送的无缝衔接。

在全面贯彻落实党的二十大精神的开局之年,成都铁路局集团公司将坚持以提高效率效益为重点,锚定目标,谋一域,也谋全局,谋当前,更谋长远,以积小胜为大胜的决心,坚决兑现运输安全工作目标任务,全力建设高效顺畅的物流体系,巩固拓展各领域改革成效,为勇当服务和支撑中国式现代化建设的"火车头"贡献力量。

(资料来源:中国国家铁路集团有限公司官方网站)

针对上述案例,深入理解铁路调度命令的重要性,讨论在实际操作中如何正确处理各种问题。

模块三

铁路车站行车作业人身安全相关规定

◎ **规章说明**

　　《铁路车站行车作业人身安全规定》是一系列旨在强化铁路车站行车人员人身安全控制的规范和标准。这些规定基于原铁道部的《铁路车站行车作业人身安全标准》(TB:1699—85),并根据《铁路技术管理规程》等有关规定,结合现场设备及作业组织变化制定而成,2020 年 7 月 25 日,中国国家铁路集团有限公司发布了"国铁集团关于印发《铁路车站行车作业人身安全规定》的通知"(铁运 2020〔135〕号),作为新的规定正式施行。

　　这些规定适用于中国国家铁路集团有限公司各直属站、车务段所属车站的行车作业人员,旨在确保铁路运输安全,提高从业人员的业务技能和安全意识,以及加强运输过程中的安全防护。

　　本教材依据上述内容,在编写时择取《铁路车站行车作业人身安全规定》全文,编写为一个项目,即铁路车站行车作业人身安全规定,篇幅虽短,但内容却是极其重要。

铁路车站行车作业人身安全规定

⊛ 项目背景

安全无小事,"安全第一"是铁路永恒的主题。铁路作为连接城市、带动地区发展的关键交通方式,其安全稳定的运行直接关系人民群众的生命财产安全。铁路运输安全既包含行车安全,也包含人身安全,铁路人身安全工作的重要性在于保障广大职工的人身安全,确保铁路运输的安全与稳定,以及维护社会的和谐发展。在以往的调车工作中,由于作业人员违章作业,或者是作业人员的技术业务水平不高,导致发生人身安全事故,重则危及生命,轻则造成人身伤害,给自己、给家庭、给企业都带来痛苦和损失。

铁路安全生产责任制的落实强调,必须把安全制度建设放在首位,树立"安全生产,人人有责"的基本理念。铁路作为一个企业,同是法律的落实者,必须结合铁路各项生产工作的实际情况,制定相配套的安全规章制度,让落实安全生产责任制不会成为一句空话。安全工作的依据是各项安全法规,包括《中华人民共和国安全生产法》等法律、法规对铁路的安全生产责任进行了明确规定。铁路作为一个国有大型企业,牢固树立以人为本的经营理念才是企业长久立足发展的基本。无论在任何时候、任何情况下,都要把维护广大职工的人身安全放在首位。

本项目旨在通过学习铁路车站行车作业人身安全规定,使学员深刻认识遵守铁路车站行车作业人身安全规定的极端重要性,以对自己、对家庭、对社会负责的态度做好人身安全工作,为构建社会主义和谐社会贡献力量。

⊛ 建议学时

2 学时。

任务一　掌握行车作业人身安全通用规定与接发列车作业人身安全规定

🌀 学习目标

知识目标

1. 掌握行车作业人身安全通用规定。
2. 掌握接发列车作业人身安全规定。

能力目标

1. 能够正确执行行车作业人身安全通用规定。
2. 能够正确执行接发列车作业人身安全规定。

素质目标

1. 增强安全第一、安全无小事意识。
2. 树立人民利益高于一切的群众观念。
3. 增强尊重生命、敬畏生命意识。

🌸 任务描述

首先,仔细阅读下文的案例,掌握事故概况,带着任务学习"知识探索"中关于铁路车站行车作业人身安全规定的相关内容,掌握行车作业人身安全通用规定、接发列车作业人身安全规定等内容。其次,对应上述内容学习《铁路车站行车作业人身安全规定》相对应的条文,弄清规定原文是如何规定的。最后,根据所学知识分析下文的案例。要求:说明事故作业分类、事故性质分类、风险事项分类、事故主要原因,并说明事故违反规定的哪项条文。

🌀 案例导入

2013 年 8 月 8 日 7:20,哈尔滨铁路局玉泉站,45629 次列车到达 3 道停车,7:26,连结员在 3 道尾部止轮(1 只铁鞋、2 辆车手闸)后返回时,侵入一道限界,被一道通过的 26011 次列车运行至玉泉站 1 道 61 km 513 m 处将其撞死。原因是他横越线路时没有"一站、二看、三通过",没有确认该线路列车的运行情况,在运行列车前抢越,被撞死亡。

引导提示:该案例提到了"一站、二看、三通过""抢越"等概念,这些概念都与执行行车作业人身安全通用规定有关,可见执行行车作业人身安全通用规定特别重要。

🔧 知识探索

一、行车作业人身安全通用规定

(1)班前禁止饮酒,按规定着装,佩戴防护用品。

因为各种酒类中分别含3% ~6%的乙醇。较大量的乙醇可使人手脚震颤,行动笨拙,反应迟钝,自言自语,步履蹒跚。而紧张繁忙的行车工作,要求当班人员头脑清醒,精力充沛,精神集中,动作准确。因此车站行车人员一定要执行《铁路技术管理规程》(普速铁路部分)第245条规定:"行车有关人员,接班前须充分休息,严禁饮酒,如有违反,立即停止其所承担的任务"。关于"按规定着装,佩戴防护用品",就全路范围,未规定着装及防护用品标准的,可按各集团公司规定执行。

(2)顺线路行走时应走两线路中间,作业人员所携带的工具不得侵入机车车辆限界,并注意邻线的机车、车辆动态和货物装载状态。严禁在道心内、枕木头上行走,不准脚踏钢轨面、道岔连接杆、尖轨、辙叉心等。

> 思政案例
>
> 山东省济南铁路护路安全科普"五防"

站内间线路的线间距最小距离是4600 mm(换装线除外)。扣除机车车辆限界,包括列车标志,3600 mm,剩1000 mm。作业人员只能在这1000 mm宽的空间顺线路行走,否则会被机车车辆刮碰。如果作业人员所携带的工具侵入机车车辆限界,会有与机车车辆发生刮碰的危险。同时还应注意相邻两线的机车、车辆和货物装载状态,防止装载货物突出、车辆涨帮,或其他突出物碰伤。在道心内、枕木头上行走时,因轨枕和道砟不平,要经常低头看脚下,很少看前方和留意后方,特别是后方溜放或推送车组,声音很小,道心和枕木头均在机车、车辆限界之内,能够直接被刮撞。钢轨面、道岔连接杆、尖轨等,踏上时都不能保证人体重心稳定,静止时易于滑倒或崴脚,在扳动道岔时更容易将人带倒或把脚夹住。

(3)横越线路时应"一站、二看、三通过",注意左右机车、车辆的动态及脚下有无障碍物,如图9-1所示。

图9-1 列检工作人员正在横越线路

"一站",一定要站住,并要站在不侵入机车、车辆限界的安全处。"二看",要左看、右看、下看。看左右有无机车、车辆驶来,看脚下有无绊脚的障碍物,包括地沟等。北方冬季,对脚下冰雪更要注意。看清后,再准备横越,即三通过。作业不紧张时,容易做到;作业紧张时,这些容易被忽略。特别是边作业边行走时,例如冬季扫雪,清扫道岔时,更要严格执行。

(4)横越停有机车车辆的线路时,应确认机车、车辆暂不移动,然后在该机车车辆前较远处通过,严禁在运行的机车车辆前面抢越。

横越停有机车车辆的线路时,首先要确认机车车辆暂不移动。所谓暂不移动,就是要确认在人横越线路这一段时间内,机车、车辆暂无移动可能。诸如机车起动前鸣笛、推送车辆试拉等动态。在"较远处通过",究竟多远为好,通过计算来看,如果机车、车辆是以 5 km/h,即1.4 m/s移动,人通过5500 mm 线间距的路程,也按 5 km/h 的速度横越,需要 4 s,这就需距机车、车辆5.6 m以上,再考虑到安全距离和意外影响,则距离还要远些。再者,人员素质、地形地物情况、气候条件等均影响横越线路的速度,所以不宜作统一规定,只是在执行中掌握好,一定要预留一段安全距离,方可横越。

"抢越"是很危险的,因"抢越"是在运行状态中的机车、车辆前抢先越过,这时既不可能看清地面情况,如冰雪、障碍物等,也容易因手忙脚乱而造成意外。

横越时,还需要注意邻线有无机车、车辆运行,有时横越时向前一跳,继续向前走,而不注意邻线动态。由此引起的事故时有发生,其后果不堪设想。

(5)必须横越列车、车列(组)时,严禁钻车。应先确认该列车、车列(组)车暂不移动,然后经车辆通过台通过或两车辆车钩上越过,越过时勿碰开钩销,上下车时要抓紧蹬稳,并要注意邻线有无机车车辆运行;经车辆通过台越过,应从车梯上下车。

在日常作业中,经常需要横越列车、车列。横越之前,必须首先确认列车、车列暂不移动。有通过台的车辆(如守车、罐车、客车等),经通过台通过,没有通过台的车辆,须从两车车钩上越过;横越时要抓紧踏稳。究竟抓什么,踏哪里,则根据车型不同,人的身高不同,应选择牢固的把手和脚踏处,并注意不要碰开钩销,否则列车、车列移动时会造成拉断制动软管,使列车或车列分离。

钻车是任何时候都要禁止的。无论何种车辆,车底下部距地面的空间很小,即使车钩处也有制动软管和手制动机等配件,钻车是很困难的,动作也不可能灵活,车辆配件还可能刮住衣服等,这样就要延缓横过时间,一旦列车、车列移动,将无法躲闪。

经车辆通过台越过,应从车梯上下车,是因为车梯就是为上下车设置的,在此处上下车更安全。

(6)严禁在机车车辆底下坐卧,以及在钢轨上、枕木头、道心里坐卧或站立。

机车车辆底下、钢轨上、枕木头、道心里这些地点,从作业的人身安全角度看都是险地,均在机车、车辆限界之内。在这些地点乘凉、休息、躲避风、雨、雪都是危险的。

(7)严禁扒乘运行中的机车车辆,以车代步。

这里的"扒乘"不是指正常作业需要而登乘机车、车辆,而是指非作业需要搭乘机车、车辆。如扳道员扒乘至扳道地点,车号员扒乘至接车地点,制动员扒乘溜放车组至下铁鞋地点等。

"以车代步"时,机车、车辆运行的终点一般不是扒乘人要去的地方,这就容易造成超速下车。另外,作业人员不按时出场、立岗,待机车、车辆已经起动后,再慌忙扒车随乘到岗位,"以车代步"就更难以保证安全。

二、接发列车作业人身安全规定

(1)应熟知站内作业区域、行走径路及两侧相关的设备设施,并随时注意使用情况,如遇设备设施、走行通道发生异状或变化时,应及时通知有关人员并采取安全措施。

接发列车作业人员应熟知站内作业区域、行走径路及两侧相关的设备设施,这是最基本的应知应会知识,也是保证人身安全的基础。设备发生异状或变化时,一般是指发生事故损坏行车设备、施工影响、电气化设备发生故障等对行车作业有影响时。接发列车作业人员在作业过程中,应随时注意观察、瞭望,发现问题后,应及时报告有关人员,并采取相应的安全措施。

(2)接发列车时,应站在《站细》规定地点,随时注意邻线机车、车辆动态。

接发列车时,作业人员应站在规定地点,以便和列车乘务人员联系。《站细》中规定的地点应设在不侵入机车、车辆限界,并便于瞭望的安全地点。在线路之间接发列车时,要随时注意邻线的机车、车辆动态。如果接发车时只顾监视本列车,而忽视邻线的调车作业、机车出入库等情况,易造成人身伤害。

(3)安装、摘解货车列尾主机、中继器,吊起列车尾部软管时,应确认车列暂不移动,方可进行作业。

安装、摘解货车列尾主机、中继器,吊起列车尾部软管,这些作业都需要进入道心内进行,须在列车停稳、停妥的情况下进行,确认车列暂不移动,就是为了确认列车停稳、停妥,保证安全。

引用规章

《铁路车站行车作业人身安全规定》(铁运〔2020〕135号)第4条~第13条。

引用规章链接9-1

《铁路车站行车作业人身安全规定》(铁运〔2020〕135号)第4条~第13条

案例9-1

掌握行车作业人身安全通用规定与接发列车作业人身安全规定

任务二　掌握调车作业人身安全规定与扳道作业人身安全规定

学习目标

知识目标

1.掌握调车作业人身安全规定。

2.掌握扳道作业人身安全规定。

能力目标

1.能够正确执行调车作业人身安全规定。

2.能够正确执行扳道作业人身安全规定。

素质目标

1.增强安全第一、安全无小事意识。

2.增强执行规章的自觉意识。

3.增强警惕意识、树立责任观念。

任务描述

首先,仔细阅读下文的案例,掌握事故概况,带着任务学习"知识探索"中关于铁路车站行车作业人身安全规定的相关内容,掌握调车作业人身安全规定、扳道作业人身安全规定等内容。其次,对应上述内容学习《铁路车站行车作业人身安全规定》相对应的条文,弄清规定原文是如何规定的。最后,根据所学知识分析下文的案例。要求:说明事故作业分类、事故性质分类、风险事项分类、事故主要原因,并说明事故违反规定的哪项条文。

案例导入

2016 年 11 月 15 日 20:30,哈尔滨铁路局三间房站,3 调执行 D02 号调车作业计划,21:12 作业至第 4 钩,调车机带车 23 辆推进去 BZ22 + 29 过程中,调车长蹬上调车机后,第六辆发出连结信令,车列起动后,调车长未抓牢站稳,从车上掉下,将左手、右腿轧伤,22:08,救护车抵达,将伤者送至医院,经抢救无效后死亡。

引导提示:该案例提到了"蹬上调车机""未抓牢站稳"的概念,这些概念都与执行调车作业人身安全规定有关,可见执行调车作业人身安全规定特别重要,关乎生命安全。

知识探索

一、调车作业人身安全规定

(1)必须熟知调车作业区的技术设备、作业环境和作业方法,以及接近线路一切建(构)

筑物的形态和距离。

调车人员作业时,如不熟悉线路附近的设备和环境,随时可能发生危险。每个车站都应把让调车人员熟悉设备情况和了解发生变化情况作为一项必不可少的项目抓好。

调车人员熟悉车站的技术设备、作业环境和作业方法,是从事调车作业的基础。如股道有效长、容车数、坡度、弯道、道岔定反位,以及接近线路的水鹤、信号机柱、仓库、房舍等。特别是遇有风、雪、雾等不良天气时,更应注意。

调车作业项目变化大、影响因素多,作业人员只有熟知调车作业方法,才能适应复杂多变的作业,才能与本组内其他人员配合默契,并在发生特殊情况时能采取应变措施。

(2)上下车规定。

①上车时,车速不得超过15 km/h;下车时,车速不得超过20 km/h。

按照惯性运动原理,调车人员上车时,必须使自己顺车跑动的瞬时速度大于当时运行的机车、车辆的速度。一般人快步跑能跟上车时的速度略高于15 km/h,即4 m/s。车速再高时,人有可能跟不上而出现拖、拉。调车人员下车时,要沿着机车、车辆运行方向顺跑,车速超过20 km/h时,落地后的人来不及加快自己的瞬时速度,会造成摔伤。

②在高度不超过1.1 m的站台上上下车时,车速不得超过10 km/h。

在高度不超过1.1 m的站台上上下车时,因站台面高,作业人员不能用脚蹬上下车,不好掌握平衡,因此要较平地适当降低速度。考虑实际作业需要,同时根据多年的实践经验,统一定为10 km/h。

③在路肩窄、路基高的线路上和高度超过1.1 m的站台上作业时,必须停车上下。

在路肩窄、路基高的线路上进行调车作业时,上下车根本无法助跑。在1.1 m的高站台处,脚蹬在高站台下面,如利用扶手上下车极不安全,加上高站台货物堆放距离较近,所以要停车上下车。

④登乘内燃、电力机车作业时,必须在机车停稳时上下车(设有便于上下车脚蹬的调车机除外)。

利用内燃、电力机车作业时,因没有便于调车作业的上下车脚蹬、扶手,因此要求作业时必须在机车停稳时再上下车。

图9-2 调车人员上下车作业

⑤上车前应注意脚蹬、车梯、扶手,平车、砂石车的侧板和机车脚踏板的牢固状态,尤其对杂型车辆更须注意,以免脚蹬、车梯、扶手脱焊、扭曲及平车、砂石车的侧板搭扣未扣牢,将人摔伤或压伤。

⑥上下车时要选好地点,注意地面障碍物。不准迎面上车,不准在列车运行中反面上下车(牵出时最后一辆及《站细》等规定的除外),如图9-2所示。

上下车时必须注意地面状况是否平坦,有无障碍,如拉杆、导线、警冲标、制动铁鞋、弹簧握柄、道岔表示器、信号机柱等脚下障碍物以及北方冬季的冰雪,以防滑倒、绊倒、摔伤。

正确的上车方式应是调车人员顺车路的瞬时速度大于车辆

当时运行速度,这样才能保证安全。而迎面上车不能助跑,上车时,手脚并用,这样的上车方法,只要手脚有一处失误,就会有坠车的危险。

在调车作业中,调车司机只凭调车长的信号显示行进或停车,调车人员应在调车长一边,正确、及时显示信号。调车长还要负责调车人员的人身安全,如在反面上下车,万一发生问题,调车长无法照顾,也不便于显示信号。所以不准反面上下车,牵出时最后取车提钩人员给牵出信号后,确认车辆全部起动,再跑一辆车的距离上车。

(3)在车列、车辆运行中,禁止下列行为。

①在车钩上,平车、砂石车的端板支架上坐立,在平车、砂石车的边端站立。

在车列、车辆走行中,特别是牵出运行时,随时有加减速或停车的可能,人在车钩上及平车、砂石车的端板支架上坐立,在平车、砂石车的边端站立,容易从车上摔下或挤伤。

②在棚车顶或装载超出车帮的货物上站立或行走。

在车列、车辆走行中,经常出现加减速、停车或经过道岔、弯道时左右摇摆,在棚车顶或装载超出车帮的货物上站立或行走,随时有被摔下的可能以及被上部建筑刮下的危险。

③手抓篷布或捆绑货物的绳索,脚蹬平车的鱼腹形侧梁。

在车列、车辆走行中,手抓篷布或捆货物的绳索,万一捆绑不牢或折断,人就会摔下致伤。脚蹬轴箱或平车的鱼腹形侧梁时,轴箱盖上有油,脚容易滑下,平车的鱼腹形侧梁边较窄,平车上又无扶手,人身安全无法保障。

④在车梯上探身过远,或经站台时站在低于站台的车梯上。

在车梯上探身过远,经过信号机、仓库等处,容易造成挤伤或被刮下,经过站台时,因站台距线路中心1750~1850 mm,而机车、车辆限界一侧为1600 mm(不含列车标志),这样车轴与站台的间隙只有150~250 mm,如果作业时,站在低于站台的车梯上,将被挤伤。

⑤在装载易于窜动货物的车辆间和货物空隙间站立或坐卧。

在装载易于窜动货物的车辆间和货物空隙间站立或坐卧,如加减速或连挂冲撞,容易造成货物窜动或倒塌,将人挤伤或被货物砸伤。

⑥骑坐车帮。

"车帮"是指车辆术语中的侧墙和端墙。一般在取送作业或牵引距离较远时,少数人偷闲,骑坐在车帮上,在运行中,如有加减速、停车或经过道岔处左右摆动时,因无扶手,极易摔下。

⑦跨越车辆。

在车列、车辆运行中,跨越车辆,一旦失足,人将会从两车钩间摔下。遇到司机制动或经过道岔处左右摇摆,也容易摔下。

⑧两人及以上站在同一闸台、车梯及机车一侧脚踏板上。

闸台面积较小,两人同站一闸台拧闸,既不好用力,又站立不稳。车梯及机车一侧脚踏板上,不能两人站立,应分散在脚踏板的两端,不要接近车钩,以防一旦发现前方有危及安全的情况时,下车不及。

⑨进入线路提钩,摘结制动软管或调整钩位。

在作业中遇车钩提不开、制动软管未摘,或钩位不正、钩销不良等情况时,应停车处理。

在运行中,作业人员边走边进行上述作业是极危险的行为。因为一方面要处理车钩或制动软管,另一方面还要注意脚下障碍物或冰雪,往往顾此失彼,一旦失足,便有伤亡的危险。

(4)手推调车时,推车人员必须在车辆两侧进行推车,并注意脚下有无障碍物。

手推调车时,推车人员应在车辆两侧进行推车,不得立于两钢轨之间。推车人员立于线路中间推车,道砟枕木高低不平,容易使人摔倒,在车辆两侧进行推车,也应注意脚下有无障碍物,以防摔倒。

(5)在电气化铁路区段,接触网未停电、未接地的情况下,禁止到车顶进行调车作业。在带电的接触网线路上进行调车作业时,作业人员及所携带的工具等须与接触网高压带电部分保持2 m以上的距离。

在带电的接触网线路上进行调车作业时,禁止到车顶作业。这是因为接触网带有25 kV的高压电,为保证人身安全,应保持2 m以上的安全距离,以防触电。接触网导线在最大弛度时,距离轨面的最低高度,编组站、区段站为6.2 m,区间和中间站只有5.7 m。根据我国铁路各种货车人力制动机踏板的高度,加上调车人员(包括手信号旗高举)的高度,再加上要保持2 m以上的安全距离,所以在带电接触网的线路上进行调车作业时,就要做一些限制,只有这样才能保证调车作业人员的安全。

(6)在去岔线、段管线或货物线进行调车作业时,须事先派人检查线路大门开启状态及线路两侧货物堆放情况。事先派人检查有困难时,应在《站细》中规定检查确认办法。

为了保证作业安全,去岔线、段管线或货物线进行调车作业时,须事先指派专人检查线路,掌握薄弱环节。如经过无人看守的道口、道岔时要注意瞭望,提高警惕,检查有无障碍物,检查大门开启状态、装卸的货物是否侵入限界、夜间作业有没有照明、地势条件复杂等因素,更应特别注意。如事先派人检查有困难,如去专用线进行调车作业走行距离太远,应在《站细》中规定检查确认办法。例如,可采取以遇到情况随时可以停车的速度运行,边走边检查等方法。

(7)带风作业时,必须执行一关前、二关后(即关闭折角塞门)、三摘制动软管、四提钩的作业程序。

带风作业时,必须执行一关前、二关后(即关闭折角塞门)、三摘制动软管、四提钩的程序,以防因未关闭折角塞门而摘制动软管时,由于风压冲击,使制动软管剧烈摆动,将人打伤。

(8)摘结制动软管、调整钩位、处理钩销、采取或撤除防溜措施时,必须等列车、车列(组)停妥,并得到调车长回示,昼间由调车长防护,夜间必须向调车长显示停车信号。

需要摘结制动软管、调整钩位、处理钩销时,都须进入两车间进行,危险性较大,运行中处理更容易出事,因此必须等车辆确已停妥,并向调车长显示停车信号,确认调车长已进行防护,以免误动,危及人身安全。须按以下程序进行。

①调车人员须确认列车、车列(组)停妥,得到调车长同意,并使用无线调车灯显设备发出"紧急停车"指令后,方可进入车挡。调车长进入车挡作业时,由其本人向司机显示(发出)停车信号进行防护。

②使用手信号调车时,调车长须向司机显示停车信号进行防护后,方可同意作业人员进入车挡;调车长得到所有作业人员均已作业完毕的汇报后,方可撤除防护。

(9)调整钩位、处理钩销时,不要探身到两钩之间。对平车、砂石车、罐车、客车及特种车辆,应特别注意端板支架、缓冲器、风挡及货物装载状态。

调整钩位、处理钩销时,必须停车进行,调整后再进行连挂。连挂车辆时不准探身到两车钩之间。对于平车、砂石车、罐车等车辆,连挂时更应特别注意端板支架、缓冲器及货物装载状况。对客车及特种用途车,连挂时应注意风挡、渡板等,以免被挤伤。

(10)溜放调车作业时应站在车梯上,一手抓牢车梯,一手提钩,不准用脚提钩或跟车边跑边提钩(驼峰作业除外),严禁在车列运行中抢越线路去反面提钩。

溜放调车作业时,起速快,要求提钩时机准确,所以要求一手抓牢车梯,一手提钩。不准用脚提钩(因下作用式车钩不易提开)或跟车边跑边提钩。遇提不开时,严禁在车列走行中抢越线路去反面提钩,以防脚下障碍,将人绊倒。

(11)使用人力制动机时(在静止状态下,站在地面或低于车钩中心水平线的人力制动机闸台上使用时除外),必须使用安全带。要做到"上车先挂钩,下车先摘钩"。不能使用安全带的车辆,如平车、砂石车、罐车等,作业时必须选好站立地点。

使用人力制动机时,要挂好安全带,做到"上车先挂钩,下车先摘钩"。闸盘上危险性大,松闸时,由于人力制动机回弹力较大,易将双手甩脱。运行时,司机制动或连挂时冲撞,如不挂安全带,容易将人摔下。平车、砂石车使用人力制动机时,不能挂安全带,因闸杆位置低,安全带不起作用,必须站在车内制动。如装载易于窜动货物,必须有安全距离,要稳妥连挂或不得连挂,才能保证安全。罐车、守车等虽有通过台,但也要选好站立地点。

(12)严禁使用折角塞门放风制动。

运行中使用折角塞门放风制动,往往制动力大,易产生冲动,而使用放风阀时,作业人员无牢靠的站立地点,容易摔下,严重的还可能造成车轮擦伤及将车钩拉断等情况。停留车采用放风制动时,副风缸内的余风容易泄漏,停留时间稍长将不起制动作用,容易造成车辆下溜。

(13)使用铁鞋制动时,应背向来车方向,严禁徒手使用铁鞋,并应注意车辆、货物状况和邻线机车车辆的动态。严禁带铁鞋叉上车。

使用铁鞋制动时,应背向来车方向,如图9-3所示,禁止反手持叉上鞋,以免车辆撞击铁鞋叉的把手造成人身伤害。严禁徒手使用铁鞋,以免挤伤手指或碰伤头部。还应注意车辆及货物的装载状态,留心邻线机车车辆的行动,以免发生危险。严禁带铁鞋叉上车,因为带铁鞋叉上车容易绊住人,另外,铁鞋制动要求提前上岗,不准以车代步。

(14)严禁在运行中的机车前后端坐卧。

单机或牵引运行时,前方进路的确认由机车司机负责,调车人员严禁在机车前后端坐卧,一是夜间容易造成昏昏欲睡,二是一旦遇到意外情况,如道口交通肇事等,来不及下车。

图9-3 调车人员在使用铁鞋制动

(15)使用折叠式人力制动机时,须在停车时竖起闸杆,确认方套落下,月牙板关好,插销

插上后方可使用。

在车辆运行中做准备工作困难较大,动作危险,时间短。因此使用折叠式人力制动机应在停车时做好准备,将闸杆竖起固定,检查方套、月牙板、插销是否良好(如有异状,禁止使用),将方套落下,月牙板关好,插上插销,方可试闸,以免使用时人力制动机歪倒,将手挤伤,或连人从车上摔下。

(16)作业中严禁吸烟。

在调车作业中吸烟,易于造成火灾,或因风吹烟灰导致眯眼、烧嘴,容易造成瞭望信号中断、错提钩、撞车等事故,甚至造成对人身安全危害更大的事故,如因看不清上下车地点、选择位置不当等而摔伤。

二、扳道作业人身安全规定

(1)清扫道岔(含降雪天气清扫道岔积雪)前须得到车站值班员或有关人员的同意。

清扫道岔前要与车站值班员或有关作业人员联系,以便了解列车到发、调车作业等情况,在征得同意后方可进行清扫。清扫电气集中道岔或联动道岔,必要时应先将安全木楔置于尖轨与基本轨之间。清扫电气集中道岔时,如果直接用手擦垫板或涂油等作业,必须使用安全木楔,防止道岔扳动时,将手夹伤。清扫后应及时将安全木楔撤除,并向车站值班员或有关人员报告,否则会影响排列进路,延误作业。

(2)扳道员接发列车时,必须站在《站细》规定的地点,随时注意邻线机车车辆动态。

接发列车时,作业人员要站在规定的地点,以便于和列车乘务人员联系。《站细》中规定的地点应设在不侵入机车、车辆限界,并便于瞭望的安全地点。在线路之间接发列车时,要随时注意邻线的机车、车辆动态。否则,接发列车时,只顾监视本列车,而忽视邻线的调车作业、机车出入库等情况,易造成人身伤害。

(3)在扳道作业时,应遵守扳道作业方法。除因作业必须进入道心外,均应站在安全地点。

在扳道作业时,应遵守扳道作业方法,除了执行"一看、二扳、三确认、四显示",以及《接发列车作业标准》规定的"眼看、手指、口呼",还要注意扳道时的站立地点,掌握好用力的方向和大小,防止用力过猛甩脱,或使用弹簧道岔因站立地点不适当把脚砸伤。"除因作业必须"是指在检查道岔无联锁对道等作业时,方可进入道心。

引用规章

《铁路车站行车作业人身安全规定》(铁运〔2020〕135号)第14条~第32条。

引用规章链接9-2
《铁路车站行车作业人身安全规定》(铁运〔2020〕135号)第14条~第32条

案例9-2
掌握调车作业人身安全规定与扳道作业人身安全规定

拓展提升

一、知识巩固

1. 行车作业人身安全通用规定有哪些？
2. 接发列车作业人身安全规定有哪些？
3. 调车作业人身安全规定有哪些？
4. 扳道作业人身安全规定有哪些？

二、技能训练

2019 年 12 月 25 日 4:40,沈阳铁路局集团公司沈阳车务段镇西堡,车站连结员在电厂专用铁路调车作业完毕返回途中,利用发出的调车车列以车代步,车列以 12 km/h 速度运行至电厂信号楼前冰雪覆盖地面下车时,左小腿被车辆尾部第二辆车轧伤,构成人身重伤事故。在调 815 次车列已发车、该批调车作业已经结束的情况下,应徒步返回休息室,却违章扒乘车辆,以车代步,导致人身重伤。

请分析以上事故发生的原因。

三、素养培育

绥佳线列车与作业人员相撞致 6 人遇难

2024 年 6 月 4 日 01:25,哈尔滨工务机械段机械化清筛一车间工长温某某、班长薛某组织 3 名安全防护员(劳务人员)、14 名作业人员(劳务人员)到达汤原站内绥佳上行线 330 km 700 m 封闭网内路肩处等候施工作业;01:45,接到施工封锁命令通知后,错认作业位置,作业组 19 人越过上行线路,在未封锁的下行线上道进行线路整理作业。

01:54:28,由南岔开往佳木斯站的 42109 次货运列车以 75 km/h 的速度通过汤原站Ⅰ道,司机发现运行前方线路有作业人员后采取紧急制动措施。01:54:31,列车在制动过程中在 330 km 599 m 处与正在作业的人员相撞,造成 6 人死亡。

事故发生后,沈阳铁路监督管理局依据有关法律法规组织成立事故调查组,查清了事故发生的经过、原因、应急处置、人员伤亡、直接经济损失和有关单位情况,认定了事故的性质、责任,提出了事故整改和防范措施建议。

(资料来源:中国国家铁路集团有限公司官方网站)

请对上述案例进行讨论,并登录中国国家铁路集团有限公司官方网站,了解事故处理过程,吸取事故教训。

参 考 文 献

[1] 中国铁路总公司.铁路技术管理规程:普速铁路部分[M].北京:中国铁道出版社,2014.

[2] 《〈中国国家铁路集团有限公司铁路运输调度规则〉修订对照说明》编委会.《中国国家铁路集团有限公司铁路运输调度规则》修订对照说明[M].北京:中国铁道出版社有限公司,2022.

[3] 中国国家铁路集团有限公司.铁路货车统计规则[M].北京:中国铁道出版社有限公司,2020.

[4] 钱名军,宋建业.铁路运输调度指挥与统计分析[M].2版.北京:中国铁道出版社有限公司,2020.

[5] 林瑜筠.铁路信号基础[M].4版.北京:中国铁道出版社有限公司,2024.

[6] 《技规》条文说明编写组.《铁路技术管理规程(普速铁路部分)》条文说明:第一次修订.下册[M].北京:中国铁道出版社,2018.

[7] 贾毓杰.铁路信号与通信设备[M].3版.北京:中国铁道出版社有限公司,2024.

[8] 佟立本.铁道概论[M].8版.北京:中国铁道出版社有限公司,2020.

[9] 常小倩,蹇旭霞.车站作业计划与工作统计[M].北京:北京交通大学出版社,2019.

[10] 中国国家铁路集团有限公司.铁路车站行车作业人身安全规定[M].北京:中国铁道出版社有限公司,2020.